동물보건사와 반려동물행동지도사를 위한

반려동물행동교정학 이론과 실무

동물보건사와 반려동물행동지도사를 위한

반려동물 행동교정학

(이론과 실무)

김병석, 김현주, 이봉재, 최동락, 김수진 공저

동문사

일러두기

- 본문에서 사용하는 용어 중 리드줄은 영어로 Leash이며 국내 반려견 보호자들이 일반적으로 사용하는 단어이므로 사용하였다.
- 본문에서 사용하는 단어 중 쵸크체인 등 체인은 영어로 Collar이며 국내에서 사용하는 단어이므로 체인이라는 단어를 사용하였다.
- 본문에서 사용하는 일부 단어들은 국내에서 사용하는 단어로서 영어 표기는 다를 수 있다.
- 본문에서 사용하는 놀이, 게임 등은 훈련이나 행동교정 시 효과를 높이기 위해 저자가 사용한 것이다.
- 본문에서 사용한 행동교정 방법은 예로서 개의 견종적 특성, 개체별 특성에 알맞게 사용해야 하며, 본문에서 사용한 방법이 일반화될 수 없는 경우도 있을 수 있다. 모든 개는 저마다 다른 기질, 경험, 환경 등에 알맞은 방법으로 훈련해야 한다. 훈련 및 행동교정은 종합적으로 분석하여 그 방법을 적용해야 한다.
- 국제동물행동컨설턴트협회(IAABC, International Association Animal Behavior Consultants)에서 제시하는 LIMA(Least Intrusive, Minimally Aversive)는 동물의 훈련과 행동교정을 위해 행동 컨설턴트(행동전문가)들에게 최소한으로 혐오적·침해적인 방법을 사용하고, 인도적이며 효과적인 방법을 사용할 것을 권한다. 특히 IAABC에서는 부적절하고 비인도적인 처벌(혐오적인 방법과 도구)의 사용, 지나치게 제한적인 관리, 감금 전략의 남용으로 인한 잠재적 역효과에 대해 경고하고 있다.

머리말

반려동물과 양육 가구 수는 급격하게 늘고 있으며 반려동물 관련 산업 또한 확대되고 있음에도 불구하고 반려동물과 관련하여 물림사고 증가, 짖음으로 인한 민원 발생, 유기동물 증가, 동물학대 등의 다양한 사회적 문제들이 대두되고 있다. 더불어 2020년에 유행하기 시작한 코로나19로 인해 반려동물과 생활하는 반려인들은 비반려인들이 느끼지 못하는 혼란을 겪고 있다.

반려동물 중 가장 높은 비율을 차지하는 동물은 강아지와 고양이이다. 반려동물과 인간의 커뮤니케이션, 유대, 동물복지 등이 매우 중요하다. 국내에서는 반려동물행동전문가 및 훈련사들의 반려동물 훈련 및 행동교정방법에 관한 논의 및 연구는 미미하다. 반려동물 관련 정부부처, 민간단체에서 반려동물 훈련 및 행동교정방법과 관련한 지침, 권고 및 안내서 또한 없는 실정이다.

개와 고양이를 포함한 동물들은 각자의 필요에 의해 다양한 방법으로 학습하며 경험들을 저장한다. 인간의 뇌를 연구하는 그레고리 번즈 박사는 개의 경우 진화된 사회적 지능을 통해 높은 수준의 공감 능력을 가질 수 있고, 개는 우리가 생각하는 것을 직관적으로 파악하는 것 이상으로 인간의 감정을 느낄 수 있다고 주장하고 있다. 또한 다윈은 1872년에 출간한 『인간과 동물의 감정표현』에서 다양한 동물들의 사례를 들어 동물들이 인간과 다를 바 없이 표정이나 행동을 표현하며 인간에서와 동일한 원리를 통해 표현한다고 발표하였다. 과거 동물은 보상을 원하고 처벌을 피하는 단순한 자극과 반응 기계로 보거나 유익한 본능을 유전적으로 부여받은 로봇으로 표현되기도 했다. 그러나 동물이 감정이 있으며, 인지할 수 있고, 자유의지를 가지고 있다는 연구결과들이 발표되고 있다.

지금까지 국내에서는 반려동물 훈련 및 행동교정방법에 대한 전문적인 교재나 실증연구사례는 없는 실정이다. 이에 많은 경험이 있는 교수진이 참여하여 반려동물에 대한 이론적 내용과 함께 실제 훈련 및 문제행동에 대한 행동교정에 대한 기법들을 담아내려고 노력하였다.

반려동물 보호자나 훈련 및 행동교정 전문가들은 무거운 책임의식을 가지고 고통과 스트레스를 주는 훈련 및 행동교정방법이 아닌 반려동물이 긍정적 감정을 가질 수 있는 인간적인 방법을 사용하려고 노력해야 한다.

본 교재를 통해 반려동물을 전공하는 학생들이 동물의 행동, 학습원리, 훈련방법, 행동교정방법들을 체계적으로 분석하고 자신의 것으로 만들 수 있기를 기대한다. 또한 반려동물과 살아가는 반려인들이 쉽게 이해하고 따라 할 수 있도록 제시하려고 노력하였다.

반려동물과 살아가면서 소중하고 아름다운 삶을 만들어 가는 데 도움이 되었으면 하는 바람으로 글을 마친다.

끝으로 본 교재의 출간을 위해 힘써주신 도서출판 동문사 이중수 대표님과 유재영 상무님, 편집담당자님께 깊은 감사를 드린다.

2022년

저자 일동

차 례

Chapter 04 동물의 학습방법

Chapter 05 개의 훈련방법(Training method)

Chapter 06 문제행동 교정 방법

Chapter 01

동물행동학의 이해

학습목표

1. 동물행동의 정의를 이해한다.
2. 동물행동학의 개념을 이해한다.
3. 동물행동의 분류를 이해한다.
4. 동물행동에 영향을 주는 요인에 관해 설명할 수 있도록 한다.

1. 동물행동의 정의

동물은 움직이는 생물로서 운동성과 감각기능을 가지고 움직이는 생물군으로 정의할 수 있다. 동물의 행동을 일으키게 하는 동기는 어디에서 나오는 것일까? 동물행동의 동기는 무엇일까? 동물행동의 의미는 무엇일까? 이러한 질문들에 대한 답은 쉽지 않다. 이러한 논의를 하면서 동물들을 어떻게 대해야 하느냐는 논의로 옮겨갈 수 있다.

동물의 행동은 자극(Stimulus)에 대한 반응(Response)으로 설명되어 왔다. 동물행동의 원인은 외부로부터의 자극(시각, 청각, 촉각, 후각, 미각 등), 신체 내에서의 호르몬(Hormone)의 분비에 의한 내부적인 자극도 모두 포함될 수 있다. 최근에는 뇌인지과학의 발달로 동물 인지와 감정에 관한 연구도 진행되면서 동물행동에 관해서 다양한 관점에서 연구되며 발전하고 있다.

우리와 함께하는 반려동물의 경우, 개는 보호자가 외출해서 다시 집으로 돌아오면 다양한 반응을 보인다. 개는 외출했다가 돌아온 보호자를 보면 꼬리를 흔들고, 낑낑 소리를 내기도 하고, 두 발로 서서 안아달라 매달리고, 점프하기도 하며, 무언가 사물을 입에 물고 다니기도 한다. 개의 이런 행동을 통해 우리는 개가 보호자를 보며 흥분하고, 반가워한다는 것을 알 수 있다. 고양이의 경우 외출했다 돌아온 보호자에게 야옹 소리를 내기도 하고, 버선발로 졸졸 따라다니거나, 우리 몸에 스치듯 기대기도 한다.

2. 동물행동학의 개념

1) 동물행동학의 정의

동물행동학(Ethology)이란 동물의 행동, 행태, 습성뿐 아니라 진화, 유전, 학습, 환경 등의 관찰을 통하여 동물행동에 대해 과학적으로 탐구하는 학문이다.

근대 동물행동학의 개척자인 네덜란드의 생물학자 니콜라스 틴베르겐(Nikolaas Tinbergen, 1907-1988)과 오스트리아의 생물학자 콘라트 로렌츠(Konrad Z. Lorenz, 1903-1989), 카를 폰 프리슈(Karl von Frisch, 1886-1982)가 동물의 개별적 · 사회적 행동 패턴의 구조와 도출에 관한 발견('For their discoveries concerning organization and elicitation of individual and social behaviour patterns')으로 1973년 노벨 생리의학상을 수상하면서 동물행동학 분야가 20세기 후반에 큰 발전하는 계기를 만들었다.

로렌츠는 조류에서 보이는 각인(Imprinting) 현상을 규명하였으며, 틴베르겐의 경우 동물 행동의 통합적 이해를 위해서는 근접적, 궁극적, 계통분류적, 발달적 분석이 필요하다고 제안하였다. 프리슈는 꿀벌의 집단행동을 연구하여 발표하였다.

로렌츠

틴베르겐

프리슈

그림 1-1 동물행동학의 개척자

생물학자이자 진화론자인 찰스 다윈(Charles Robert Darwin, 1809-1882)은 1859년에 『종의 기원(On the Origin of Species)』을 통해 진화에 대한 자신의 생각을 발표하였다. 다윈의 진화론은 변이, 생존경쟁, 유전의 세 가지 중심개념으로 자연도태설을 설명하였다.

그림 1-2 진화론의 찰스 다윈

변이는 같은 종이라도 각 개체는 서로 다른 성질을 지니고 있어 변이 현상이 난다. 또한 세상에 태어난 모든 개체가 무사히 살아남아 성장할 수 있는 것은 아니다는 개념이다.

생존경쟁이란 많은 개체가 생존경쟁을 펼치는 와중에, 환경에 더욱 잘 적응한 변이 성질을 지닌 개체는 그렇지 않은 개체보다 무사히 살아남아 자손을 남길 가능성이 높다는 개념이다. 유전은 유리한 변이 성질을 지닌 개체가 살아남으면 그 변이는 자손에게 유전되며 그 자손에게도 다시금 비슷한 변이가 발생한다. 이것이 몇 세대에 걸쳐 반복되면, 종 전체에 뚜렷한 변화 및 적응 현상이 나타나게 된다. 이로 인해 새로운 종이 탄생한다는 개념이다.

A. 적의를 가지고 또 다른 개에게 접근하는 개의 모습

B. 애정을 담은 마음 상태의 자신을 낮춘 개의 모습

C. A와 동일한 마음 상태의 잡종 셰퍼드의 모습

D. 주인에게 몸을 비벼 대는 동일한 개의 모습

그림 1-3 개의 다양한 감정이 표현

출처: 다윈(1872). 인간과 동물의 감정표현.

다윈은 1872년 『인간과 동물의 감정 표현(The Expression of the Emotions in Man and Animals)』을 출간하였다. 이 책에서 다윈은 정서적 삶의 생물학적 측면에 관한 인간 특성의 동물행동 기원과 동물의 감정 표현에 관해 연구하였다. 특히 다른 동물 개, 원숭이 등의 감정 표현에 대해 다양한 사진과 그림을 담았다.

다윈의 진화론은 근대 동물행동학자들은 물론 현재 생리학, 유전학, 심리학, 인류학 신경해부학과 같은 다른 분야에 지대한 영향을 주었다.

2) 동물행동학의 기초적 개념

(1) 각인(Imprinting)

로렌츠는 갓 부화한 회색기러기는 처음 본 대상을 어미로 인식하고 따라다니고 또한 기억한다는 사실을 밝혀냈으며, 이러한 행동을 각인(Imprinting)이라고 이름 붙였다. 각인은 조류에서 오리와 닭, 칠면조 등이 있으며, 포유류에서는 염소, 양, 사슴 등 유제류가 성장 초기에만 나타나는 행동으로 밝혀졌다. 연어의 회귀본능, 철새의 이주 등이 각인으로 해석되고 있다.

그림 1-4 로렌츠 각인설

(2) 적응도(Fitness)

적응도는 생애번식성공도(Lifetime reproductive success)라고도 하며, 어느 동물이 새끼의 수(출산수)와 그 새끼들이 번식연령에 도달하기까지의 생존율의 곱으로 나타낸다. 동물의 행동은 적응도를 높이기 위해 진화해왔다.

(3) 이타행동

'동물은 이기적이다.'라고 생각하는 사람들과 달리 동물들은 적응도를 높이기 위해 이타적인 행동을 한다. 예를 들면 침팬지에서는 혈연관계에 있는 개체 간에는 서로 돕는 행동이 자주 관찰되며, 늑대 무리에서 젊은 암컷이 태어난 새끼들의 포육을 도우며, 야생동물의 집단에서는 서로 간 서로 도우며 생활하는 사례들이 발견되고 있다. 개체별로 적응도를 높이는 행동은 생존과 번식을 위해 자연스러운 행동이며, 이 개념을 확대하여 다른 근연 개체의 번식과 생존을 통해 다음 세대로 이어진다는 개념이 포괄적응도이다.

그림 1-5 동물의 이타행동

(4) 생득적 해발기구(Innate releasing mechanism)

선천적 행동(Innate behavior)을 일으키는 자극을 열쇠자극이라 하며, 열쇠자극을 포함한 해발인자에 의해 행동이 일어나는 구조를 생득적 해발기구라 한다. 틴베르겐은 행동이란 온전한 동물에 의해 이루어지는 전체 움직임을 의미하며, 선천적인 행동은 학습 과정에 의해 변하지 않는 것이다. 행동은 외부 자극에 어느 정도 의존하는 반응이지만, 내부인과 요인에 의존하기 때문에 자발적이기도 하다라는 개념을 주장하였다.

3. 동물행동의 분류

1) 동물행동의 유형에 다른 분류

동물의 행동은 각각의 동물 개체가 자신의 생존에 필요한 기본적인 욕구를 충족시키는 개체유지 행동과 혼자서 행동하는 것이 아닌 주변 다른 개체들과 상호작용을 받으면서 행동하는 사회 행동으로 구분할 수 있다.

(1) 개체유지행동

개체유지행동은 개체가 생활하고 생존하기 위해서 필요한 행동으로 생리적, 신체적 욕구를 충족시키는 개별적인 행동을 말한다. 예를 들면, 먹이 먹기, 배변하기, 그루밍(Grooming), 잠자기, 휴식하기 등의 행동으로 대부분의 개체유지 행동은 다른 개체들과 상관없이 스스로 할 수 있는 행동이다.

(2) 사회행동

사회행동은 개체별로 행동을 하는 것이 아닌 복수의 개체가 모여 함께 상호작용을 하며 행동하는 것을 의미한다. 번식기에 종의 번식을 위해 하는 성행동, 다른 개체보다 돋보이게 하려고 하는 과시(Display), 다른 개체로부터 고유의 영역을 지키기 위해 방어 행동, 다른 개체를 물리치기 위한 공격 행동, 무리를 이루는 동물의 경우 우열을 나누는 서열 행동, 새끼를 돌보는 양육 행동, 다른 개체들과의 놀이 행동 등이 사회행동으로 나눌 수 있다.

표 1.1 개체유지행동과 사회 행동

개체유지행동	사회행동
먹이 먹기	과시하기(Display)
배변하기	짝짓기
그루밍(Grooming)	공격하기
잠자기	세력권방어

개체유지행동	사회행동
휴식하기	새끼 양육하기
탐색하기	놀이

그림 1-6 고양이 잠자기, 개들의 놀이 행동

2) 동물행동의 발달과 변화에 따른 분류

동물은 태어나 점차 성장하면서 주변 환경과의 상호작용을 통해 죽을 때까지 행동은 정교하고 다양하게 발달한다.

(1) 선천적 행동(생득적 행동, Innate behavior)

선천적 또는 생득적이라는 것은 동물이 태어나면서부터 하는 행동을 말하는 것으로 학습이나 연습, 모방하지 않고, 또한 환경에서의 영향을 받지 않고 발달하는 행동을 뜻한다. 이러한 선천적 행동의 조합으로 각각의 동물 종의 행동을 특징짓는다.

선천적 행동으로는 나방이 빛의 자극에 따라 다가가는 반응, 연어가 물을 거슬러 올라가 번식하는 행동, 무의식적으로 행동하는 무조건반사 등은 동물 자신의 생존과 보호하는 데 매우 중요하다. 특히 무조건반사로는 개의 눈물, 침의 분비, 땀 분비, 배변, 하품 등과 고양이의 입위반사, 동공반사, 무릎반사 등이 해당한다.

(2) 후천적 행동(습득적 행동, Acquired behavior)

동물은 태어나 성장하면서 다양한 환경과 경험(Experience)을 통해 각기 다른 상황에 알맞은 행동을 한다. 모든 동물은 주변 환경으로부터 영향을 받고 생활화며 어미, 같은 종 또는 다른 동물로부터 살아가는 데 필요한 기술이나 행동 방법 등을 배워가며 살아간다. 훈련(Training)을 통해 학습된 내용으로 행동교정(Modification)하는 것 또한 후천적 행동이다. 반복된 습관, 조건반사(Conditioned reflex), 인지(Cognition) 등도 후천적 행동에 속한다.

고양이가 사냥하는 방법, 새가 둥지를 만드는 방법, 개가 위험으로부터 피하는 방법 등 동물 종마다 생존에 필요한 기술이나 방법을 후천적으로 습득하게 된다. 어느 정도 학습이 끝나고 신체적으로 성숙하면 동물들은 어미로부터 독립된 생활을 시작하며 환경에 각자 적응하면서 많은 경험과 시행착오(Trial error)를 거치면서 완벽한 개체로 생존을 시작한다.

러시아의 생리학자 파블로프(Pavlov, Ivan Petrovich, 1849-1936)는 개가 사육사의 발소리에 타액을 흘리는 것을 발견하여, 조건반사를 연구하여 대뇌가 조건반사에 관여한다는 것을 생리학적으로 증명하였다.

표 1.2 선천적 행동과 후천적 행동

선천적 행동	후천적 행동
먹이 먹기	훈련
배변하기	경험
주광성	인지
무조건반사	조건반사

● 주성

주성(走性, Taxis)은 동물이 외부 자극에 대하여 몸 전체가 일정한 방향으로 이동하는 것이다. 자극이 오는 방향을 향하여 이동하는 것을 '양성주성', 자극의 방향과 반대쪽으로 이동하는 것은 '음성주성'이라고 한다.

주성은 자극원의 종류에 따라 빛인 경우는 '주광성', 화학 물질이면 '주화성', 전류인 경우는 '주전성'으로 분류할 수 있다.

3) 동물행동의 발생 범위에 따른 분류

동물이 보이는 다양한 행동 양식(Repertory)을 분류하여 종을 특징짓는다. 따라서 동물 종의 고유한 행동을 기준으로 정상행동과 이상행동으로 구분할 수 있다.

(1) 정상행동(Normal behaviors)

각각의 동물 종에서 자연스럽게 일어날 수 있고 예상되는 행동으로 각 종이 보이는 행동의 기준에서 벗어나지 않는 일상적인 행동을 정상행동이라고 할 수 있다. 반려동물인 개의 경우 짖음과 배변은 정상행동으로 볼 수 있다. 개의 마킹, 고양이의 스프레이 행동 등이 있다.

그림 1-7 개의 마킹

(2) 이상행동(Abnormal behaviors)

동물이 행동의 유형과 빈도가 정상 레퍼토리에서 벗어난 것을 이상행동이라고 한다. 정상범위를 벗어난 이상행동은 다양한 원인이 복합적으로 작용해서 발생하는 경우가 많다. 이상행동의 범주 안에 원인이나 목적 없이 습관처럼 단조롭고 규칙적으로 무의미한 행동을 반복적으로 하는 행동을 상동행동(Stereotypical behaviors)이라고 한다.

이상행동의 경우 자연계에 있는 야생동물보다 닭, 돼지, 소 등과 가축화된 농장동물이나 동물원에서 있는 동물에서 발생하는 경우가 많다. 동물원이나 농장에서 사육되고 있는 동물의 경우 대부분의 자연계의 서식환경과 비교하여 좁은 면적의 사육시설, 운동 부족, 심리적 요인, 유전적 요인 등의 다양한 원인으로 인해 스트레스를 받아 이상행동이 일어나는 것으로 판단된다.

예를 들어 침팬지의 경우 좁은 우리에서 지내는 경우 고개를 끄덕이거나, 빙글빙글 돌거나를 계속해서 반복하는 이상행동을 보인다. 사육된 닭이나 꿩의 경우, 좁은 공간에 많은 개체가 있는 경우에 다른 개체를 공격하여 상처를 입히거나 사망에 이르게 하기도 한다. 카니발리즘의 종류에는 항문 쪼기, 깃털 쪼기 및 잡아당기기, 발가락 쪼기, 머리 쪼기 등이 있다. 카니발리즘(Cannibalism)과 같은 비정상적인 행동이 이상행동이다.

반려동물인 개의 행동의 경우 자연계에 살아 있는 다른 갯과 동물이 보이는 행동 레퍼토리 안에 포함되어 있는지가 정상행동과 이상행동인지를 판단하는 근거가 될 수 있다. 이상행동을 판단하고 대응하기 위해서는 동물행동학적 관점에서 접근이 필요하다.

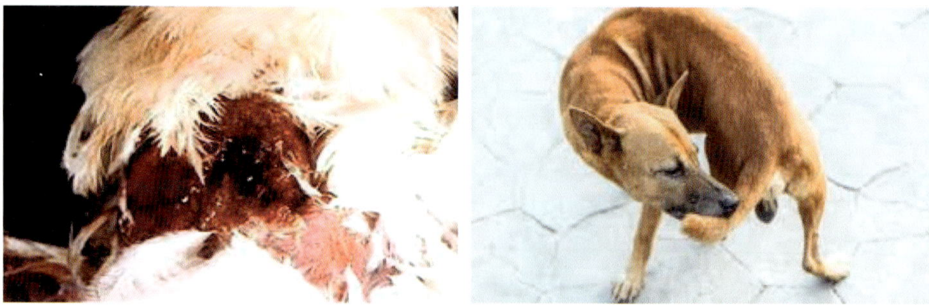

그림 1-8 닭의 깃털 쪼기, 개의 꼬리 무는 행동

(3) 문제행동(Problematic behaviors)

문제행동이란 보호자가 문제라고 간주하거나 다른 사람에 의해 문제라고 간주하는 행동이다. 동물이 보이는 행동을 받아들이는 사람에 따라 정상행동으로 간주하거나 문제행동으로 판단할 수 있다. 반려동물인 개의 경우 문제행동으로 인해 유기되거나 안락사가 되는 경우가 많다. 따라서 반려견의 경우 문제행동을 예방할 수 있도록 반려견의 특성과 생리 및 기본 복종훈련이 필요하다.

표 1.3 문제행동의 분류

1. 동물이 본래 가지고 있는 종 특유의 행동 양식이 아닌 행동을 하는 경우
   예) 개가 발끝을 핥는 상동행동
2. 동물이 본래 가지고 있는 종 특유의 행동 양식의 범주에 있으면서 그 행동의 빈도가 비정상적일 경우
   예) 개의 과식증, 개의 과도한 마운팅
3. 동물이 본래 가지고 있는 종 특유의 행동 양식의 범주에 있으면서 그 행동의 빈도가 정상적이지만 보호자나 다른 사람이 문제시하는 경우
   예) 초인종에 대해 짖음, 점프하기

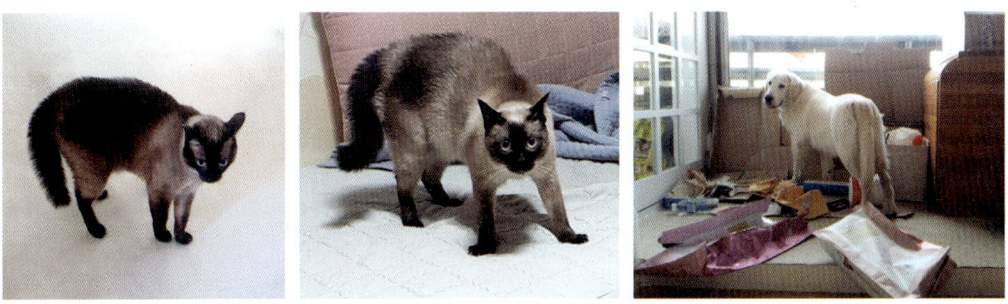

그림 1-9 고양이 공격행동, 개의 파괴행동

4. 동물행동에 영향을 주는 요인

동물행동은 다양한 요인들에 의해 나타난다. 선천적인 원인에 의해 선천적 행동(생득적 행동, Innate behaviors)을 하는 경우도 있으며, 학습, 경험, 인지 등에 의해 하는 후천적 행동(습득적 행동, Acquired behaviors)도 있다.

1) 유전

오스트리아의 식물학자 멘델에 의하여 처음으로 이에 대한 과학적 설명이 이루어졌다. 부모가 가지고 있는 고유한 성격, 체질, 형상 따위의 형질이 자손에게 전달되는 것을 유전이라고 한다. 태어난 후 어미나 주변의 영향이나 상호작용 없이 동물이 보이는 선천적인 행동들이 바로 유전에 의한 행동이다. 유전적인 요인에 의해 동물의 외형과 행동에 많은 영향을 준다.

개의 경우 선택적 교배에 의해 만들어진 견종들이 많다. 예를 들어, 목양견의 경우 움직이는 물체를 잘 쫓고, 달리면서 짖는 능력이 있고, 활동량이 많고, 운동과 놀이를 좋아하는 특징을 가지고 있는 견종들의 선택 교배의 결과물이다.

2) 학습

동물은 일생 다양한 환경을 접하게 되면서 자연스럽게 새로운 것을 배우면서 익힌다. 사람의 경우 어린이집, 유치원, 학교, 직장, 동아리 등에서 다양한 것들을 배우며 성장해나가고 있다. 동물 종들도 자신의 환경에 적응하기 위해 살아가는 데 필요한 방법을 배운다. 배워서 익힌 것을 바탕으로 행동은 변화하게 되고, 이와 같은 변화는 비교적 오랫동안 유지된다.

같은 종의 동물이라도 개체별로 살아가는 환경의 특성에 따라 다른 행동을 보이는 예도 있다. 동물의 학습은 익숙, 연상학습, 시행착오, 모방, 훈련 등 다양한 유형으로 구분할 수 있다.

그림 1-10 동물의 학습, 따라하기 훈련

3) 경험

대부분 동물은 일생 자신이 실제로 해보거나 겪어본 경험을 통해서 많은 것을 보고 배우며 이는 행동에 큰 영향을 미친다. 경험을 바탕으로 장소, 시기, 사회적 우열관계 등에 따라 매우 다양한 행동들을 보인다. 개와 고양이의 경우 신생아기에 경험이 일생을 살아가는 데 많은 영향을 주는 것으로 알려졌다. 부모견 생활하며 동배 형제들과 놀이 활동을 하며 자란 강아지의 경우 정상적인 행동을 하며 성견으로 성장할 가능성이 크다. 반대로 너무 이른 시기에 어미 개와 떨어져 다른 개체들과 상호작용 없이 성장한 강아지의 경우 사회성이 떨어져 문제행동이 발현될 가능성이 높을 수 있다.

오스트리아의 동물행동학자인 로렌츠(Konrad Lorenz)가 규명한 각인(Imprinting)이라는 개념은 갓 부화하거나 태어난 새끼가 처음 본 상대를 어미로 인식하고, 계속해서 어미를 졸졸 따라다니면서 먹이를 얻고 보살핌을 받는 현상을 의미한다. 이러한 각인(Imprinting) 역시 어미를 본 경험이 가장 큰 원동력이 되어 지속되는 행동이다. 각인으로 인해 어미와 새끼 사이에는 강한 유대감이 형성된다.

4) 가축화(Domestication)

가축화란 포획된 야생동물에게 먹이를 주고 길들이고 또한 번식도 인간이 관리하고 특정 목적을 위해 육종개량을 해소하는 장기간에 걸친 프로세스이다. 인간의 곁에서 생활하는 동물들은 야생의 선조 종의 행동과 유사한 점이 많다. 인간은 가축화(Domestication)를 위해 야생동물 중에 아래와 같은 조건을 충족하는 동물을 선택한 것으로 추측된다.

- 이유시기 빠르고 강건
- 사회생활 적응력 탁월
- 인간의 식량자원과 경합 없을 것
- 사육용이와 집단사육 적응력 탁월
- 사람에 유용
- 군거성(무리 지어 사는 성향) 및 온순하고, 인위적 번식 조절 용이

가축화의 과정에서 동물의 행동 패턴에 다양한 변화들이 일어난다. 야생동물의 경우 먹이 공급을 위해 사냥을 해야 했으나 주인의 먹이 급여로 사냥이 불필요해졌으며, 외부의 포식자로부터의 안전을 제공받음으로써 선조 종이 가졌던 특성과 생리들의 변화가 일어났을 것이다.

러시아의 과학자인 벨랴예프(Dmitry Belyaev)의 은여우 실험에 의하면 가축화로 20여 년이 지난 후 은여우의 털의 색깔, 꼬리의 모양, 귀의 모양 등 외형적인 변화가 발견되었으며 여우에서 보이지 않는 짖음을 하는 경우도 발견되었다. 개는 가축화된 최초의 동물로 알려져 있다. 개와 고양이의 경우 인간의 가축화로 인해 다양한 변화가 일어나 지금의 개와 고양이 특성과 생리가 발현되고 있다고 볼 수 있다.

그림 1-11 벨랴예프의 은여우 실험

5) 고차뇌 기능의 발달

동물의 종 간의 행동을 비교해보면 비슷하게 행동하는 부분도 많다. 그러나 종 간의 행동 다양성과 유연성은 매우 다른 것으로 나타나고 있다. 최근 뇌과학이 발전하면서 사람의 뇌와 다른 포유류의 뇌의 구조와 기능은 거의 동일한 것으로 발표되고 있다. 그러나 뇌의 대뇌 신피질의 발달 정도에 따라 동물 간 행동의 다양성과 유연성에 차이가 있는 것으로 알려졌다.

특히 대뇌 신피질의 발달은 고차원적인 뇌 기능과 관련되어 있으며 특히 과거의 기억, 단기기억과 장기기억을 근거로 하여 상황에 대응하는 행동을 선택하고, 과거의 감정과 관련지어 학습하거나, 미래의 결과를 예측하여 행동하는 패턴을 포함하고 있다.

미국의 뇌과학자인 그레고리 번즈 박사는 MRI를 이용해 개의 뇌 촬영에 성공하였다. 개의 뇌의 활성화는 사람의 뇌와 유사하게 활성화된다고 연구결과를 발표하였다.

그림 1-12 개의 MRI 촬영

출처: 그레고리 번즈(2016). 반려견은 인간을 정말 사랑할까?.

학습정리

1. 동물의 개체유지해동은 동물이 생존을 위해 필요로 하는 행동이며, 사회행동은 혼자가 아닌 둘 이상의 개체가 상호작용을 하는 행동이다.
2. 동물의 행동은 태어날 때부터 가지고 있는 생득적 행동과 후천적으로 배우는 습득적 행동(학습행동)으로 구분할 수 있다.

과제

1. 각인설이란?
2. 생애번식성공도, 생득적 해발기구의 개념을 요약하세요.

예상문제

문제 1. 유럽에서 동물행동학이라는 학문 분야에 이바지한 3인으로 공동으로 노벨상을 받은 사람으로 옳은 것은?

㉠ 로렌츠 ㉡ 찰스 다윈 ㉢ 틴베르겐 ㉣ 스키너 ㉤ 프리슈

① ㉠, ㉡, ㉢
② ㉢, ㉣, ㉤
③ ㉠, ㉡, ㉤
④ ㉠, ㉢, ㉤
⑤ ㉡, ㉣, ㉤

문제 2. 다음 문장을 설명하는 것으로 옳은 것은?

거위나 기러기 등의 조성성 조류에서 나타나기도 하며, 대형 조성성 동물에서 태어나 새끼 때 보이는 행동으로 최초로 본 움직이는 대상을 어미로 인식하여 따르는 행동을 보고 붙인 명칭이다.

① 습득적 행동
② 생득적 행동
③ 생득적 해발기구
④ 행동의 동기부여
⑤ 각인

문제 3. 동물행동의 분류에서 유지행동으로 옳지 않은 것은?

① 섭식행동
② 배설행동
③ 성행동
④ 탐색행동
⑤ 수면행동

문제 4. 동물행동의 분류에서 사회행동으로 옳지 않은 것은?

① 섭식행동
② 놀이행동
③ 성행동
④ 포획행동
⑤ 공격행동

문제 5. 동물행동에서 습득적 행동(후천적 행동)의 분류로 옳지 않은 것은?

① 경험
② 습관화
③ 인지학습
④ 조건반사
⑤ 무조건반사

문제 6. 동물행동에 영향을 주는 요인으로 옳지 않은 것은?

① 학습과 경험
② 유전
③ 가축화
④ 고차뇌기능 발달
⑤ 생각의 동기부여

문제 7. 야생동물의 가축화의 조건으로 옳지 않은 것은?

① 이유시기가 빠르고 강건해야 한다.
② 사회생활 적응력이 탁월해야 한다.
③ 인간의 식량자원과 경합이 없어야 한다.
④ 집단사육 적응력이 탁월해야 한다.
⑤ 독립성이 있고 온순해야 한다.

정답

1. ④ 2. ⑤ 3. ③ 4. ① 5. ⑤ 6. ⑤ 7. ⑤

Chapter 02

반려동물, 개와 고양이의 커뮤니케이션

학습목표

1. 개의 커뮤니케이션 행동에 대해 이해한다.
2. 고양이의 커뮤니케이션 행동에 대해 이해한다.

반려동물 중 가장 높은 비율을 차지하고 있는 동물은 개와 고양이다. 개는 12,000~30,000년 전에 인간의 곁에서 가축화되었으며, 고양이는 5,000~8,000년 전부터 가축화되어 살아왔다고 추정하고 있다. 동물에게는 세 가지 중요한 형태의 의사소통 수단이 있다. 시각, 청각, 후각에 의한 것이다. 개는 무리 동물로서 개체 간의 시각 신호, 청각 신호, 후각 신호를 통해 의사소통할 수 있다. 고양이는 독립된 생활을 하는 동물이기는 하나 어미로부터의 학습, 동배 형제들 간의 놀이 등을 통해 다양한 보디랭귀지를 사용한다. 특히 영역을 주장하고, 다른 고양이로부터 방어하고, 사회적인 거리를 유지하기 위해 시각 신호, 청각 신호, 후각 신호를 통해 자신의 표현하고 전달한다.

사회적 동물의 경우 무리 속에서 한정된 자원 특히 먹이나 잠을 자거나 쉬는 안전한 장소 또는 생식 행동을 둘러싼 경쟁은 필연적이다. 경쟁은 다툼으로 이어져 상호 간에 치명적인 부상 또는 죽음으로 이어질 수 있다. 따라서 사회적 동물에게는 다른 종이나 이성, 노소 간의 의상 소통뿐 아니라 동일 공동체 내의 성원들과 상호 의사소통을 할 수 있는 능력이 매우 중요하다. 동물의 상호 커뮤니케이션 행동은 경쟁적인 상호작용의 빈도와 강도를 줄일 수 있도록 진화해왔다고 볼 수 있다.

찰스 다윈은 1875년 "인간과 동물의 감정 표현(The Expression of the Emotions in Man and Animal)"에서 인간과 동물의 감정이 겉으로 드러날 때의 표정이나 표현 방식을 상세히 기술하고 있다. 찰스 다윈은 동물과 인간의 표정이나 표현에서 동일한 기제가 작동하며 감정 표현이 진화의 산물이며, 과거의 어느 시점에서는 환경적응에 도움이 되었고 이러한 감정 표현이 중요한 의사소통의 기능을 하고 있다고 주장했다.

다윈은 서로 반대되는 의지의 충동에서 행해지는 서로 반대되는 유형의 일상적인 동작은 동물의 습관으로 잡았다. 이로 인해 한 종류의 행동이 어떤 감각이나 감정과 굳게 연결되면서 정반대의 행동을 한다. 정반대의 감정의 영향을 받아 습관과 연결을 통해 무의식적으로 행해진다는 '정반대의 원리'를 유도했다.

어떤 개가 모르는 개나 사람에게 화가 나거나 적의를 가지고 접근할 때 몸을 꼿꼿하게 세우고 매우 경직되게 걷는다. 개는 머리를 약간 들어 올리거나 크게 수그리지 않는다. 경직된 꼬리는 빳빳하게 서 있고, 털, 트기 목과 등의 털이 곤두선다. 세워진 귀는 앞을 향해 있으며, 눈은 상대를 뚫어지게 쳐다본다. 이는 적을 공격하려는 개의 의도를 표현하는 동작이다.

반대로 개가 다가가려는 대상이 모르는 사람이나 개가 아니라 보호자임을 갑자기 알게 되었다면 이때 개의 태도는 즉각적으로 바뀐다. 개는 몸을 밑으로 떨구거나 심지어 웅크리거나 배를 보이는 동작을 보여준다. 꼬리는 아래로 내리고 살랑살랑 흔들어 낸다. 털은 부드러워지며, 귀를 낮추고 뒤쪽으로 향하고 입술은 축 처진다. 개가 이러한 모습을 보이는 경우는 기쁨의 표현이다. 고양이에게도 두려움이나 공격의 표현과 기쁨과 표현의 정반대의 원리가 나타난다.

다윈은 인간과 동물의 감정과 표현이 진화의 산물이며, 특정 표정은 어떤 생명체의 유지와 번식 과정에서 진화적 선택압을 통과한 형질에서 시작되었다는 점을 규명하려 노력하였다. 동물과 인간의 감정에 관해 진화론적 관점으로 접근하였다.

우리가 동물의 일반적인 표현 다양성을 이해하고 숙지하여야 한다. 또한 개체별 특성에 따른 표현 다양성과 특이적인 차이를 고려하여 훈련 및 행동교정에 적용해야 할 필요가 있다.

우리가 개와 고양이의 다양한 신호들을 관찰하고 학습한다면 신호들의 의미를 이해할 수 있다고 주장하고 있다. 특히 스탠리 코렌(Stanley Coren)은 개의 청각 신호를 구분하여 개의 감정과 의도를 알아낼 수 있다고 하였다. 또한, 투리드 루가스(Trudid Rugaas)개의 시각 신호, 청각 신호를 가지고 자신의 의사를 표현하는 카밍시그널(Calming signal)이란 용어를 사용하고 있다. 고양이는 얼굴, 특히 눈과 귀와 수염을 통해 감정의 변화를 표현하며, 꼬리의 움직임과 몸 전체 보디랭귀지, 소리가 고양이의 마음을 읽어내는 데에 아주 중요한 신호이다.

A. 적의를 가지고 또 다른 개에게 접근하는 개의 모습

B. 애정을 담은 마음 상태의 자신을 낮춘 개의 모습

C. A와 동일한 마음 상태의 잡종 셰퍼드의 모습

D. 주인에게 몸을 비벼 대는 동일한 개의 모습

그림 2-1 찰스 다윈의 정반대의 원리(커뮤니케이션)

출처: 다윈(1872). 인간과 동물의 감정표현 재구성.

동물의 의사소통 도구인 시각 신호, 청각 신호, 후각 신호는 반려동물의 훈련 및 행동수정을 위해 굉장히 중요하다. 개의 경우 종간 커뮤니케이션뿐만 아니라, 사람과 개, 개와 고양이 등과 커뮤니케이션이 가능하다. 그러나 종간, 개체 간의 커뮤니케이션 능력이 다르고, 개와 고양이는 경험 때문에 신호의 의미를 이해하고 배우므로 더 복잡한 행동들이 발생할 수 있다. 따라서 다양한 요인과 결과에 대한 학습과 관찰이 필요하다고 할 수 있다.

개와 고양이의 커뮤니케이션을 이해하기 위해서는 표정, 귀, 눈, 꼬리, 몸동작을 종합적으로 판단해야 한다. 특히 고양이는 수염으로도 감정을 표현하고 의사결정을 내리는 수단으로 이용하기도 한다.

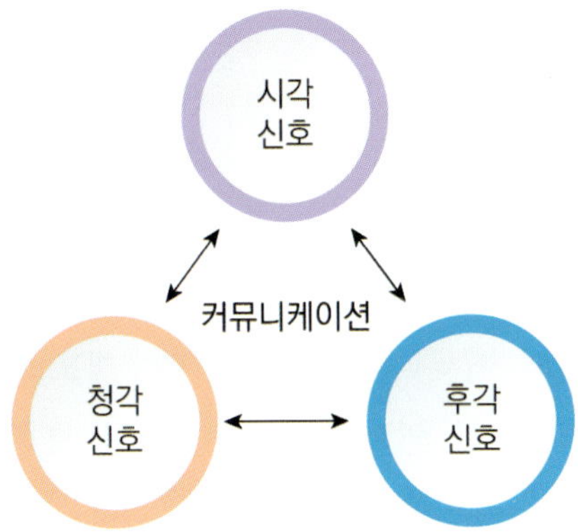

그림 2-2 동물의 커뮤니케이션(의사 및 감정 표현)

고양이와 개의 생리 및 특성을 보면 서로 다른 종 간의 시각 신호, 청각 신호, 후각 신호를 통해 표현하고자 하는 내용도 다르다. 개는 무리를 지어 생활하는 사회적 동물로서 서열을 정하고 서열에 맞게 각자의 일을 배분하고 정보를 전달하며 서로 간의 갈등 해소를 위해 의사소통을 한다. 그러나 사자를 제외한 고양이과 동물의 경우 기본적으로 독립적인 생활을 하는 동물이다. 고양이과 종에서 다른 개체와 소통할 때는 영역 다툼을 하거나 성행동을 하고 새끼를 기를 때이다.

개는 무리에서 계층적인 구조를 이루고 있다. 반면 고양이 지배구조는 아주 특별하게 무리 생활을 할 수밖에 없게 되는 경우에 나타나는 경향이 있다. 그러나 무리 내에서 서로 간의 상호작용은 개와 비교하면 현저하게 낮다.

개의 경우, 영역이란 한 개체의 것이 아니라 무리 전체의 것이라는 개념을 포함하고 있다. 개마다 선호하는 자리나 위치가 있으나 무리 내 다른 개체와 갈등 없이 그 자리를 차지하는 것이 가능하다. 그러나 고양이의 경우에는 고양이 각 개체가 가진 영역의 크기에 따라 서열을 표현한다. 고양이는 상하 높이에 따른 공간 개념을 사용하므로 서열이 높은 개체가 가장 큰 영역을 차지하고 가장 높은 자리에 오르려 한다.

1. 개의 커뮤니케이션

1) 개의 시각 커뮤니케이션

갯과 동물인 늑대의 경우 무리 간 커뮤니케이션의 대부분이 몸짓이나 표정으로 시각 신호로 동료 간의 커뮤니케이션을 한다. 개도 늑대와 유사하게 시각을 이용한 커뮤니케이션이 중요한 의사 전달 수단이다. 특히 개와 개 또는 개와 고양이, 개와 사람과의 시각을 이용해 커뮤니케이션하는 경우가 많다.

시각적 커뮤니케이션의 특징은 개의 생리적 특성의 영향을 받는다고 할 수 있다. 특히 개는 시력이 좋지 않다. 따라서 시각을 이용한 커뮤니케이션의 경우 근거리 또는 중거리 커뮤니케이션에서 효과적이다. 동물의 시각적 신호는 보이는 것을 전제로 하고 있다. 이는 경쟁자, 포식자, 사냥감에게 드러날 가능성이 있다는 문제점을 가지고 있다. 또한 나무, 바위 등의 장애물이 있을 때 효과적으로 의사 전달을 할 없다.

개의 다양한 표정을 익힘으로써 개의 감정을 파악할 수 있다. 개의 꼬리, 귀, 입, 등의 털, 몸의 전체적인 균형, 움직임을 종합적으로 관찰하여 개의 행동과 심리를 파악하는 연습이 필요하다. 개의 언어를 이해하고 대화법을 배운다면 훈련 및 행동교정에 효과적으로 사용할 수 있을 것이다.

(1) 개의 온화한 표정

긴장이 이완되어 꽤 만족한 상태를 나타내는 신호이다. 개가 자신의 안전에 대해 불안을 느끼거나 위협을 느끼게 하는 것이 전혀 없을 때의 표정이다.

- 꼬리가 자연스럽게 처져 있다.
- 귀가 서 있다(앞쪽으로 기울어 있지 않다.).
- 머리를 들고 있다.
- 입을 가볍게 벌리고 혀가 엿보인다.
- 발을 자연스러운 형태로 벌리고 체중이 그대로 발에 실려 있다.

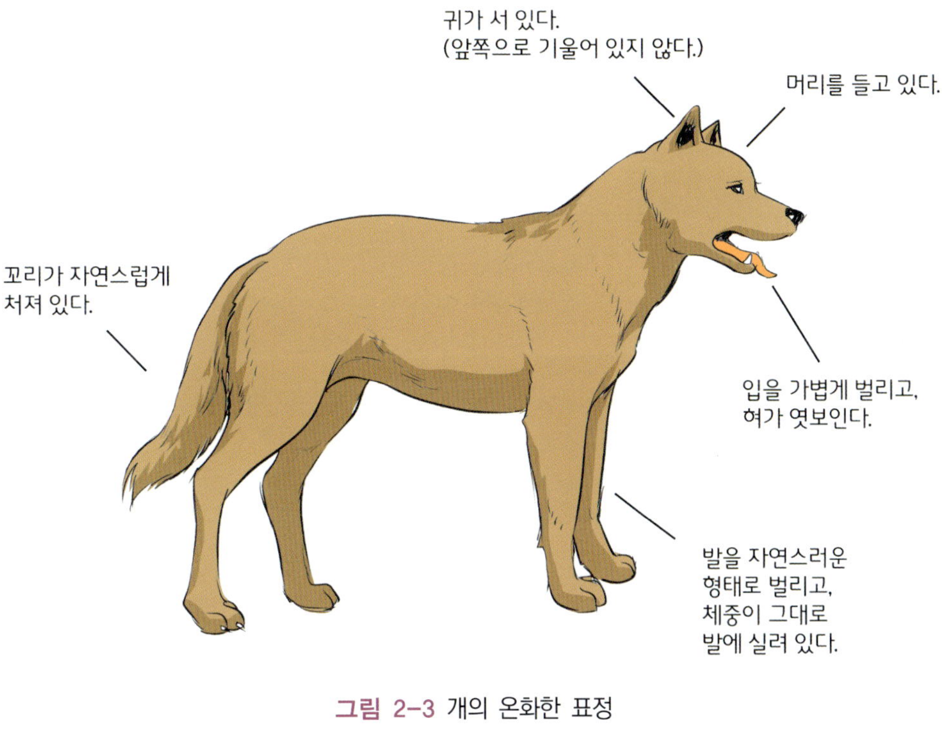

그림 2-3 개의 온화한 표정

(2) 우위인 개가 보이는 공격의 표정(공격적인 위협)

지배성이 강한 개가 자신의 사회적인 순위가 높음을 나타내고, 도전받으면 공격에 나서겠다는 신호이다.

- 꼬리는 올라가고 털이 곤두서 있다. 꼬리가 긴장하여 좌우로 조금씩 흔들리는 경우도 있다.
- 앞으로 기운 듯한 귀(약간 좌우로 벌어져 V자가 퍼진 형태를 취하는 경우도 있다.)
- 등줄기의 털이 곤두서 있다.
- 이마에 세로 주름이 잡히고, 코 위에 주름이 잡힌다.
- 이빨이 엿보인다. 잇몸이 보이는 경우도 많다.
- 입을 C자형으로 벌리고 입아귀가 앞쪽으로 튀어나와 있다.
- 다리를 경직시키고 몸을 약간 앞으로 내민다.

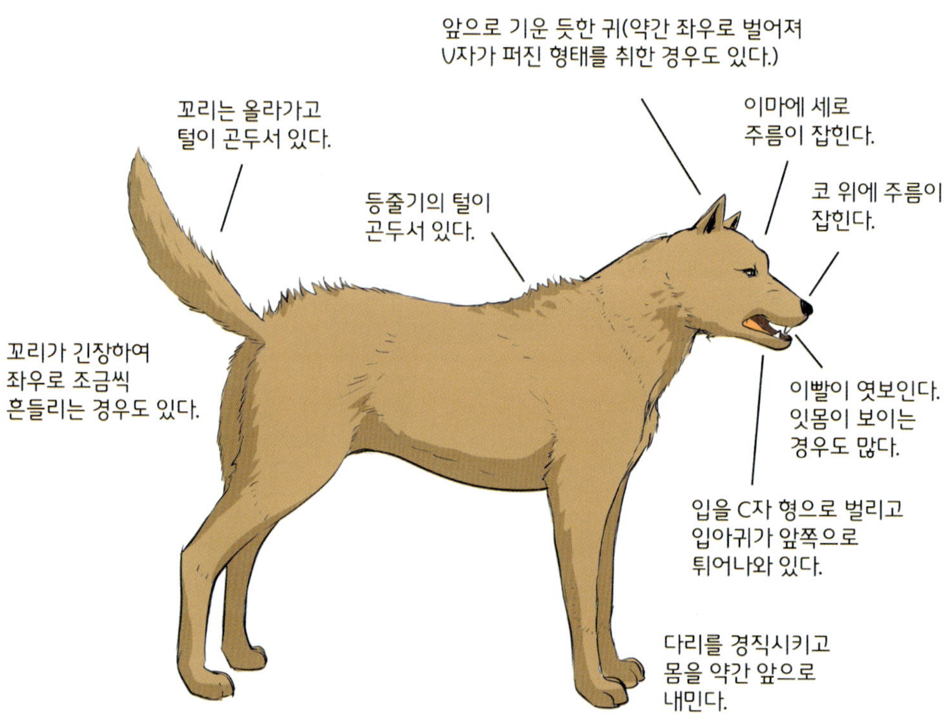

그림 2-4 개의 공격적인 위협

(3) 겁먹은 개가 보이는 공격의 표정(방어적인 위협)

여차하면 공격에 나서겠다는 신호이다. 이러한 신호는 자신을 위협하는 특정 상대에게 행동한다.

- 몸을 낮추고 꼬리는 감아 넣고 있다(거의 움직이지 않는다.)
- 등줄기의 털이 곤두서 있다.
- 귀가 뒤로 엎고 있다.
- 동공이 열려 있다.
- 코 위에 주름이 잡혀 있다.
- 입술이 약간 밀려 올라간다(이빨이 약간 보인다.)
- 입아귀가 뒤쪽으로 끌어 당겨져 있다.

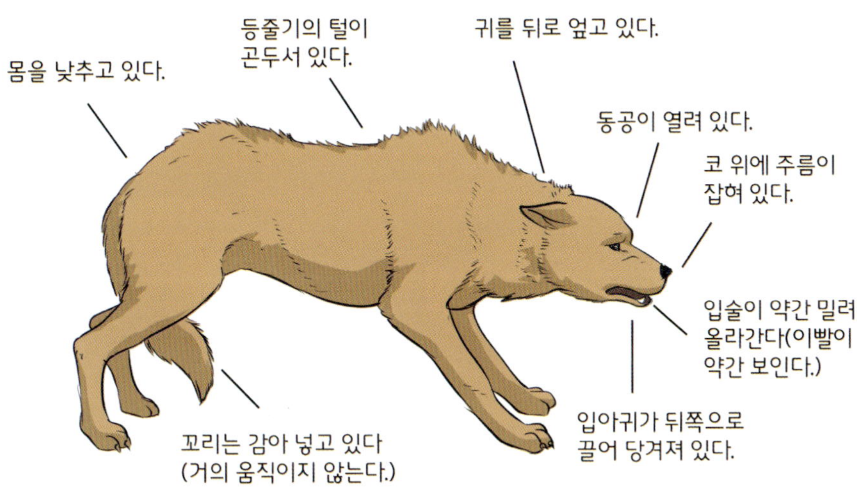

그림 2-5 개의 방어적인 위협

(4) 긴장과 불안을 나타내는 표정

긴장한 개의 신호이다. 긴장의 원인은 신변의 상황에 있고, 신호가 특정 개체를 향한 것은 아니다.

- 꼬리가 내려가 있다.
- 몸의 위치는 낮다.
- 귀가 뒤로 얹고 있다.
- 동공이 열려 있다.
- 입아귀는 뒤쪽으로 끌어 당겨져 있고 숨결이 빨라진다.
- 발바닥에 땀을 흘린다.

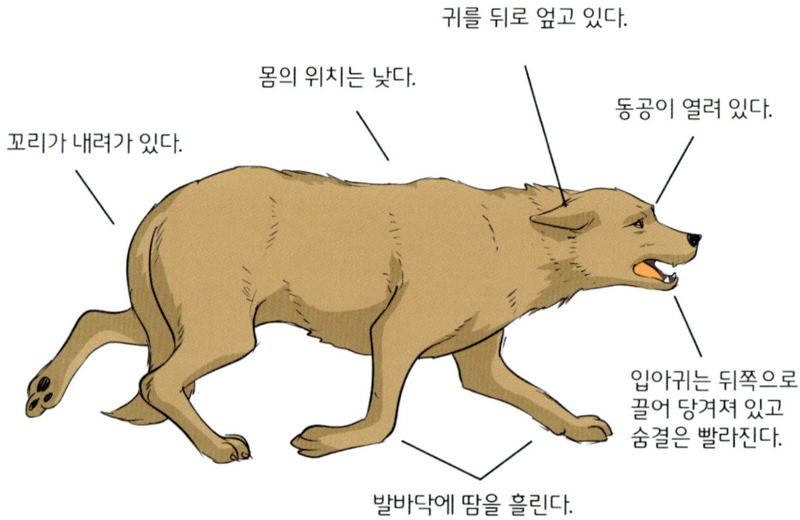

그림 2-6 개가 긴장과 불안을 나타내는 표정

(5) 공포와 복종을 나타내는 표정(적극적인 복종)

겁먹고 있어 복종을 나타내려는 개의 신호이다. 순위가 높은 상대의 기분을 누그러뜨리고, 그 이상의 위협이나 도전을 피하기 위한 신호이다.

- 꼬리는 처져 있다(약간 좌우로 흔들리는 경우도 있다.)
- 몸의 위치는 낮다.
- 귀를 뒤로 엎고 있다.
- 이마에는 주름은 잡고 있지 않다.
- 눈을 맞추지 않는 듯하면서 힐끔힐끔 상대를 본다.
- 우위인 개의 얼굴을 핥거나 공기를 핥는다.
- 입아귀가 뒤로 끌어 당겨져 있다.
- 한쪽 앞발을 올리고 있다.
- 발바닥의 땀이 바닥에 자국을 남기는 경우도 있다.

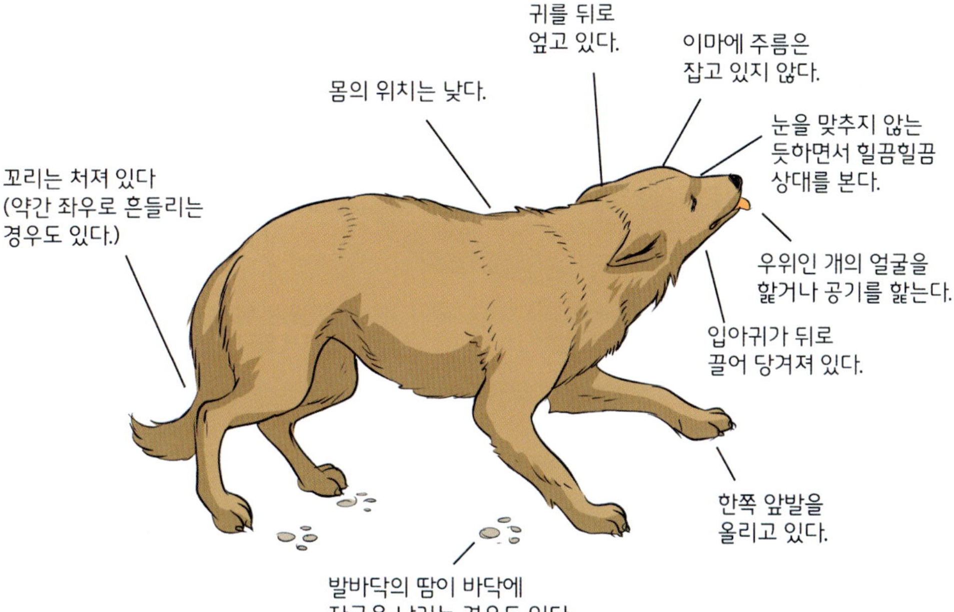

그림 2-7 개의 적극적인 복종 자세

(6) 극도의 공포와 완전한 복종을 나타내는 표정(무저항의 복종)

완전한 복종과 항복을 나타내는 신호이다. 개는 자신이 열위라는 사실을 나타내고, 우위인 상대에게 굴복하고 화해를 청해 공격을 중지하도록 호소한다.

- 꼬리는 감아 넣고 있다.
- 위를 향해 드러누워 배와 목을 보인다.
- 귀를 뒤로 딱 엎고 있다.
- 옆을 향하여 상대와 눈을 마주치는 것을 피한다.
- 눈은 반쯤 닫혀 있다.
- 코와 이마에는 주름이 잡혀 있지 않다.
- 입아귀는 뒤로 당겨져 있다.
- 오줌을 싸는 경우도 있다.

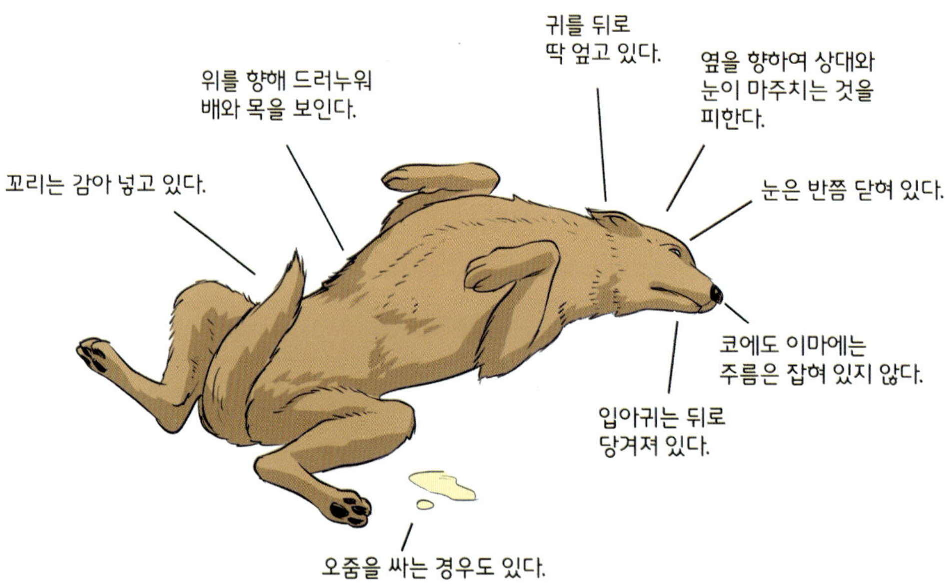

그림 2-8 개의 무저항의 자세

(7) 놀고 싶을 때의 표정

놀이로 유인할 때 나타내는 신호이다. 흥분해서 짖거나, 공격 흉내를 내고는 뒤로 휙 비켜서는 동작을 수반하는 경우가 많다. 지금 하는 공격이 진심은 아니라고 전하기도 한다.

- 꼬리는 올라가 있다.
- 꼬리가 크게 좌우로 흔들린다.
- 귀가 서 있다.
- 눈을 크게 뜨고 있다.
- 입을 열고 혀가 엿보이는 경우도 있다.
- 앞발을 죽 펴는 듯이 하여 상체를 낮춘다.
- 개는 한순간 이 자세를 취했다가 대개 기세 좋게 달리며 논다.

그림 2-9 개가 놀고 싶을 때의 자세

출처: 스탠리 코렌(2020). 개는 어떻게 말하는가?. 재구성.

2) 개의 청각 커뮤니케이션

청각 신호라면 시각 신호가 가지고 있는 단점을 보완할 수 있다. 장거리에서도 청각 신호는 서로가 의사 전달을 효과적으로 할 수 있다. 짖음, 하울링 등의 소리는 무엇보다 소리를 내는 발신자의 위치를 드러내지 않고 신호를 보내고 받을 수 있다.

개가 가축화된 이유 중에 하는 개가 자신의 세력권, 즉 영역을 누군가 침해당하면 바로 경고의 소리를 내는 것이 인간의 안전을 지키기에 도움이 된다는 것을 알고 개를 가까이 두기 시작했다고 추정할 수 있다. 개는 신체적인 구조의 차이로 사람처럼 다양한 소리를 내지 못한다. 그러나 분명 다양한 소리를 내고 있다. 그리고 다양한 소리를 통해 서로 간에 의사 전달을 하고 있음은 분명하다.

갯과 동물인 이리, 자칼, 여우 코요테 등은 좀처럼 짖지 않고 그 소리도 두드러지지 않는다. 사람들은 선택 교배를 시작했을 때 커다란 소리로 짖는 개를 선발해서 번식했을 것으로 추정된다.

개의 소리를 이용한 커뮤니케이션을 이해하기 위해서는 개가 내는 소리의 세 가지를 중요하게 관찰하면 쉽게 이해할 수 있다. '소리의 높이', '소리의 길이', '반복되는 빈도'이다.

그림 2-10 개의 청각 신호

(1) 개의 '소리의 높이'. '소리의 길이', '빈도'

① 개의 '소리의 높이'

개의 '소리의 높이'로서 다양한 의사를 전달한다. 예를 들어 으르렁거림이나 짖는 소리, 음정이 낮은 소리는 대개 위협이나 분노, 공격적 행동을 할 때 내는 경우가 많다. 음정이 낮은 소리는 "저리 가"를 의미한다. 반대로 음정이 높은 소리는 대개 "이리 와" 하는 의미 또는 "그쪽으로 가도 돼?"라는 질문을 나타내는 경우가 많다.

으르렁거리는 소리는 다른 개체들에게 행동을 바꾸게 하기 위한 신호로써만 사용된다. 즉, 위에서 명시한 "저리 가"로서 나에게서 멀어지라고 전하는 신호이다. 으르렁거려도 상대가 물러나지 않으면 개는 으르렁거리기를 멈춘다. 이것은 적의가 사라졌기 때문이 아니다. 자신의 경고가 받아들여지지 않았으므로 다음은 싸움밖에 없다는 의미이다. 공격하기로 한 개는 으르렁거리지 않고 머리를 약간 낮추고 이빨을 드러내며 달려가 공격적 행동을 한다.

개가 공포나 분노를 나타내기 위해 소리를 냈을 때 상대방에게 언어로서 의사전달 기능을 하지 못하면 개는 침묵한다. 이는 상대의 행동에 영향을 미치는 신호로써 통용되지 않는 상황에서 소리를 낼 필요가 없기 때문이다.

일단 싸움이 시작되면, 으르렁거리는 소리를 다시 내면서 상대방에게 싸움을 그만두고 물러나라고 전한다. 만약 겁먹은 상대가 도망갈 수밖에 없다고 판단하면 침묵하고 가능한 빨리 멀어지는 경우가 많다.

② 개의 '소리의 길이'

개의 '소리의 길이'는 '소리의 높이'의 의미를 바꾸는 경우가 많다. '소리의 높이'와 '소리의 길이'가 조합해서 사용되면 소리의 의미가 복잡해진다. 소리의 길이가 짧고, 소리의 높이가 높고 날카로운 경우에는 개의 공포, 고통, 욕구와 연결된다. 예를 들어 높은 짧은 경우의 '깨갱'은 개가 고통을 느끼거나 겁을 먹고 도망가려고 하는 표현일 경우이다. 반면 길게 '깨갱' 소리는 즐거움, 기쁨, 유혹을 의미한다.

개의 소리가 길수록 개가 그 신호의 의미와 이어질 행동에 대해 분명하게 결정하고 있을 가능성이 높다. 예를 들어 서열이 높은 개의 경우, 물러나지 않고 단호하게 자신의 지위를 시키려고 할 때 으르렁거리는 소리의 높이는 낮고, 소리의 길이는 길게 낸다. 반대로 소리를 짧고 단발적으로 내는 경우에는 공포가 있거나 상대의 공격을 잘 방어할 수 있을지에 대한 불안함의 표시이다.

③ 개의 '소리의 빈도'

개가 내는 '소리의 빈도', 즉 빠른 속도로 여러 번 반복하는 소리는 개가 흥분했거나 위급한 상황에 있음을 나타낸다. 반대로 소리의 간격이 벌어지거나 되풀이

되지 않을 때는 흥분의 정도가 낮거나, 잠깐이라도 흥분이 사라졌음을 의미한다.

예를 들어, 창문을 통해 밖을 보면서 한두 번 짖을 때는 흥미로운 무언가에 호기심을 가지고 있다는 신호이다. 그러나 연속적으로 짖을 때는 흥분의 정도가 높다는 의미로 해석될 수 있다. 또는 자신의 신변에 영향을 줄 수 있는 중요한 문제이거나 위험 가능성이 있다는 표현으로 짖는 것으로 해석할 수 있다.

3) 개의 소리

개의 청각 신호로는 짖음(Barking), 으르렁거림(Growling), 하울링(Howling), 낑낑거림(Whining), 깨갱, 헐떡거림, 한숨 등이 있다. 개가 소리를 이용해 의미를 전달하려고 할 때는 소리의 높이, 길이, 빈도가 조합되어 있다. 청각 신호를 보낼 때는 시각 신호가 반드시 동반된다. 따라서 두 개의 신호를 조합하여 소리를 이해하는 것이 필요하다.

짖음(Barking)의 경우 다양한 자극에 대한 반응으로 나오는 청각 신호로서 불안, 경계, 영역방어, 스트레스(소음, 애정 부족, 운동 부족 등), 사회화 부족, 훈련 등의 요인으로 내는 소리이다.

으르렁거리기(Growling)는 개가 어려운 상황으로, 예를 들면 두려움, 무서움, 위협, 고통 등의 순간에 내는 의사 전달 청각 신호이다. "나는 지금 상황이 좋아하지 않아! 그러니 더 이상 다가 오지마!", "너로 인해 내가 다칠 수 있어.", "지금까지 참았는데 더는 못 참겠어.", "나도 배고파, 이건 내 음식이야! 건들지 마!", "지금까지 충분해, 그만해!" 등의 의미로 해석할 수 있다. 사람에게 으르렁거리는 개에 대한 처벌을 줄 경우 역효과가 나오는 경우가 많으므로 주의해서 행동교정을 시행해야 한다.

하울링(Howling)은 늑대 무리에서 많이 사용되며, 개도 하울링은 한다. "나 여기 있어 - 너는 어디 있니?" 의미로서 자신의 위치를 알리고 무리를 모으는 목적으로 사용된다. 또한 자신이 외로움을 표시하기 위한 청각 신호이다.

낑낑거림(Whining)은 특히 어린 자견이 주로 어미견에게 다가갈 때, 젖이나 무언가를 원할 때, 너무 좋아 흥분했을 때 등에서 낑낑거리는 소리를 낸다. 성견의 경우, 관심을 끌 때, 요구할 때, 요구가 받아들여지지 않을 때 내는 경우도 있다.

깨갱 소리는 심한 고통, 위험, 공포를 느낄 때 내는 비명 같은 소리로 음이 높다. 길이는 짧고 약간 길게 내는 경우가 있다. 몇 초간 이어지거나 반복되는 경우도 있다. 깨갱 소리의 경우 낯선 개 앞에서 하는 경우 포식 본능을 자극한다. 그리하여 깨갱 소리를 지르는 개를 공격하여 위험한 상황을 맞는 경우가 있다.

헐떡거리(Panting)는 소리는 개가 체온 조절을 하거나, 운동을 한 후 지쳤을 때, 너무 흥분, 불안 또는 긴장했을 경우, 과도한 스트레스를 받았을 때 "헉헉" 숨소리를 낸다.

한숨(Sighing)을 내는 경우는 그 상황을 보면 쉽게 이해할 수 있다. 한숨은 "만족해. 쉬어야지"의미이다. 또한 엎드려 누운 개가 눈을 크게 뜨고 한숨을 쉴 때는 자신의 요구가 실현되지 않았을 때의 실망감 표시로 "할 수 없지. 포기해야지 뭐"의 의미 일 수 있다.

다음은 투리드 루가스(Turid Rugaas)가 구분하는 개의 짖음(Barking)의 분류이다.

(1) 흥분성 짖음(Excitement barking)

어떤 좋은 일이 일어날 것을 예상하고 흥분하거나 즐거운 감정을 표현할 때 내는 짖음이다. 흥분성 짖음은 연속적으로 일어나거나 중간에 멈추는 경우도 있다. 소리는 높이는 중간 정도의 음정보다 높은 음정이다. 보통의 경우 꼬리를 흔들거나, 점프하거나, 다리에 올라타거나, 입에 무언가를 무는 행동도 동반하여 발생하는 경우가 많다. 만약 복종훈련으로 '앉아' 나 '엎드려'를 시켰을 경우 낑낑거림(Whining)과 하품(Yawning)을 하는 경우도 있다.

(2) 경고성 짖음(Warning barking)

정체를 알 수 없거나 너무 멀어서 적인지 아닌지 확인할 수 없는 경우, 즉 다른 개, 사람, 누군가가 접근하고 있을 때 자신의 무리에게 알리는 짖음이다. 높은 톤의 짖음으로 연속해서 서너 번 중음으로 짖고, 중간에 잠시 멈춘다. 위협으로부터 도망가는 행동이 일반적이다. 무리 중에 리더 또는 다른 한 마리가 나머지의 무리를 지키기 위해 책임감을 가지고 물러서 자리를 지킬 수 있다.

(3) 두려움에 의한 짖음(Fear barking)

개는 부자연스럽고 정체를 알 수 없는 것에 두려워한다. 스트레스 정도, 두려운 정도에 따라 약간 두려워하는 것부터 심한 패닉의 정도로 나눌 수 있다. 두려움에 의한 짖음은 소리의 음은 높고, 연속해서 짖는 경우가 많다. 예를 들어 개가 도망갈 수 없는 상황에 부닥쳐 있으면 개는 강한 두려움으로 연속해서 짖는다. 개는 안절부절못하고, 앞뒤 좌우로 움직인다.

(4) 방어성 짖음(Guard or Defensive barking)

방어성 짖음은 개가 자기 자신을 방어하거나 자신의 무언가를 방어할 때 내는 짖음이다. 방어성 짖음 만성적인 것이 아니다. 즉 방어해야 하는 대상이나 물체가 사라지면 멈추는 경우가 많다. 일반적으로 으르렁거림이 동반하여 짖는다. 으르렁거리기 - 짖기, 짖기 - 으르렁거리기의 순서이다. 두려움에 의한 짖음보다 소리의 길이는 짧고 저음이다. 자신 또는 방어해야 할 대상을 지키기 위해 '저리 가'라는 표현으로 전진하거나 달려드는 경우가 많다. 이빨을 보이며, 으르렁거리기도 하며, 앞으로 달려들기도 한다. 방어성 짖음에서 상대가 행동을 취하지 않으면 마지막에는 공격할 수 있다.

(5) 좌절성 짖음(Frustration barking)

좌절성 짖음은 묶여 있거나 사람이나 다른 무리와의 접촉이 없이 켄넬에서 갇혀 있거나 오랫동안 혼자 있게 되었을 때 내는 경우가 많다. 무기력감, 외로움, 굶주림, 열악한 환경, 만성적인 스트레스로 인해 짖는 경우도 있다. 같은 톤으로 반복해서 짖으며 중간에 잠시 짬을 두고, 계속해서 고정된 패턴으로 짖는 경우가 많다. 마지막에 하울링을 하는 경우도 있다. 상동행동을 동반하는 경우가 많다. 땅파기, 씹기, 혀 핥기, 자신의 그림자나 꼬리 쫓기 등의 행동을 보이기도 한다.

(6) 학습된 짖음(Learned barking)

학습된 짖음은 보호자가 의식적이거나 무의식적으로 행동을 강화했을 때 보인다. 일반적으로 의도하지 않았지만, 학습시키는 경우가 많다. 학습된 짖음의 패턴은 '짖기 - 잠시 쉬기 - 쳐다보기 - 다시 짖기'이다. 개가 주의를 끌기 위해 또는 과거에 보호자로부터 강화를 받았을 때 내는 짖음이다. 개는 다양한 요인으로 짖는다. 보호자가 흥분성 짖음, 두려움에 의한 짖음 등을 우연히 강화해 짖는 경우도 학습된 짖음으로 분류할 수 있다.

4) 개의 후각 커뮤니케이션

개의 후각 신호는 종별, 성별, 건강상태, 발정상태 등의 다양한 정보들을 전달할 수 있다. 개의 후각 수용체(세포)는 견종에 따라 차이가 있으나 평균 2억 2천만 개로 사람의 500만 개로 약 44배가 많은 것으로 알려진다. 개의 콧구멍은 움직일 수 있어 냄새의 방향을 확인하는 데 매우 중요한 역할을 한다. 개는 깊게 숨을 들이마시지 않은 상태에서 코로 냄새를 맡을 수 있다.

개의 코는 촉촉한 상태를 유지한다. 이는 공중에 떠다니는 냄새를 코점막에 접촉시키게 함으로써 매우 미세한 냄새도 구별할 수 있다. 특히 사냥개로 알려진 블러드하운드(Bloodhound), 비글(Beagle) 등은 매우 탁월한 후각 능력을 갖추고 있는 것으로 알려져 있다.

개와 고양이 등의 동물들은 페로몬(Pheromone)이라는 매우 특별한 냄새를 분비한다. 페로몬이 어원은 그리스어로 '운반하다(Pherein)'와 '흥분시키다(Hormon)'에서 파생되었다. 페로몬은 동종개체의 특정한 반응을 일으키는 화학 물질로 정의하고 있다.

페로몬은 개체의 성별과 연령을 포함하여, 암컷의 경우에는 발정 상태, 임신 상태, 출산 경험 여부 등 생식에 관한 정보를 포함하고 있다. 또한 공격행동의 발현과 제어 작용에도 영향을 주는 것으로 알려져 있다.

(1) 소변

개의 오줌에는 그 개에 관한 많은 정보가 포함되어 있다. 수컷은 커뮤니케이션 수단으로서 오줌을 이용해 표식행동을 한다. 수컷에게 나무가 오줌을 뿌리는 장소로 적합한 이유는 지면에서 높은 곳일수록 뿌려 놓은 냄새가 멀리까지 퍼진다. 또한 수직으로 서 있는 것이 장소로 선택되는 이유는 냄새 뿌리기의 높이가 자신의 몸 크기를 전달할 수 있기 때문이다.

지배성이 강한 암컷은 오줌을 눌 때 한쪽 다리를 드는 경우가 많고, 자신감이 없는 암컷은 다리를 들지 않는다.

(2) 배설물과 항문낭 분비물

개는 세력권이나 세력권 내에서의 중요한 장소를 주장하기 위해 소변만이 아니라 대변도 이용한다. 또한 갯과 동물의 항문선은 배설물에 독특한 냄새를 풍긴다. 배변 초기 또는 마지막에 방출되는 경우가 많다. 특히 대형견의 경우에는 마지막에 방출되는 경우가 많다. 개가 강한 공포를 느낄 때 배출된다.

개 대부분은 배변 장소를 찾아 냄새를 맡으며 돌아다니는데 이는 자신의 세력권과 다른 개의 세력권을 구분하기 위한 행동으로 추측된다.

(3) 아포크린(Apocrine) 샘

개는 귀나 입, 서혜부, 항문주위 등에서 냄새가 배출된다. 개들이 서로 냄새를 맡는 경우 주로 귀나 입, 서혜부, 항문주위를 맡는 것은 이 냄새를 통해 동료 간의 인사, 개체 상태, 특징, 사회적 순위 등에 관한 정보가 있는 것으로 추측되나 그 의미는 명확하지 않다.

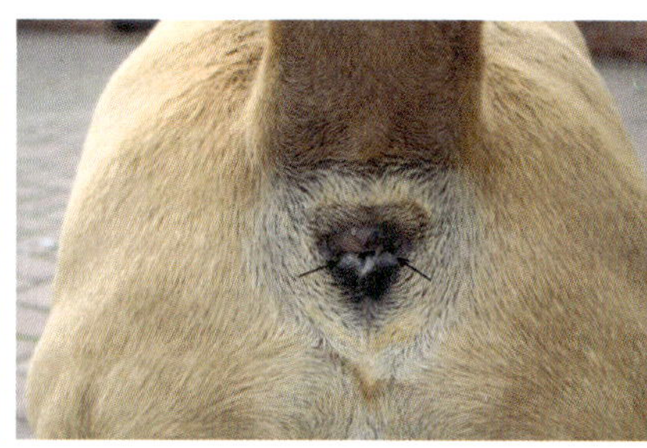

그림 2-11 개의 항문낭

출처: 한국일보

2. 고양이의 커뮤니케이션

고양이과 동물인 고양이의 경우 독립적인 생활을 한다. 최근에는 소규모의 무리를 이루어 생활하는 고양이도 있지만, 야생에서는 어미로부터 독립하여 생활하는 경우가 많다. 개와 고양이가 어렸을 때부터 같이 생활한 경우에는 서로 간 커뮤니케이션을 이해할 수 있는 것으로 알려져 있으나 개와 같은 사회적 동물과는 다른 의미의 시각 신호를 가지고 있다고 할 수 있다.

고양이는 감정 표현을 눈, 귀, 수염, 꼬리, 몸 전체의 자세 등의 시각 신호와 소리를 이용해서 하는 청각 신호, 냄새를 통해 전달하는 후각 신호를 이용해 커뮤니케이션하는 것으로 알려지고 있다. 고양이의 커뮤니케이션 또한 개와 마찬가지로 시각 신호(보디랭귀지와 고양이 얼굴의 표정 변화), 청각 신호, 후각 신호를 종합적으로 판단해 고양이의 의사 표현을 이해하는 것이 필요하다.

고양이는 개보다 청각 능력이 탁월한 것으로 알려졌으며, 후각 능력 또한 인간보다 탁월하다. 시각 능력은 개와 비슷한 수준인 것으로 알려져 있다. 개의 후각 수용체(세포)는 견종에 따라 차이가 있으나 평균 2억 2천만 개로 사람의 500만 개, 고양이는 약 8천만 개로 알려져 있다.

1) 고양이의 시각 커뮤니케이션

고양이의 표정과 자세에서 고양이의 기본적인 감정을 읽을 수 있다. 표정에서는 귀, 눈, 수염의 움직임으로 고양이의 감정의 변화를 알 수 있다. 고양이의 감정을 파악할 때는 신체 부위들을 종합적으로 관찰한 후 판단하는 것이 중요하다.

(1) 눈

고양이의 동공 크기는 주변의 빛뿐만 아니라 감정에 의해서도 변화한다. 고양이의 동공의 세로로 가늘어지는 것은 사냥감을 관찰하기 위해서라는 주장도 있다.

● 고양이의 눈동자 모양에 따른 감정

눈동자 모양	아주 동그랗다.
주변 밝기	어둡다
고양이 감정	흥분, 기쁨, 놀람, 두려울 때 등

보통 모양	가늘다
보통	밝다
보통	초, 경계, 공격태세

고양이가 눈을 감는 경우에는 공포를 느끼고 있거나, 무서운 상대가 자신을 노려봐서 강한 공포를 느낄 때인 경우가 많다. "공격하지 말아줘"라는 마음을 나타낸다고 한다.

눈을 감길 듯이 가늘게 뜰 때는 기분이 좋은 경우로 친한 고양이들이 그루밍을 하거나 쓰다듬어 줄 때 등 골골거리는 소리는 내며 눈을 가늘게 뜨는 경우는 만족하다는 표현이다.

순막이 나오는 경우가 있다. 순막이란 안구를 보호하기 위해 있는 하얀 막으로 잠을 자고 있을 때나 잠에서 깼을 때 등 편안한 상태에서 눈가에 잠깐 보이는 경우가 있다.

천천히 눈을 깜빡이고 있는 것은 적대심이 없는 상태이며, 가만히 쳐다보고 있다면 경계하며 움직임을 살피고 있는 것이다.

고양이가 한밤중에 아무것도 없는 곳을 움직이지 않고 한 곳을 쳐다보면 무슨 소리가 들려 귀를 기울이고 정보를 수집하고 있는 것이다.

(2) 귀

고양이의 귀는 32개의 근육으로 이루어져 있어, 머리를 움직이지 않은 상태에서도 좌우 자유자재로 귀를 움직일 수 있다. 들을 수 있는 가청 주파수도 약 7만 Hz(사람 약 2만 Hz)까지로 사람이 들을 수 없는 높은 주파수도 들을 수 있다.

귀가 바짝 앞을 향해 세운 상태는 화가 나 있는 상태로 공격 모드이다. 이때 동공이 가늘어진다면 공격 직전의 상태라고 보아야 한다. 또한 흥미, 흥분 기쁠 때도 귀가 서는 경우가 있다.

귀가 뒤로 젖히거나 옆을 향했을 때는 초조함, 경계, 화가 났을 때이다. 상대할 마음이 없는데 누군가 건드려서 불쾌하거나 이상한 낌새를 느꼈을 때, 영역에 침입자가 있을 때, 불쾌 · 경계 · 분노의 감정에 가까워지면 귀도 자연스럽게 뒤나 옆으로 젖혀진다.

귀가 뒤로 눕는다는 것은 고양이가 공포를 느낄 때이다. 상당한 공포를 느낄 때 머리를 따라 귀가 찰싹 붙는다. 본능적으로 귀를 지키려고 하는 것이다.

귀가 쫑긋쫑긋 움직이는 경우에는 불안, 망설이는 경우이다. 또한 어떤 소리가 나면 움직이는 경우도 있으며, 자신의 이름을 불릴 때도 움직인다.

(3) 수염

고양이 수염은 촉모라고도 하며 좌우로 24개 가닥이 있다고 한다. 수염은 매우 민감하게 반응하고 신호가 빠르게 뇌에 전달되는 것으로 추정하고 있다. 털의 모근 부분이 일반적인 털보다 피부에 깊은 곳에 위치한 모포에 있기 때문으로 알려져 있다.

고양이는 수염을 통해 공기의 흐름을 파악하고 좁은 장애물을 지나갈 때 자신이 지나갈 수 있는지를 수염을 통해 결정하는 것으로 알려져 있다. 이처럼 수염은 횡문근이라는 근육이 있어서 수염을 움직일 수 있고 감정 변화를 나타내는 중요한 감각기관이다. 수염이 빠지는 경우도 있으며, 일부러 자를 때에는 스트레스를 받을 수 있으므로 주의해야 한다.

고양이 수염을 앞쪽으로 향하거나 뒤쪽으로 향하는 경우, 수염이 늘어져 있는 경우, 펴져 있는 경우에 따라 다른 감정을 표현한다.

바짝 서서 펴져 코보다 앞으로 펴져 있는 경우는 경계 중이거나 화가 나 있거나 공격모드인 경우이다. 또한 흥미로운 대상을 조사할 경우에도 센서인 수염을 내밀어 확인하는 경우도 있다.

바짝 서서 펴져 있는 경우에는 눈이 동그랗게 되어 있다면 흥미로운 상태이다. 울면서 가까이 다가온다면 기분이 좋은 경우이다.

수염이 늘어져 있는 경우에는 긴장하지 않은 상태에서 릴랙스하면서 만족한 상태인 경우이다. 질병이나 상처가 있는 경우 축 늘어져 있는 경우도 있다.

수염이 코보다 뒤쪽으로 바짝 당겨 붙어 있는 경우에는 공포를 느끼거나 무서워한다는 표정이다.

(4) 꼬리

꼬리는 걷거나 달릴 때 균형을 잡기 위해 중요하며, 놀라거나 화가 났을 때 털이 곤두서는 것처럼 감정을 표현하는 중요한 신체 부위이다. 고양이의 꼬리는 뼈로 이루어져 있으며 신경이 집중되어 있어 꼬리를 만지면 민감한 반응을 보인다.

꼬리를 곧게 세우는 경우는 자신감의 표현이며, 기분이 좋은 모드이다. 식사를 요구하거나 상대에게 무언가를 요구할 때 꼬리는 세운다. 특히 어린 고양이가 어미에게 다가갈 때, 놀아달라고 할 때 꼬리를 세운다.

꼬리를 격하게 좌우로 흔들거나, 바닥에 탁탁 내리치는 경우는 마음에 들지 않는 일이 있거나, 초조하거나 불안한 기분일 때 나타나는 경우가 많다. 잘 모르는 사람이 다가오거나 할 때 꼬리를 흔들어 격하게 좌우로 흔든다. 또는 마음속에서 무엇을 할까 하고 갈등을 표현할 때 나타난다.

꼬리 털이 곤두서는 경우는 놀라거나 공포를 느끼는 경우이다. 개의 경우도 털이 곤두서는 경우가 있는데 놀람과 긴장으로 근육이 수축해서 일어나는 현상이다. 갑자기 다른 고양이나 모르는 사람을 만났을 때 꼬리가 부풀어 곤두선다. 자신을 보호하고 자신의 크기를 크게 보이려는 행동이다.

꼬리 끝부분을 구부리는 경우는 놀다가 너무 흥분했거나 공격적인 감정일 때 꼬리가 구부러진다. 다른 고양이와 놀 때 흥분하거나 위협을 줄 때 아래 방향을 U자를 만드는 경우와는 다르다.

꼬리를 숨긴 듯이 몸에 붙이거나 다리 사이로 넣으면 공포를 느껴 자신을 작고 약하게 보여 항복의 사인이 된다. 공포 또는 무기력한 감정일 때 보인다.

꼬리를 미세하게 실룩실룩 움직이는 경우는 어떤 행동을 하기 전에 타이밍을 재고 있는 경우가 많다. 의자나 탁자에 올라가거나 모기나 파리를 잡으려고 할 때 등 긴장된 순간에 나타나는 경우이다.

(5) 입

고양이의 혀를 만져보면 까칠까칠하다. 사상유두라고도 하며 돌기이다. 자기 자신을 그루밍할 때에는 빗의 역할을 하며, 음식을 먹을 때는 음식을 떼어내는 데 사용한다.

- 혀가 나와 있을 때는 편안한 상태이다.
- 송곳니를 보일 때는 "하악" 소리와 함께 송곳니를 보여주며 저리 가라고 위협하는 표현이다.
- 입을 벌리고 빠른 호흡을 하는 경우에는 더위로 인해 체온을 낮추기 위해 입을 벌린다.
- 입을 벌리며 냄새를 맡는 경우도 있다.

(6) 코

후각은 사람보다 훨씬 뛰어나다. 코끝에 털이 없는 부위는 비경이라고 하며 온도를 감지할 수 있는 센서와 같으며 민감하다.

- 코와 코를 맞대는 경우는 상호 간에 냄새를 확인하는 고양이들의 인사이다.
- 사람이 고양이의 코에 손끝을 갖다 대면 냄새를 맡아 누구인지를 확인한다.
- 혀로 코를 날름거리며 핥는 경우는 놀라거나 긴장했을 때 코를 날름거리며 핥아서 자신의 기분을 진정시킨다.

(7) 몸의 자세

고양이의 감정을 파악하는 데는 얼굴 표정, 꼬리의 위치와 움직임, 전체적인 몸의 자세, 당시의 주변 상황을 모두 종합하여 판단하여야 한다.

그림 2-12 몸의 자세

- 공격 자세: 네 다리를 늘리고 허리를 높이 들어 당당한 자세를 취한다. 꼬리는 뿌리 부위를 등을 따라 살짝 올리고 꼬리 끝은 아래로 늘어져 있다. 귀는 바짝 세워 귀 뒤쪽이 보이지 않도록 앞으로 향하며 눈의 동공은 세로로 되며 상대를 노려본다.
- 방어 자세: 머리를 당기고 네 다리를 구부려 몸을 낮추고 뒤쪽으로 몸의 중심을 둔다. 꼬리는 몸 아래에 깊숙이 집어넣고, 귀를 뒤로 눕혀 최대한 몸을 작아 보이도록 한다. 이때 동공이 커지고 무서워서 가능한 한 빨리 도망가고 싶다는 마음을 전한다. 방어 자세라고 해도 도망갈 곳이 없다면 그 포즈에서 고양이는 돌변해서 발톱을 드러내 놓고 몸을 지키려고 필사적으로 방어할 수 있다.
- 위협 자세: 자신의 등을 둥글게 세워 자신의 몸을 크게 보이도록 한다. 동공

이 커지고 입모근이 수축하여 꼬리나 등의 털이 곤두선다. 상대에게 위압감을 주기 위해서다. 뒷발의 중심이 어떻게 되어 있는가에 따라 미묘하게 차이가 난다. 뒷발이 완전히 서서 허리를 높인다면 공격적인 자세이며, 뒷발을 조금 구부리고 허리를 빼서 도망가려고 한다면 방어적인 자세이다.

● 고양이 육구(발바닥)

고양이 육구(발바닥의 볼록살)는 걸을 때 충격을 덜어주는 쿠션 역할을 하며, 사냥할 때 소리가 없이 사냥감에 다가갈 수 있다. 긴장할 때, 공포를 느낄 때 땀이 난다. 굉장히 민감한 부분이라 만지는 것을 싫어한다.

그림 2-13 고양이의 감정표현

2) 고양이의 청각 커뮤니케이션

고양이와 의사소통을 하며 고양이의 감정을 읽어내는 데에 아주 중요한 신호이다. 얼굴표정과 함께 몸의 자세, 주변 상황 등을 모두 고려해서 고양이가 무엇을 전달하려고 파악해야 한다.

- "그르르(목을 울리는 소리)" 소리는 고양이가 안심하고 기분이 좋을 때 내는 소리이다. 입을 다문 채 목을 울리는 소리는 낸다. 어미 고양이와 새끼 고양이 간의 커뮤니케이션에서 중요한 역할을 하고 있다. 다만 질병 등으로 불쾌할 때도 '골골골' 하고 목을 울리는 경우도 있다.
- '샤악', '하악', '후욱' 등 입을 벌려 위협 시에 내는 소리, '우으으', '워어' 등 공격 직전의 신음소리나 '흐아악'처럼 공격 시의 외침 등 격렬한 감정을 나타낸다.
- '냥', '냐아앙'을 연속적으로 소리 내는 경우는 일반적으로 자주 듣는 고양이 소리는 고양이가 무언가를 부탁할 때 밥그릇 주변을 서성거리거나 특정 지역에서 요구나 불평이 있을 때 내는 소리이다.
- '냐오', '냐오'를 반복적으로 하는 경우는 목욕할 때 눈을 동그랗게 뜨고 슬픈 소리를 내는 경우는 불편한 감정을 나타낸다.
- 발정기 때에도 특별한 소리를 내서 이성 고양이를 유혹하기 위해 내며, 사람의 아기가 우는 것처럼 계속해서 우는 것이 특징이다.

3) 고양이의 후각 커뮤니케이션

고양이끼리 커뮤니케이션을 할 때 후각 신호는 매우 중요한 역할을 한다. 고양이의 입 주위, 볼, 이마, 턱, 꼬리 뿌리 부분(등쪽), 항문 주위 등의 분비선에서 특별한 냄새를 가진 생화학물질이 분비된다. 고양이의 냄새는 사람의 지문처럼 고양이끼리 서로 인식하는 데 매우 중요한 역할을 하는 것으로 알려져 있다.

고양이는 자신의 냄새를 여러 곳에 묻히는 습성(Marking)이 있다. 고양이는 기둥이나 테이블, 사람의 다리, 열린 문, 벽 등에 몸, 꼬리 뿌리 부분을 비벼 냄새를 묻히는 행동을 한다. 자신만의 편안한 공간을 만들고 자신의 흔적을 남겨 자신의 영역과 소유를 주장하려는 의도라고 해석한다.

고양이의 소변에는 성별, 연령, 발정주기, 영양 상태 등 다양한 정보가 들어 있어 고양이 자신의 정보를 내보낸다. 특히 중성화하지 않은 수컷 고양이의 소변은 펠리닌(Felinine)이라는 페로몬의 전구체(원료) 물질이 포함되어 있어 사람의 후각으로도 맡을 수 있을 만큼 특이한 냄새를 풍긴다.

● 고양이 스프레이(Spraying)

마킹행동 중에 고양이가 소변을 누면서 스프레이를 하면서 더 넓은 범위에 냄새를 묻히기 위해 오줌을 분사한다. 자기 영역과 다른 개체의 영역 경계 부근에 스프레이를 함으로써 고양이 간의 싸움이나 충동을 방지하는 역할을 하기도 한다.

● 플레멘(Flehmen) 반응

수컷의 고양이는 암고양이가 남긴 소변 냄새를 집요하게 맡은 후에 몇 초 동안 황홀한 듯 입을 반쯤 벌리고 냄새를 음미하는 것처럼 특이한 표정을 짓는다. 이것을 플레멘 반응이라 하며 말에게도 보이는 특이한 현상이다. 입천장의 앞쪽 부분, 앞니 뒤 근처에 있는 야콥슨 기관(Jacobson's organ)이라는 후각기관에 냄새를 받아들여 분석하는 것으로 알려져 있다.

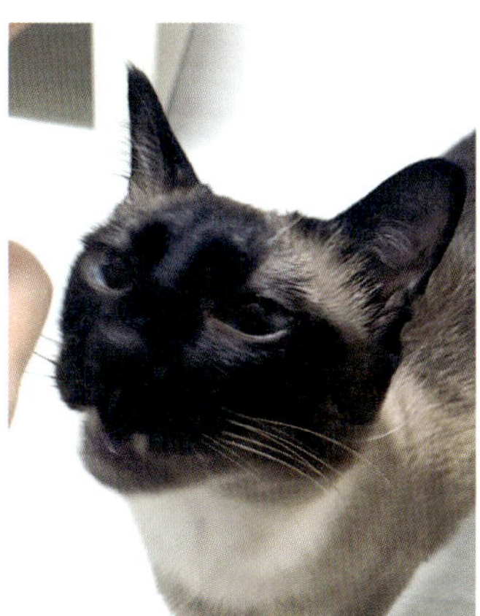

그림 2-14 고양이 플레멘 반응

학습정리

1. 개와 고양이는 시각 신호, 청각 신호, 후각 신호를 이용해 커뮤니케이션한다.
2. 개의 청각 신호 중 소리의 높이, 길이, 빈도를 통해 다양한 의미를 전달한다.
3. 고양이의 경우 수염(감각모)의 신경과 연결되어 있어 매우 중요한 역할을 한다.

과제

1. 개와 고양이의 후각 신호에 대해 요약하세요.
2. 고양이의 눈에 나타나는 감정반응을 요약하세요.

예상문제

문제 1. 개와 고양이의 주요 커뮤니케이션 신호로 옳은 것은?

㉠ 미각 신호 ㉡ 후각 신호 ㉢ 촉각 신호 ㉣ 시각 신호 ㉤ 청각 신호

① ㉠, ㉡, ㉢
② ㉢, ㉣, ㉤
③ ㉠, ㉡, ㉤
④ ㉠, ㉢, ㉤
⑤ ㉡, ㉣, ㉤

문제 2. 다음 문장은 어떤 신호를 설명하는지 옳은 것은?

개는 귀나 입, 서혜부, 항문주위 등에서 냄새가 배출된다. 개들이 서로 냄새를 맡는 경우 주로 귀나 입, 서혜부, 항문주위를 맡는 것은 이 냄새를 통해 동료 간의 인사, 개체 상태, 특징, 사회적 순위 등에 관한 정보가 있는 것으로 추측되나 그 의미는 명확하지 않다.

① 미각 신호
② 아포크린 샘
③ 촉각 신호
④ 항문낭
⑤ 대소변

문제 3. 고양이의 감정을 표현하는 시각 신호로 옳지 않은 것은?

① 눈
② 꼬리
③ 육구의 땀
④ 고양이의 털
⑤ 수염

문제 4. 다음은 어떤 내용을 설명하는 것인가?

> 수컷의 고양이는 암고양이가 남긴 소변 냄새를 집요하게 맡은 후에 몇 초 동안 황홀한 듯 입을 반쯤 벌리고 냄새를 음미하는 것처럼 특이한 표정을 짓는다. 이것을 플레멘 반응이라 하며 말에게도 보이는 특이한 현상이다. 입천장의 앞쪽 부분, 앞니 뒤 근처에 있는 야콥슨 기관(Jacobson's organ)이라는 후각기관에 냄새를 받아들여 분석하는 것으로 알려져 있다.

① 마킹　② 스프레이 행동
③ 아포크린샘　④ 플레멘 반응
⑤ 개와 고양이의 인사행동

문제 5. 개의 청각 신호로서 옳지 않은 것은?

① 경계성 짖음　② 낑낑거림
③ 헐떡거림　④ 하울링
⑤ 플레멘 반응

문제 6. 고양이의 시각 신호의 설명으로 옳지 않은 것은?

① 호기심이 있는 경우 꼬리를 좌우로 흔든다.
② 꼬리와 몸통의 털이 부풀게 보인다.
③ 땀이 육구를 통해 나온다.
④ 눈동자가 감정에 따라 변한다.
⑤ 수염의 위치가 감정에 따라 변한다.

정답

1. ⑤ 2. ② 3. ③ 4. ④ 5. ⑤ 6. ③

Chapter 03

개의 카밍시그널(Calming signals)

학습목표

1. 카밍시그널의 기능을 이해한다.
2. 카밍시그널의 종류를 이해한다.

개는 최초의 가축화된 동물로 알려져 있다. 개의 선조에 대한 주장으로 가장 지지받는 이론은 개의 선조는 회색늑대라는 설이다. 개와 늑대는 많은 DNA를 공유하고 있는 것으로 알려졌다.

개를 관찰하고 개의 심리와 표정에 대해 연구한 사람으로는 『종의 기원』으로 알려진 찰스 다윈(Charles Robert Darwin)이다. 그는 1872년에 발표한 논문 「인간과 동물의 감정과 표현」에서 인간의 감정 표현과 동시에 다양한 동물의 감정표현에 대해 관찰하고 기록하였다. 그의 논문에서 개의 감정과 표현방식에 대해 그림과 함께 상세하게 설명하고 있다. 또한 근대 동물행동학의 개척자 중에 한 명인 콘라트 로렌츠(Konrad Z. Lorenz)는 1954년에 출간한 「Man Meets Dog」에서 개의 행동의 의미와 훈련방법 등에 대해 상세하게 기술하였다.

캐나다 브리티시컬럼비아 대학교 교수, 스탠리 코렌(Stanley Coren)은 다양한 개의 시각 신호, 청각 신호, 후각 신호 등을 통한 개의 감정표현, 습성, 생리에 따른

심리 상태를 연구하고 분류하였다. 특히 2000년에 출간한 『HOW TO SPEAK DOG』이라는 저서에서 자세하게 개의 감정과 심리 상태를 기술하였다.

초기의 늑대 연구가들은 주로 그들의 실험대상에 대한 공격적인 성향에 초점을 맞췄다. 개의 행동에 대해 말할 때 늑대 무리에서의 "알파"와 "지배와 복종"과 같은 용어들을 사용해왔다. 연구진은 또한 늑대의 신체 언어인 공격 신호를 차단하는 신호(Cut-off signals)에 대해 개에게 적용하였다.

최근에는 초기의 늑대 연구결과와 관련하여 다른 주장들이 제기되고 있다. 초기의 늑대 연구는 야생이 아니라 특정 협소한 공간, 전혀 모르는 개체 간의 합사를 통해 늑대의 행동을 연구했다. 그 안에서 늑대 간 서열, 지배와 복종이라는 개념을 도입하였으며 지금까지 늑대와 개에게 적용하는 경우가 있다. 그러나 최근 야생늑대를 연구하는 연구가들은 늑대 무리는 혈연관계를 기반으로 하는 소규모 무리로서 오히려 서로 간의 협력과 유대를 위한 커뮤니케이션이 발달하였다고 주장하고 있다.

늑대와 늑대, 개와 개, 즉 동종 간 "알파", "지배와 복종"의 개념이 있다고 전문가들은 설명한다. 그러나 개와 인간과의 "알파", "지배와 복종"의 개념에 대해서는 반려견행동전문가들 사이에 논쟁은 지속되고 있다. 또 다른 논쟁의 중심에는 비록 늑대가 개의 선조라고는 하나 진화의 과정에서 분화되어 늑대와 개를 같은 선상에 놓고 비교하는 것 자체가 의미가 없다는 것이다. 예를 들어, 늑대의 새끼는 아무리 어린 시기에 데려와 훈련을 시키려 해도 훈련이 되지 않는다는 것이다.

노르웨이의 개 훈사인 투리드 루가스(Turid Lugaas)는 개가 서로 의사소통을 하기 위해 사용하는 30여 가지의 다른 신호를 확인했는데, 그녀가 진정 신호(Calming signals)라고 이름을 명명했다. 루가스는 진정 신호는 공격 차단, 충돌 방지 신호 이상의 역할을 한다고 말한다. 진정 신호는 협력을 촉진하는 데 도움이 되는 적극적인 의사소통이다.

루가스에 따르면, 개에게 가장 무서운 것은 혼자 있는 것이다. 사람은 개들에게 고독을 받아들이도록 가르칠 수 있지만, 개와 생활하는 보호자는 개들 역시 천성적으로 안전하다고 느끼기 위해 무리가 필요하다는 것을 기억해야 한다고 권고한다. 집에 다른 개들이 없으면, 인간은 개들의 무리가 된다.

카밍시그널은 강아지 신체의 크기나 신체별, 부위별 크기에 따라 미세하게 표현할 수 있으므로 강아지가 상황별로 어떤 카밍시그널을 사용하는지, 그리고 한 가지만 사용하는 것이 아니라 여러 가지를 동시에 사용하므로 주의 깊게 관찰해야 한다. 먼저 부위별로 관찰하면서 전체로 넓혀 가면서 보는 것이 개의 진정 신호를 쉽게 파악할 수 있다.

1. 카밍시그널의 기능

개의 품종별, 개체별로 사용하는 카밍시그널의 수는 다를 수 있다. 그러나 루가스의 주장에 따르면 전 세계 모든 개는 같은 카밍시그널을 사용한다고 한다.

기능	내용
긴장 완화의 기능	- 자신의 긴장을 완화할 때 사용 - 불안, 불편함을 느끼고 자신의 심리 상태를 전달할 때
싸움 회피의 기능	- 적의 없음을 전할 때 - 다른 개체들과 친해지고 싶을 때
진정 신호의 기능	- 상대의 흥분을 가라앉히고 진정시킬 때

2. 카밍시그널의 종류

1) "불안을 전할 때" - 나 불편하거든!

(1) 냄새 맡기(Sniffing ground)

(2) 다른 곳 쳐다보기(Looking away & Head turning)

(3) 등 돌리기(Turn away)

(4) 코 핥기(Licking nose)

(5) 발로 몸 긁기(Scratching body)

(6) 눈 깜빡이기(Blinking eyes)

(7) 발로 입 건들기(Smacking lips)

(8) 앞발 한쪽 들기(Lifting paws)

(9) 오줌 지리기(Peeing)

(10) 얼음처럼 움직이지 않기(Freezing)

(11) 앉기(Sitting)

(12) 짖기(Barking)

2) "적의 없음을 전할 때" - 너를 해치지 않는 강아지야 또는 너와 친해지고 싶어!

(1) 천천히 움직이거나 걷기(Moving slowly, Walking slowly)

(2) 앞발 한쪽 들기(Lifting paws)

(3) 놀자 표시하기(Play bowing)

(4) 눈을 부드럽게 뜨기(Softening the eyes)

(5) 서로 멀리 떨어져 돌아가기(Curving)

(6) 얼음처럼 움직이지 않기(Freezing)

(7) 꼬리 흔들기(Wagging tail)

(8) 오줌 지리기(Peeing)

(9) 냄새 맡기(Sniffing ground)

(10) 하품하기(Yawning)

(11) 엎드리기(Laying down)

(12) 앉기(Sitting)

3) 상대를 진정시킬 때 또는 흥분을 가라앉힐 때 - 너희들 너무 흥분했어! 이제 그만하자!

(1) 하품하기(Yawning)

(2) 중간에 끼어들기(Splitting up)

(3) 등 돌리기(Turning away)

(4) 엎드리기(Laying down)

(5) 앉기(Sitting)

● 카밍시그널과 복종훈련에서 '앉기'와 '엎드리기'

개는 자신의 감정이 불안할 때, 적의 없음을 전할 때, 상대가 흥분했을 때의 시각 신호로 '앉아'와 '엎드려'를 한다. 따라서 복종훈련에서 '앉기'와 '엎드리기'를 기본적으로 개들이 할 수 있도록 완벽한 동작을 훈련하는 것이 중요하다.

사람은 개의 언어로 개는 사람의 언어를 절대 사용할 수 없다. 개와 사람의 공통 언어는 훈련이라고 할 수 있다. 특히 개는 카밍시그널이라는 신호를 하고 있으며, 그러한 동작은 자연스럽게 할 수 있다. 자연스러운 동작을 훈련을 통해 공통으로 만드는 과정이 중요하다.

① 등 돌리기

② 스크래칭

③ 코 핥기

그림 3-1 카밍시그널

그림 3-2 앉는 동작의 일반화

학습정리

1. 카밍시그널은 개의 진정 신호이다.
2. 카밍시그널은 개의 시각 신호, 청각 신호, 후각 신호를 포함하는 행동이다.

과제

1. 카밍시그널의 세 가지 효과와 그 종류를 요약하세요.

예상문제

문제 1. 카밍시그널의 설명으로 옳지 않은 것은?

① 불안을 전달할 때 사용한다.
② 적의 없음을 전달할 때 사용한다.
③ 상대를 진정시킬 때 사용한다.
④ 흥분을 가라앉힐 때 사용한다.
⑤ 상대에게 싸우자고 할 때 사용한다.

문제 2. 카밍시그널 중 불안을 전달할 때, 적의 없음을 전달할 때, 상대를 진정시키거나 흥분을 가라앉힐 때 공통으로 사용하는 동작으로 옳은 것은?

① 다른 곳 쳐다보기
② 짖기
③ 하품하기
④ 앞 한발 들기
⑤ 앉기

문제 3. 카밍시그널의 하나로서 개의 복종훈련과 사회화 교육에서 사용할 수 있는 동작으로 옳은 것은?

㉠ 커빙하기 ㉡ 하품하기 ㉢ 등돌리기 ㉣ 앉기 ㉤ 엎드리기

① ㉠, ㉡
② ㉣, ㉤
③ ㉡, ㉤
④ ㉢, ㉤
⑤ ㉡, ㉣

정답

1. ⑤ 2. ⑤ 3. ②

Chapter 04

동물의 학습방법

학습목표

1. 동물의 학습원리 중 습관화의 개념을 이해한다.
2. 연상학습과 고전적 조건화의 개념을 이해한다.
3. 시행착오의 개념과 조작적 조건화의 개념을 이해한다.
4. 모방, 관찰, 인지학습, 훈련의 개념을 이해한다.

동물의 행동은 다양한 요인과 과정에 의해 발달한다. 동물들은 태어나면서부터 유전의 영향으로 행동하는 생득적 행동과 후천적으로 학습에 의해 획득하는 습득적 행동으로 나눌 수 있다. 동물에게 실제 나타나는 행동에는 생득적 행동과 습득적 행동의 조합으로 발현되는 경우가 많다. 지속적인 외부로부터의 자극과 경험 때문에 행동이 변화하고 변화된 행동이 지속되는 것을 학습(Learning)이라고 한다.

동물의 학습원리의 경우 기본적으로 모든 종에 일반화시킬 수 있으나, 각각의 종 또는 개체에 반응은 다르게 발현될 수 있다.

동물의 학습방법

- 습관(Habituation): 홍수법, 계통적 탈감각화
- 연상학습(Association)과 고전적 조건화
- 시행착오(Trial and Error)와 조작적 조건화
- 모방(Imitation)
- 관찰(Observation)
- 인지(Cognition)
- 훈련(Training)

이 장에서는 동물 학습의 이해는 반려동물 행동수정과 매우 밀접한 관계가 있다. 따라서 훈련법과 행동수정법은 추후 상세히 설명하도록 하겠다.

1. 습관화(Habituation, 순화, 길들임)

동물은 특정 자극에 노출되면 그와 동반하여 반응한다. 반면 비슷한 자극이 지속적으로 반복되면 그에 대한 반응이 점차 줄어들게 되거나 반응을 하지 않는다. 이를 순화, 익숙, 습관이라고 한다. 자극의 강도가 강할수록 순화의 속도는 느리고 반대로 자극의 강도가 약할수록 순화의 속도는 빠르다. 동물에게 소음, 진동, 새로운 사물, 움직이는 물체 등과 같은 자극을 지속적으로 주었을 때 처음에는 놀람, 회피 또는 도주의 반응을 보이나 이러한 자극이 계속되면 나중에 반응이 점차 감소한다.

낯선 사람이 개에게 위협이나 해를 가하지 않고, 지속해서 개가 좋아하는 간식이나 먹이를 급여하면 결국 낯선 사람에 대한 경계나 두려움이 감소한다. 더 나아가 사람이 주는 먹이를 잘 받아먹는 일반화 현상을 보인다. 이러한 현상을 습관에 의한 학습이라고 한다.

개의 행동발달과정에서 사회화 시기, 약령기의 강아지가 습관(순화)에 의한 학습이 더 쉽게 이루어지는 경향이 있다. 습관의 빈도에 의해 학습되는 경우가 많

아 같은 종 간에도 개체별 차이가 크게 나타난다.

습관(순화)에 의한 행동교정방법으로 홍수법(Flooding)과 계통적 탈감각화(체계적 탈감각화, Systematic desensitization)이 있다.

● 감작(感作, 감각화, Sensitization)

강한 자극을 받은 후, 순화되지 않고 역효과로서 반응이 더욱 강해지는 것을 의미한다. 예를 들면, 사람이 있어서 대지진을 경험한 후 미약한 여진에 대해서도 공포반응을 나타내게 되는 것이 감작이다. 개의 경우 보호자나 훈련사로부터 문제행동에 대해 신체적 처벌 등을 주었을 때 개의 문제행동을 더욱 악화시킬 수 있다. 또한 처벌에 반응하여 부수적인 역효과가 나올 수 있다. 예를 들어 짖음에 대한 처벌로 개의 콧잔등을 때렸을 때 짖음은 유지하고 오히려 보호자에게 공격행동을 보일 수 있다.

2. 연상학습(Learning by association)과 고전적 조건화

어떤 특정한 사실이나 현상에 대한 이해를 바탕으로 그 뒤에 일어날 미래를 예측하여 준비할 수 있게 되는 학습을 연상학습(Associative learning)이라고 한다. 동물은 다양한 외부로부터의 자극을 경험하고 그에 대해 반응을 하며 살아간다. 그 결과를 근거로 하여 미래에 일어날 일을 예측하고 행동을 하는 경우들이 발생한다.

1900년대 초반, 이반 파블로프(Ivan Pavlov)는 개의 소화에 관한 연구를 하기 위해 개에게 먹이를 주면서 개가 흘리는 타액의 양을 측정하는 실험을 하였다. 파블로프가 개에게 먹이를 주기 위해 개에게 다가갈 때, 개는 파블로프의 발소리만으로도 침을 흘린다는 사실을 알게 되었다. 이를 근거로 파블로프가 종소리를 들려주며 먹이를 주었다. 그 과정을 반복하자 개는 종소리만으로도 침을 흘리기 시작했다. 종소리와 먹이를 함께 했기 때문에 두 자극이 '연상'된 것이었다.

고전적 조건화 (Classical conditioning)	무조건자극 (Unconditioned stimulus)	중립자극 (Neutral stimulus)	무조건 반응 (Unconditioned response)
	먹이	종	침
		조건자극 (Conditioned stimulus)	조건반응 (Conditioned response)

조건자극이 무조건자극과 함께 주어지지 않으면 결과적으로 조건반응은 소멸한다. 이 과정을 소거라고 한다.

고전적 조건화(Classical conditioning)에서는 자발적으로 생긴 행동이 아니라 무조건자극과 무조건 반응이 관여하고 보상이 필요하지 않다는 점에서 조작적 조건화와는 다르다.

개의 연상학습과 관련하여 예를 들면, 강아지가 예방접종을 위해 강아지 크레이트에 넣어 병원에 내원하여 주사를 맞히기 위해 차를 이용해 이동했다고 가정해보자. 강아지는 처음 경험하는 자동차 타기, 크레이트에 들어가기, 병원에서 주사 맞기의 새로운 경험을 하게 된다. 진료실에서 검사한 후 주사를 맞고 집으로 돌아왔다. 2주 후, 2차 예방접종을 하기 위해 크레이트를 보이는 순간 강아지는 도망가 숨을 것이다. 이때 생리적인 반응으로 맥박이 빨라지고 숨을 헐떡거리는 현상이 나타날 수 있다. 강아지는 불쾌한 경험과 자동차, 크레이트, 동물병원과 '연상'시킨 것이다.

연상의 다른 예로는 젖소가 착유기를 끼우기도 전에 바닥에 젖을 흘리는 경우이다. 또한 개가 평소에는 활발하게 놀다가 복종훈련을 할 때면 엉덩이를 빼거나 다른 곳을 쳐다보거나 하는 경우는 개가 복종훈련을 괴로운 활동으로 연상 지었기 때문이라고 할 수 있다.

개가 어떤 물건이나 환경에 이미 부정적이거나 불쾌하게 연상을 한 경우에 교정해야 한다. 방법으로 다른 '연상'으로 다시 고전적 조건형성을 해야 한다. 이를 역조건형성(Counter-conditioning)이라고 하는데 이미 고전적 조건형성이 된 영상을 반대로 만드는 것이라는 뜻에서 붙은 이름이다.

그림 4-1 파블로프의 조건반사

● 상반행동(Incompatible behavior)

어떠한 행동과 절대로 동시에 일어날 수 없는 대립되는 행동이다. 한 상황에서 바람직하지 않은 행동과 바람직한 행동은 동시에 일어날 수 없다. 예를 들어 개가 창밖으로 사람을 보고 짖는다면 개에게 얌전히 엎드려 먹을 수 있는 간식을 준다면 개는 짖음과 동시에 간식을 입에 넣어 먹을 수 없다.

● 소거(Extinction)

조건형성이 이루어진 후, 조건자극과 무조건 자극이 함께 제시되지 않고 조건자극만 제실될 경우, 조건반응은 발생하지 않는다.

3. 시행착오와 조작적 조건화

동물은 다양한 경험을 하면서 시행착오를 통해서도 학습한다. 동물은 다양한 시도를 하고 효과가 있는, 자신이 원하는 결과, 즉 좋아하는 결과, 이익이 되는 결과를 가져오는 행동은 계속한다. 반대로 효과가 없거나 자신이 싫어하는 결과가 따라오는 행동은 피하려고 한다.

미국의 심리학자 손다이크(Edward Thorndike)의 고양이 실험에서 고양이를 작은 퍼즐 상자에 넣어 두고, 발판을 누르면 끈으로 연결된 문이 열도록 하는 장치를 고안하였다. 우연히 발판을 눌러 문이 열리게 되어 상자에서 나올 수 있었다. 결국 상자에서 나온 것이 강화물이 되어 고양이는 문을 여는 것을 학습하게 되었다. 이것을 도구적 조건화(Instrumental conditioning)라고 한다. 도구적 조건화에서의 중요한 개념은 강화되기 위해서는 동물이 자발적으로 반응해야 하고, 결과적으로 시행착오를 통해 원하는 결과가 보상이 되어 학습한다는 개념이다.

손다이크의 실험은 이후 행동주의 심리학의 지대한 영향을 미쳤다. 반려견 훈련에서 긍정강화훈련(PRT: Positive Reinforcement Training)의 이론적인 토대를 제공했다고 할 수 있다.

조작적 조건화(Operant conditioning)는 시행착오라는 개념을 이용하여 동물이 자발적으로 한 행동에 대해서 행동이 다시 발생할 가능성을 높이기 위하여 보상을 주고, 자발적으로 바람직하지 못한 행동을 할 때는 불쾌감을 경험하게 하여 바람직하지 못한 행동을 줄이기 위해 처벌을 주어 행동을 조절할 수 있다는 개념이다.

조작적 조건화(Operant conditioning)는 말 그대로 조건(Condition)을 조작(Operate)하는 것이다. 조건화한다는 것은 강화시킨다는 것을 의미한다. 조작(Operant)이란 일련의 행동을 말하는데, 즉 "앉기", "세탁물 훔치기" 혹은 "사람 물기" 등도 행동의 카테고리에 포함된다. 운동을 통해서 근육이 단련되는 것처럼 조작, 즉 행동도 강화된다. 개가 어떤 상황에서 앉는 행동을 하면 이것은 반응(Response), 즉 개별적으로 조작된 "앉아"의 예이다.

조작적 조건화에서도 반응의 빈도를 높이기 위해 혐오 자극(Aversive stimuli)을 사용하는 경우가 있다. 혐오 자극이란 동물들에게 죽음이나 부상의 위험을 느끼게 하는 신호를 줘서 행동을 유도하는 동기다. 조작적 조건화에 대해서는 추후 행동수정법에 상세히 다루도록 하겠다.

그림 4-2 손다이크의 도구적 조건화(고양이 실험)

● 타임 아웃(Time-out)

문제행동을 없애기 위해 일정 기간 긍정강화물을 차단하거나 제거하는 것을 말한다. 예를 들어, 점프하는 강아지에게 얌전히 쉬게 하기 위해 보호자와의 상호작용이라는 긍정강화 물을 제거한다. 강아지에게 시선 주지 않기, 무시하기 등이다.

● 소거 폭발(Extinction burst)

조건형성이 이루어진 후, 더 보상을 주지 않아 줄어들던 행동이 갑자기 나타나거나 더 강하게 나타나는 현상을 말한다. 행동은 더 강화되지 않으면 점차 사라지는 소거(Extinction)의 과정을 거친다. 하지만 일정한 속도로 사라지는 것이 아니라 초반에는 그 행동의 강도나 빈도가 증가하는 소거 폭발의 과정을 거칠 수 있다.

예) 가족들이 식사할 때마다 반려견에게 사람이 먹는 음식을 주었다고 가정해보자. 개는 식탁 근처에 앉아 보호자를 쳐다보며 달라는 시각 신호(애절한 눈빛)를 처음에 보낼 것이다. 그래도 안 되면 청각 신호(짖음)로 달라는 신호를 보낼 것이다. 개는 자신이 시각 신호와 청각 신호를 보내면 보호자가 음식을 준다는 사실을 알고 매번 요구하고 자연스럽게 받아들여지게 된다. 그런데 강아지가 비만해지고 건강에 문제가 생길 것을 우려해 보호자는 사람 먹는 음식을 더 이상 주지 않기로 했다. 이때 강아지 반응은 처음 며칠 동안은 지금까지의 시각 신호와 청각 신호의 강도와 빈도가 더 높게 나타난다. 이러한 현상을 소거 폭발이라 한다.

● 자발적 회복

자발적 회복(Spontaneous)이란 동물이 오랫동안 강화 받았던 과거의 행동을 기억하는 학습 체계로, 과거 오랫동안 강화된 적이 없었음에도 갑자기 그 행동이 재발(Resurgence)하는 것을 의미한다.

예 떠돌이 개에게 A 장소에 먹이를 주던 동네 사람이 이사를 간 후 그곳에 더 이상 먹이가 없어지면, 동네 다른 사람이 주는 B, C 장소에 더 자주 가서 먹이를 먹는다. 개는 A 장소를 기억하고 있다. B, C 장소에 먹이가 적어지면 다시 정기적으로 A 장소를 찾아갈 것이다.

동물행동전문가라면 소거 폭발과 자발적 회복 현상을 고려해야 한다. 문제행동 교정 과정에서 강화되는 것을 계속해서 막는다면 결과적으로 문제행동은 약화되고 없어질 수 있다.

예를 들어 심한 짖음을 가진 개의 문제행동을 교정했다고 가정하면, 개는 심한 짖음을 멈춘 것이다. 그러나 짖음이라는 행동은 개의 정상행동이며, 개에게 있어서 짖음은 완전히 기억에서 사진 것이 아니다. 따라서 어떤 환경이 변화거나 새로운 물체를 갑자기 대하게 되면 개는 자발적 회복 현상을 보여 다시 짖을 수 있다는 것을 예상해야 한다. 다만 재발했을 때 소거 폭발이 더 약하게 일어날 것이고 소거 신도 더 짧아질 수 있다. 행동교정의 과정과 시간도 짧아질 수 있다는 것을 의미한다.

4. 모방(Imitation)

모방은 다른 동물들을 흉내 내는 행동이다. 동물은 다른 동물의 행동을 관찰한 후 동일하게 따라 하거나 비슷한 행동을 한다. 동물은 어릴 때 어미의 행동을 보고 흉내 내는 것으로부터 발달하고 정교해지는 경우가 많은 것으로 알려지고 있다. 다른 동물들의 행동을 따라 하면서 자신에게 적합한 발전적인 형태의 행동으로 더욱 발전시킨다.

침팬지의 경우, 어미가 하는 모습을 관찰한 후 도구를 이용해 개미를 잡아먹거나 돌을 이용해 견과를 깨서 먹는 행동을 학습한다. 사냥에 대한 방법과 기술을 학습하는 경우를 많이 포유류에서 많이 관찰된다.

모방은 동물의 학습 형태 중에서 가장 보편적으로 많이 일어나는 것으로 알려졌다. 인간의 행동 발달 및 학습 과정에서도 가장 기본적인 유형은 상대방을 따라 하는 모방에서부터 시작된다.

그림 4-3 아기의 아빠 모방하기

5. 관찰(Observation)

관찰학습은 다른 개체의 행동을 관찰함으로써 일어나는 학습이다. 관찰학습에는 강화가 필요하지 않고 대신 모델이 되는 개체가 필요하다. 모델이 되는 개체가 의도적으로 특정한 행동을 주입하려 하지 않을 수 있지만, 관찰된 많은 행동은 기억되고 모방될 수 있다.

"관찰학습"이라는 용어는 밀접하게 관련된 몇 가지 개념을 포함한다. 예를 들어 강아지가 같은 종류의 다른 개를 따라가거나 모방하거나 흉내를 내는 유사행동, 다른 개의 존재가 행동의 강도를 증가시키는 사회적 촉진, 그리고 사회적 촉진 요소들을 포함하는 모방, 시행착오 학습은 개가 다른 개 또는 다른 환경 단서가 있는 곳에서 행동에 적극적으로 참여한다는 점에서 진정한 관찰학습과는 다르다. 관찰학습에 필요한 네 가지 조건은 주의력, 유지력, 동기부여 및 생산이다. 즉, 개는 모델링된 행동을 하는 개나 사람에게 주의를 기울여야 하고, 관찰하는 동안 수집된 행동에 대한 정보를 유지해야 하며, 원래 행동에서 벗어난 시간과 장소에서 행동을 재연하도록 동기를 부여해야 하며, 마지막으로 행동이나 그에 대한 합리적인 모방을 생성해야 한다.

그림 4-4 관찰학습

6. 인지학습(Cognitive learning)

동물은 인지학습을 할 수 있다. 인지학습은 동물이 자극에 대한 조건부 반응을 발달시키는 것이 아니라 정보를 획득하고 처리하는 과정이다. 주로 포유류에 관계되는데, 특히 영장류, 고래류, 코끼리류, 개, 고양이, 너구리, 설치류 등이다. 하지만, 연구는 예를 들면 앵무새, 까마귀 혹은 비둘기 같은 조류나 도마뱀, 뱀 같은 파충류, 어류 같은 비포유 척추동물과 두족류, 거미, 곤충 같은 무척추동물에까지 이른다.

개는 인지학습을 할 수 있는데, 이것은 조작적 또는 고전적 조건형성과 같은 조건화 방법과는 다르다. 개의 인지학습의 한 예는 통제된 연구 환경에서 보더콜리 체이서(Chaser)는 1,022개의 명사를 알고 있으며 장난감을 식별할 수 있고 이름 및 카테고리별로 찾을 수 있는 동물로 세계에서 가장 영리한 개로 알려져 있다. 체이서는 사물의 이름을 추론하고 무한히 기억하는 능력을 보여주었다.

그림 4-5 영리한 보더 콜리 체이서

출처: World's cleverest dog dies after mastering over 1,000 words and basic grammar.

7. 훈련(Training)

가축화된 동물 중에 기들여진 동물의 경우, 사람과 같이 생활하거나 특수한 목적으로 활동하기 위해서는 사람의 의도를 이해하고 명령에 따를 수 있도록 해야 한다. 특히 반려동물의 경우, 사람의 일상생활, 사회 환경, 주어진 특수 목적에 알맞은 행동이 요구된다.

이러한 요구를 맞추기 위해 동물을 인위적으로 학습시키는 것을 훈련이라고 한다. 훈련이란 정해진 규칙 속에서, 그 규칙을 이행할 수 있도록 개에게 통제와 규제를 가하여 사회화시켜나가는 과정으로 인간과 개의 의사소통을 통해 함께 이행하는 것이다. 훈련을 통해 동물은 기억하고 자신에게 주어진 상황에 알맞은 행동과 임무를 수행할 수 있는 능력을 갖추게 된다.

(1) 사회화(Socialization) 교육

사회화는 그 사회의 구성원으로서 생활할 수 있도록 기존의 구성원과 동질감을 가지고 동화되는 것을 의미한다. 개의 경우, 무리생활하는 동물로 어린 강아지 시기에 사회화 교육이 매우 필요하다. 특히 다양한 종류의 사람과 다른 동물, 사물 등과 같은 새로운 것에 친숙해져야 한다.

사회화 교육은 개가 행복한 반려 생활을 하기 위하여 필요한 교육이라고 할 수 있다.

강아지에게 최적의 사회화 교육의 시기는 생후 8주에서 16주까지이다. 그리고 생후 4달 반이 되기 이전에 부드럽게 입으로 무는 억제 기술도 알려주어야 한다.

그림 4-6 개의 사회화 교육

(2) 기본 훈련

개에게 있어서 가장 기본적인 훈련은 복종훈련이다. 복종(Obedience)의 어원은 'obey는 'ob(to)'와 'ey(aud=hear)'가 결합하여 '다른 사람의 말을 듣다'라는 것에서 유래했다. 즉 개는 훈련사에게 복종하기 위해 주의를 기울여 들어야 한다.

기본 복종훈련으로는 "앉아", "서", "엎드려", "기다려", "이리 와" 등이 있다.

명령은 음성 신호와 시각 신호(수신호)를 이용하여 할 수 있다. 명령어를 듣고 반려견이 원하는 행동을 했으면 보상을 해줌으로써 지속적으로 명령을 따르고 싶은 동기를 주어야 한다.

문제행동을 보이거나 명령어를 따르지 않는 경우 반려견에게 처벌을 주거나 신체적인 학대를 가해서는 부작용을 초래할 수 있으므로 해서는 절대 안 된다. 대신 지속적인 반복 및 연습을 해야 한다.

훈련의 효과와 지속성을 증대시키기 위해서는 훈련시간 구성도 매우 중요하다. 예를 들어 개는 5~10분 이상을 할 경우 집중력이 떨어지고 산만해지므로, 50분의 시간이 주어졌을 때 50분을 계속해서 훈련하는 것보다 10분씩 나누어 5회, 5분씩 분산하여 반복하는 효과적이라고 할 수 있다. 연속 강화와 간헐적 강화에서 처음에는 연속 강화를 한 후 원하는 훈련의 동작이 완벽하게 이루어졌을 때 간헐적 강화로 바꾸어 주는 것이 필요하다. 간헐적 강화에서는 고정비율 간격보다는 변동비율 간격을 이용하는 것이 바람직하다.

고양이의 경우 개와 달리 독립적인 성향이 강한 동물이다. 따라 신체적인 처벌의 경우 효과가 미미하며 꾸짖음의 효과도 거의 없다. 관리기법으로 싫어하는 것을 물을 뿌리거나 싫어하는 소리를 내는 것이 효과적이다.

그림 4-7 복종훈련(앉아, 기다려)

(3) 특수목적견 훈련

시각장애인 안내견, 마약 탐지견, 폭발물 탐지견, 군견, 구조견 등의 다양하게 특수한 환경에서 활동할 수 있도록 개를 훈련시키는 경우가 증가하고 있다.

시각장애인 안내견 또는 청각 장애인 안내견의 경우 장애물이나 위험 등을 피하는 훈련과 대중교통 이용, 교통 신호, 엘리베이터 탑승 등 다양한 환경에서 주인에게 도움을 줄 수 있도록 훈련이 필수적이다. 많은 시간과 비용이 필요하다. 개의 탁월한 후각 능력을 이용해 찾고자 하는 대상 물질을 찾아낼 수 있도록 훈련을 시켜 탐지견으로 활용한다.

학습정리

1. 동물의 학습방법은 습관화, 연상학습, 시행착오, 모방, 관찰, 인지학습, 훈련이 있다.
2. 연상학습은 고전적 조건화, 시행착오는 조작적 조건화와 관계가 있다.

과제

1. 고전적 조건화와 조작적 조건화의 개념을 정리하세요.
2. 습관화의 의미와 종류를 정리하세요.

예상문제

문제 1. 다음 설명은 어떤 내용을 설명하는 것인가?

> 강한 자극을 받은 후, 순화되지 않고 역효과로서 반응이 더욱 강해지는 것을 의미한다. 예를 들면, 사람이 있어서 대지진을 경험한 후 미약한 여진에 대해서도 공포반응을 나타내게 되는 것이 감작이다. 개의 경우 보호자나 훈련사로부터 문제행동에 대해 신체적 처벌 등을 주었을 때 개의 문제행동을 더욱 악화시킬 수 있다. 또한 처벌에 반응하여 부수적인 역효과가 나올 수 있다. 예를 들어, 짖음에 대한 처벌로 개의 콧잔등을 때렸을 때 짖음은 유지하고 오히려 보호자에게 공격행동을 보일 수 있다.

① 탈감각화(탈감작화) ② 고전적 조건화
③ 조작적 조건화 ④ 홍수법
⑤ 감작화(감각화)

문제 2. 다음 문장을 설명하는 것으로 옳은 것은?

> 조건형성이 이루어진 후, 더 보상을 주지 않아 줄어들던 행동이 갑자기 나타나거나 더 강하게 나타나는 현상을 말한다.

① 상반행동 ② 조건화
③ 소거 ④ 소거폭발
⑤ 타임아웃

문제 3. 고전적 조건화와 매우 관련이 깊은 동물의 학습방법으로 옳은 것은?

① 연상(연관) ② 습관화
③ 시행착오 ④ 인지학습
⑤ 관찰

문제 4. 조작적 조건화와 매우 관련이 깊은 동물의 학습방법으로 옳은 것은?

① 홍수법
② 계통적 탈감각화(탈감각화, 탈감작화)
③ 연관(연상)
④ 인지학습
⑤ 시행착오

문제 5. 다음을 설명하는 것으로 옳은 것은?

> 가축화된 동물 중에 길들여진 동물의 경우, 사람과 같이 생활하거나 특수한 목적으로 활동하기 위해서는 사람의 의도를 이해하고 명령에 따를 수 있도록 해야 한다. 특히 반려동물의 경우, 사람의 일상생활, 사회 환경, 주어진 특수 목적에 알맞은 행동이 요구된다.
> 이러한 요구를 맞추기 위해 동물을 인위적으로 학습시키는 것을 말한다.

① 조작적 조건화
② 고전적 조건화
③ 관찰
④ 모방
⑤ 훈련

정답

1. ⑤ 2. ④ 3. ① 4. ⑤ 5. ⑤

Chapter 05

개의 훈련방법(Training method)

학습목표

1. 클리커 트레이닝의 개념을 이해한다.
2. 동기부여 트레이닝의 개념을 이해한다.
3. 모델경쟁훈련의 개념을 이해한다.
4. 우위성기반 훈련의 개념을 이해한다.
5. 관계기반 훈련의 개념을 이해한다.
6. 보상기반 훈련과 혐오기반 훈련의 개념을 이해한다.

5천년 전 고대 이집트의 벽화에서 여러 마리의 개를 목줄을 채워 걸어가는 모습이 그려져 있던 것으로 보아 아주 오래전부터 가축화된 개를 훈련했던 것으로 추측할 수 있다.

그림 5-1 고대 이집트 벽화

출처: https://www.wikiwand.com/ko/%EA%B0%9C

개는 환경과 상호작용을 통해 학습한다. 동물의 학습원리에서 설명한 연상학습과 고전적 조건화, 습관화 또는 감각화(Sensitization)를 통해 행동이 수정되는 비연상학습, 그리고 선행사건(Antecedent)과 결과(Consequence) 사이의 연관성을 형성하는 조작적 조건화를 통해 학습한다.

개 훈련(Dog training)은 개에게 특정한 기술이나 행동을 가르치는 행위이다. 개 훈련은 개에게 특정한 명령과 신호에 반응하는 것뿐만 아니라 의도적으로 개의 자연스러운 행동을 변화시킴으로써 스스로 행동하도록 가르치는 것을 의미한다. 개 훈련은 보통 동물에 대한 통제력을 확보할 할 수 있는 기본 복종훈련을 포함하며, 그 후 더 발전된 전문가 훈련으로 진행될 수 있다.

개를 포함한 동물 훈련에는 다양한 훈련방법들이 있다. 각각의 훈련방법에 대해 장단점이 있다. 클리커 훈련(Clicker training), 동기부여 훈련(Motivational training), 모델경쟁훈련(Model-rival training), 우위성기반 훈련(Dominance-based training), 관계기반 훈련(Relationship-based training) 등의 방법이 있다.

다양한 훈련법 중 성공적인 방법으로 알려진 훈련법들의 공통점은 개의 개체별 특성, 성격의 이해, 강화와 처벌의 정확한 타이밍, 꾸준한 의사소통이다. 처벌(Punishment)의 사용과 관련하여 동물행동전문가들 사이에 동물복지, 훈련의 효과성과 지속성에 대해 논란이 이어져 오고 있다.

개의 훈련은 가정에서 훈련할 수 있고 전문 훈련소에 보내서 훈련할 수 있다. 보통의 경우 훈련소는 생후 6개월령 이상 되어야 훈련소 입소를 받아주는 경우가 많다. 훈련은 개의 사회화 시기인 3~12주령부터 시작하는 것을 권한다. 이때 학습한 것들은 계속 유지하는 것으로 알려져 있다.

위에 언급한 훈련방법 중에 한 방법만을 사용하는 경우는 드물다. 다양한 훈련방법을 개의 개체별 특성에 알맞은 방법들을 조합하여 응용하는 경우가 많다. 따라서 각 방법의 장단점을 이해하고 사용하는 것이 필요하다.

1. 클리커 트레이닝(Clicker training)

클리커 트레이닝은 새로운 개의 훈련법이 아니다. 스키너(B. F. Skinner)가 제안하고 카렌 프라이어(Karen Pryor)가 개발해 널리 알려진 클리커 트레이닝은 행동주의 심리학에서 시작된 과학적 학습 이론에 바탕을 둔 것으로 개뿐만 아니라 고양이, 새 같은 동물은 물론이고 동물원의 동물들에게도 적용할 수 있는 훈련방법이다.

조작적 조건화에 긍정강화훈련을 근간으로 하여 클리커 소리를 마커 또는 브리지로 사용한다.

동물이 원하는 행동을 올바르게 하는 순간을 포착해 표시하고 보상을 주는 것이 원리이다. 행동을 표시하기 위해서 짧고 독특한 "클릭" 소리를 내는 클리커라는 도구를 사용하는데, 이 소리는 동물에게 그들이 그 순간 바람직한 행동을 하고 있음을 정확히 알려 주는 역할을 한다. 긍정강화와 함께 사용되는 이 명확한 의사소통의 형태는 안전하며 인도적인 방법으로 모든 종의 동물에게 원하는 행동을 효율적으로 가르칠 수 있다.

그림 5-2 클리커 트레이닝

2. 동기부여 트레이닝(Motivational training)

동기부여 훈련은 긍정강화 방법을 이용하여 바람직한 행동을 강화하기 위해 보상을 사용하고 모든 나쁜 행동을 무시한다. 동기부여 트레이닝은 손다이크의 효과의 법칙에 기초하고 있는데, 이는 보상을 창출하는 행동은 빈도가 증가하는 경향이 있고 보상을 창출하지 않는 행동은 빈도가 감소한다는 것이다. 즉 개의 행동과 보상 사이의 연관을 맺도록 하는 것으로써 개들이 어떤 행동을 반복해서 하는 이유는 자신에게 긍정적인 느낌과 만족을 주기 때문이다.

동기부여는 좋은 것일 수도 있고 나쁜 것일 수도 있다. 하지만 우리는 개와 강한 유대감을 원하고 개가 부정적인 연관성을 가질 가능성을 줄이기 위해 긍정강화를 이용해 개들이 좋아하는 동기부여 장치(간식, 장난감, 공, 터그 등)를 사용할 수 있다. 동기부여 훈련에서는 개 훈련의 실패 원인을 개에게 동기를 부여하고 집중을 얻는 데 실패로 간주한다.

개가 원하는 행동을 할 때 훈련사는 보상을 줌으로써 점진적으로 강화한다. 이때 개가 훈련에 능동적으로 즐겁게 참여할 수 있도록 놀이나 게임형식으로 훈련을 진행할 수 있다. 예를 들어 보상으로 간식을 줄 때 간식을 개의 입으로 던져 줄 수도 있고, 훈련사의 손바닥에 간식을 넣은 상태로 개가 훈련사의 손을 쫓게 할 수도 있고, 보상 전달을 잭팟으로 할 수도 있다.

즉 훈련사는 개들이 흥미를 느끼고 자발적으로 참여하고 유지할 수 있도록 한다. 훈련에서 보상계획은 개가 언제, 어떻게, 무슨 일이 일어날지 모르고, 얼마나 많은 보상을 받을지 모르는 상황에서 진행된다. 동기부여 훈련에서는 개의 훈련(게임, 놀이)이 언제 끝날지 모르기 때문에 끊임없이 개가 집중하고 훈련사에게 주의를 기울인다.

훈련이 진행됨에 따라 개가 보상을 받기 전에 훈련계획에 따라 훈련 수준을 점진적으로 높인다. 동기부여 트레이닝의 문제점은 훈련을 진행하는 사람이 훈련 기대치를 실제보다 훨씬 더 빨리 일이 일어나기를 기대하는 경우, 훈련 단계를 건너뛰거나 훈련 단계에 충분한 시간을 보내지 못할 때는 동기부여 훈련에 문제가 생길 수 있다.

개의 훈련법으로 동기부여 훈련이 가능하지만, 개가 행동에 대해 받는 보상을 통제하기 위해서는 시간과 인내심이 필요하다. 뛰어오르거나 다람쥐를 쫓는 것과 같은 활동들은 기본적으로 개에게 그 자체가 보상이 되기도 한다. 무의식적으로 나쁜 행동을 강화시킬 수 있는 단점이 있다.

그림 5-3 동기부여 트레이닝

3. 모델경쟁훈련(Model-rival training)

동물의 학습원리에 따라 모델경쟁훈련은 원하는 행동을 보여주기 위해 모델 또는 관심을 끌기 위한 경쟁자를 사용한다. 모델경쟁훈련은 트레이너, 개, 모델 라이벌 역할을 하는 사람, 즉 바람직한 행동을 위한 모델이자 트레이너의 관심을 끄는 경쟁자 간의 상호작용을 사용한다. 개를 보면, 트레이너와 모델 경쟁자 사이에 특정 장난감에 관한 대화가 시작되었다. 트레이너는 모델 경쟁자가 장난감의 이름을 제대로 지었느냐에 따라 모델 경쟁자를 칭찬하거나 꾸짖었다.

그림 5-4 모델경쟁훈련

● 거울훈련방법(Mirror method)

모델경쟁훈련의 변형으로 거울훈련방법은 개는 자신의 사회적 영역에서 자신, 다른 개나 사람의 예를 따라 본능적으로 학습한다는 것이다. 개들은 자연스럽게 훈련사나 보호자를 기쁘게 하고 싶어 하므로, 그들이 보호자의 감정과 행동을 모방하기를 원하는 것은 정상적인 행동이다.

거울훈련방법의 핵심은 보호자 삶의 모든 측면에 개를 포함하고 모방 행위를 적극적으로 격려하는 긍정강화가 필수적이다. 거울훈련방법은 개의 본능과 성향을 자연스럽게 이용하는 데 있다. 개는 무리 동물로서 다른 개들로부터 배울 수 있으므로 다른 개들과의 교제 또한 훈련의 중요한 요소이다.

개들은 신체적 · 감정적으로 서로의 행동을 모방한다. 이를 신체적 · 감정적 동화(Synchronization)라 한다. 또한 개들은 사람과도 동화할 수 있다. 훈련사와 보호자의 행동, 표정, 목소리에 따라 개들은 자신의 행동을 따라 하는 경향이 있다. 예를 들어 보호자가 차분한 행동과 표정을 지으면, 개 또한 차분해지는 경우가 많다. 거울훈련방법은 개와 훈련자 사이의 정서적 유대감을 증가시키는 역할도 한다.

클리커를 이용해 거울훈련방법을 사용하면 더욱 효과적일 수 있다. 예를 들어 다견일 경우, 한 마리의 개가 명령어를 듣지 않는다면, 포기하고, 다른 한 마리의 개에게 클리커를 이용해 훈련하면 다른 개도 따라서 원하는 행동을 하는 확률을 높일 수 있다.

예를 들어, 강아지의 주인이 땅 위에 앉으면 강아지도 보통 앉는다. 강아지가 보호자의 행동을 따라 하는 것은 습관화가 될 수 있다. 만약 그 개의 보호자가 스트레스를 받고, 이에 대한 반응으로 평상시와 다른 행동을 한다면, 개 또한 평상시 행동과 다른 행동을 할 수 있다. 간단히 말해서, 개들은 그들의 주인과 똑같이 행동하기를 원한다.

● 거울훈련방법의 세 가지 방침

- 반려견과의 신뢰 관계를 구축, 일상생활에서 사람은 Leader, 개는 Follower
- 강압이나 처벌이 전혀 개입되지 않은 상태에서 오직 긍정강화 사용
- 개에게 본능적인 활동(수영, 달리기, 추적 등)에 에너지를 사용할 수 있도록 자유와 상호활동(놀이 등) 제공

그림 5-5 Animal Welfare Victoria (www.relayservice.gov.au)

출처: The Mirror Method | The Bark (https://thebark.com/content/mirror-method)

4. 우위성기반 훈련(Dominance-based training)

과학자 대부분은 개들이 늑대로부터 진화했거나 공통의 조상을 가졌다는 것을 인정하지만, 개는 늑대가 아니며, 해부학적, 생리학적, 사회적으로 개와 늑대는 다르다는 것에 동의하고 있다. 늑대와 개의 가장 큰 차이점은 늑대는 대체로 인간을 피하지만 개는 인간 가까이에 살도록 진화해왔다는 것이다.

우위(Dominance)는 음식, 선호하는 휴식 장소, 그리고 짝과 같은 여러 자원에 대한 우선적인 접근을 결정하는 힘, 공격과 복종으로 확립된 개별 동물들 사이의 관계로서 정의된다. 우위는 두 개체 간 사이의 반복적이고 고통스러운 상호작용 패턴의 속성으로, 상대의 기본 양보 반응으로 특징지어질 수 있으며, 한결같은 승자의 지위와 패자의 지위가 지배적이라고 할 수 있다. 개의 우위성 모델은 개들은 늑대로부터 진화했으며 위계적 무리 속에서 살고 있으며 인간을 개의 무리 중 일부로 보고, 공격성과 같은 대부분의 원치 않는 행동은 개가 '지배적'이 되려고 하거나 무리의 우두머리가 되기를 원하기 때문이라고 가정을 기반으로 한다.

개 훈련에 관한 "무리"와 "지배"의 개념은 1940년대에 시작되었고 1970년대에 뉴스킷(New Skete) 수도사들에 의해 대중화되었다. 이 모델은 "개는 늑대"라는 이론에 바탕을 두고 있으며, 늑대는 알파 수컷이 다른 모두를 지배하는 계층적 무리를 이루어 살기 때문에, 인간은 그들의 행동을 수정하기 위해 개를 지배해야 한다고 주장하고 있다.

최근 연구에 따르면 야생늑대들은 실제로 핵가족에 살고 있으며, 어미와 아빠 모두 집단 리더로 간주하며, 그들의 자손의 지위는 높은 순위를 얻기 위해 싸우지 않으며 출생 순서에 따라 우위를 나눈다고 발표하였다. 우위성 기반 훈련법에 논쟁은 지속되고 있다.

● 학습된 무기력감(Learned helplessness)

학습된 무기력감은 부정적인 사건을 피할 수 있는 선택권이 없는 상황에서 개가 행동을 포기하고 행동을 멈출 때 발생한다. 학습된 무력감이 일어나기 위해서는, 그 사건은 충격적이면서도 개가 상황을 통제할 수 없는 상황이어야 한다. 예측할 수 없거나 통제되지 않는 처벌에 노출된 가정견은 학습된 무력감 장애와 관련된 장애를 일으킬 위험이 있다.

5. 관계기반 훈련(Relationship-based training)

상호작용 이론에서 파생된 관계기반 훈련은 개와 훈련사 사이의 의사소통, 이해, 상호 적응의 패턴을 이용한다. 관계기반 훈련은 개와 사람과의 긍정적인 관계를 바탕으로 개와 트레이너 모두에게 상호 이익이 되는 결과를 달성하는 동시에 그들의 관계를 발전시키고 강화하는 것을 목표로 한다.

관계기반 훈련은 인간과 개의 욕구를 충족시키기 위해 노력한다. 그것은 개의 관점을 고려하는 공감적인 접근이다. 훈련을 시작하기 전 개의 기본 욕구가 충족되었는지 확인하고, 무엇이 개를 자극하는지 알아내고 행동을 끌어내기 위해 그것을 사용하는 것, 개와 훈련사 사이에 의사소통을 향상하기 위해 개의 보디랭귀지를 해석하는 것, 바람직한 행동을 장려하기 위해 긍정강화를 사용하는 것, 원치 않는 행동을 대체하고 개의 환경을 통제하여 원치 않는 행동의 가능성을 제한하는 것을 기본 원칙으로 한다.

개들에게는 독특한 종 간 사회적 지능이 있으며, 개와 인간의 관계는 한 방향만이 아니며, 높은 수준의 사회적, 감성적 지능을 갖고 개들은 인간의 감정에 화답하는 능력이 있다. 또한 개는 고양이, 가축 및 거의 모든 동물과 유대감을 쉽게 형성할 수 있다.

개 훈련에 대한 관계기반 훈련법은 반드시 특정 훈련 보조 도구나 간식을 사용하는 것에 의존하지는 않지만, 개와 훈련사 사이를 연결하여 훈련 목표를 달성하기에 충분한 효과가 있다고 가정하고 있다.

개와 훈련자와의 모든 상호작용은 학습 경험이라고 할 수 있다. 따라서 훈련자와 개가 상호작용할 때마다 의도적 또는 의도적이지 않든 개를 훈련시키고 있다. 관계기반 훈련에서는 구조화된 훈련 세션에서 개의 행동을 수정하는 것보다는 일상생활에서 훈련자가 원하는 행동을 강화할 기회와 타이밍을 인지하는 것이 중요하다고 할 수 있다.

훈련자는 각각의 훈련이 시작되기 전에 개의 보디랭귀지를 읽는 방법, 개에게 동기를 부여하는 방법, 개의 기본적인 욕구를 충족시키는 방법을 알아야 한다. 훈련 시에는 가능한 한 원치 않는 행동을 제한하고 통제된 환경에서 진행한다.

예를 들어, 개는 다람쥐, 아이들, 그리고 다른 방해물들과 함께 공원에서 명령을 수행하기 전에 조용한 방에 "앉는" 법을 배운 후 난이도가 높은, 즉 방해물이 있는 곳에서 훈련을 진행한다.

관계기반 훈련은 여러 가지 다른 훈련방법을 결합하여 사용할 수 있다. 무엇보다도 개와 사람 모두를 위한 보다 개별화된 접근 방식에 초점을 맞추고, 모든 것을 움직이는 것은 개와 인간의 관계이다.

그림 5-6 관계기반 훈련

6. 보상기반 훈련(Reward-based training)과 혐오기반 훈련(Aversive-based training)

보상기반 훈련은 훈련받는 개가 신체적 · 감정적으로 편안하도록 하는 방법을 의미하며, 보호자 또는 훈련자가 원하는 행동을 했을 때 보상으로 간식, 칭찬, 놀이, 장난감 등을 훈련 도구로 이용한다. 혐오기반 훈련은 훈련받는 개가 신체적 · 감정적으로 불편하게 느끼도록 하는 방법의 사용을 의미하며, 직접접촉에 의한 처벌, 간접접촉에 의한 처벌로 나눌 수 있다.

그림 5-7 보상기반 훈련

7. 전기훈련(Electric training)

개의 문제행동을 교정하기 위해 전기충격 기기를 사용하는 경우도 있다. 원격으로 조절할 수 있는 원격전기충격칼라, 가구 위에 놓을 수 있는 매트 등이다. 액체 분사, 사이렌, 진동, 전기충격 등 강도가 다른 것이 있다. 개를 훈련하거나 행동교정을 위해 전기충격 기기의 사용은 상당한 논란의 대상이다. 전기기기의 이용을 지지하는 입장에서는 전기 장치를 사용하면 멀리서도 훈련을 받을 수 있고, 자기 보상 행동을 없앨 수 있다고 주장하며, 적절하게 사용하면 초크체인(Choke collar)이나 프론체인(Prong collar)과 같은 기기에 비교해 스트레스와 부상의 위험이 적다고 주장한다. 반대론자들은 부정확하거나 학대적인 사용과 관련하여 신체적, 심리적 트라우마의 위험이 있으며, 예측하지 못한 공격행동을 유발할 수 있다고 주장한다.

그림 5-8 전기충격칼라

학습정리

1. 클리커 트레이닝은 동물의 훈련에 중립자극인 클리커를 이용해 훈련하는 방법이다.
2. 특수목적견 훈련에 모델경쟁훈련 방법을 사용할 수 있다.

과제

1. 관계기반 훈련의 개념을 요약하세요.
2. 보상기반 훈련과 혐오기반 훈련의 개념을 요약하세요.

예상문제

문제 1. 중립자극을 이용해 훈련방법으로 옳은 것은?

① 클리커 트레이닝
② 동기부여트레이닝
③ 모델경쟁훈련
④ 관계기반 훈련
⑤ 우위성기반 훈련

문제 2. 다음 문장을 설명하는 것으로 옳은 것은?

> 개와 훈련사 사이의 의사소통, 이해, 상호 적응의 패턴을 이용하는 것으로 개와 사람과의 긍정적인 관계를 바탕으로 개와 트레이너 모두에게 이익이 되는 결과를 달성하는 동시에 그들의 관계를 강화하는 것을 목표로 한다.

① 보상기반 훈련
② 모델경쟁훈련
③ 우위성기반 훈련
④ 동기부여트레이닝
⑤ 관계기반 훈련

문제 3. 다음 문장을 설명하는 것으로 옳은 것은?

> 주인의 삶의 모든 측면에 개를 포함하고 모방 행위를 적극적으로 강화하는 것이다. 거울 훈련방법의 개 훈련은 개의 본능과 성향을 자연스럽게 이용하는 데 있다.

① 클리커 트레이닝
② 동기부여트레이닝
③ 모델경쟁이론
④ 관계기반 훈련
⑤ 우위성기반 훈련

정답

1. ① 2. ⑤ 3. ③

Chapter 06

문제행동 교정 방법

학습목표

1. 문제행동 교정에 적용하는 행동수정법의 개념과 종류를 이해하고 문제행동 교정에 적용할 수 있는 능력을 갖춘다.
2. 약물요법과 의학적 요법의 개념을 이해한다.
3. 관리기법의 개념을 이해하고 적용해본다.

동물의 문제행동 교정 방법으로는 행동을 교정하는 행동수정법(Behaviors modification), 약물요법, 의학적 요법, 관리기법(Management)을 들 수 있다.

동물행동전문가, 훈련사, 동물 보호자들의 입장에서는 반려동물을 잘 이해하기 위해서는 품종별, 개체별 특성을 고려할 필요가 있다. 반대로 동물들도 자신에게 어떤 행동을 보여주는지에 따라 각각의 사람에게 조금은 다른 행동을 보인다.

예를 들어 반려견이 집 안에 있는 모든 가족에게 같은 행동을 하지 않는다. 복종훈련 시간에 남성 보호자에게 더욱 집중해 훌륭히 과제를 수행할 수 있고, 여성 보호자에게는 낮은 수준으로 과제를 수행할 수도 있다. 물론 반대의 경우도 있다. 여기서 중요한 것은 동물들도 사람에 따라 다른 반응을 보인다는 점이다.

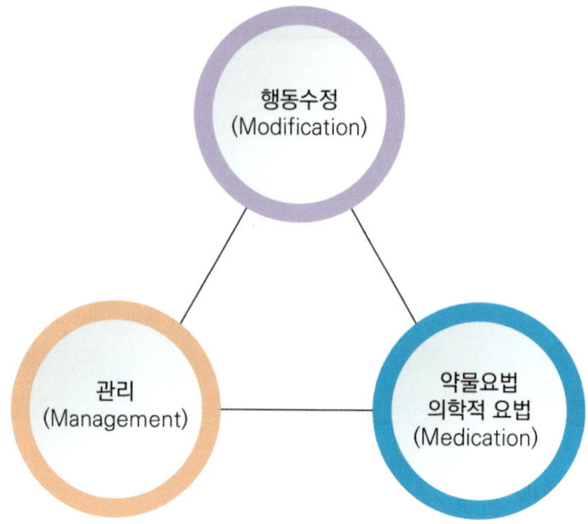

그림 6-1 3M(Modification, Medication, Management) 조합으로 문제행동 교정 극대화

동물의 종별 또는 개체별 특성을 고려하면 어떤 강화물이 동물에게 동기를 부여하는 데 적절한지 결정할 수 있다. 생득적 해발기구라는 개념과 동기부여라는 개념을 종합해서 이해하면 행동의 요인을 파악할 수 있다. 모든 동물 종은 생존에 필요한 세 가지 요소는 공통으로 가지고 있다고 할 수 있다.

① 먹는 욕구
② 위험으로부터 안전하고자 하는 욕구
③ 번식 욕구

동물의 종별 번식행동은 다양한 시스템을 가지고 있다. 동물의 문제행동 교정에서는 번식행동과 관련된 환경을 주는 것은 거의 불가능하다. 그렇다면 남은 두 가지 욕구인 먹는 욕구, 위험으로부터 안전하고자 하는 욕구를 이용해 동물에게 동기를 부여할 수 있다.

앞에서 언급한 보상기반 훈련(Reward-based training)과 혐오기반 훈련(Aversive-based training)에서 설명한 보상에는 먹이(간식), 칭찬, 터칭, 장난감 등을 이용한다고 설명하였다. 혐오기반 훈련에서는 두려움을 일으키거나 불편하게 하는 혐오자극을 사용하여 동물의 행동교정과 훈련을 한다고 하였다.

반려견의 경우, 품종과 개체에 따라 동기부여가 되는 강화물은 다르다. 목양견인 보더콜리의 경우 원반이나 공으로 놀이하는 것을 좋아한다. 그렇다면 강화물은 장난감이 될 수 있다. 먹는 것을 좋아하는 골든리트리버라면 간식이 강화물로는 적합할 수 있다. 또한 반려견은 무리를 이루어 사는 동물이므로 안전을 제공해주는 무리에 속해 있는 상태, 즉 사회적 강화물이 좋은 효과를 낼 수 있다.

강화물로써 효과를 내기 위해서는 동물의 현재의 감정 상태와 주변 환경 상황에 따라 가변적이기 때문에 동물의 상황을 조절하는 것과 병행하여 강화물의 종류나 효과 역시 조절할 수 있다. 훈련과 행동교정을 위해 먹이를 강화물로 이용하기로 계획했다면 먹이의 양을 조절하여 개나 고양이의 평소의 식사량을 조절하여 배고프게 만들 수 있다.

강아지 놀이터에서 '이리 와' 명령어에 반응해 개가 달려온다면 칭찬과 함께 다시 다른 개와 놀게 해주는 것이 강화물로써 보상이 될 수 있다.

그림 6-2 "이리 와" 보상기반 훈련

종별, 개체별 강화물은 다르다. 또한 같은 개체라도 환경과 시간에 따라 강화물의 선호도는 달라질 수 있다. 산책 중에 가장 선호하는 강화물은 간식이 될 수 있다. 그러나 강아지 놀이터에서는 간식보다는 다른 강아지와 어울려 노는 것이 강화물이 될 수 있다.

● 프리맥의 원리(Premack principle)

발생 가능성이 높은 반응은 발생 가능성이 낮은 반응을 강화하는 데 기여할 수 있다는 것으로, 강화물이 반드시 간식 보상이나 장난감 같은 것일 필요는 없으며, 동물이 더하고 싶어 하는 무언가를 강화물로 사용한다는 것이다. 예를 들어 산책 중에 먹이보다는 다른 개와 노는 것을 더 좋아한다면 이 상황에서는 노는 것이 먹이보다 더 효과적인 강화물이 된다는 것이다. 놀이 마치고 다른 개로부터 떨어져 산책을 진행한다면 다시 먹이가 효과적인 강화물이 될 수 있다.

예

1. 아이에게 편식습관을 고치기 위해 당근(덜 선호)을 먹이려고 한다. 이때, 당근을 다 먹을 때마다 간식으로 아이스크림(선호)을 준다고 하면 아이는 아이스크림을 먹기 위해 당근을 점점 자주 먹게 된다. 이처럼 아이스크림(선호)은 당근(덜 선호)을 먹는 빈도를 늘려주게 된다.

2. 학생에게 '놀기(선호)'와 '공부(덜 선호)'가 있을 때, 공부를 먼저 하게 하고 놀게 해주면, 놀기 위해서 공부를 하게 되고, 결과적으로 놀기라는 행동은 공부라는 행동을 하게 만드는 미끼, 유인책(즉 강화물)으로 활용한다는 것이다.

1. 행동수정법(Behaviors modification)

동물의 문제행동을 적절한 행동으로 변화시키는 행동수정법은 행동교정의 중심이 된다. 동물행동전문가의 도움 또는 다양한 정보를 이용해 보호자가 직접 실시하는 경우가 많으므로 보호자의 실천력과 인내심이 필요하다.

행동을 수정할 때 사용할 수 있는 방법에는 네 가지가 있다. 습관화(Habituation)의 형태인 홍수법(Flooding)과 계통적 탈감각화(Systematic desensitization), 고전적 조건화(Classical conditioning)의 반대 개념인 고전적 역조건형성(Classical conter-conditioning)과 조작적 조건화(Operant conditioning)의 반대 개념인 조작적 역조건형성(Operant counter-conditioning)이 있다.

행동수정법을 사용할 때는 습관화와 역조건형성을 조합하여 사용하는 경우 보다 효과적일 수 있다. 동물의 개체별 특성, 문제행동의 유형과 심각한 정도에 따라 어떠한 행동수정법 선택하여 적용할 것인가를 결정해야 한다.

① 습관화
  - 홍수법
  - 계통적 탈감각화
② 고전적 역조건형성
③ 조작적 역조건형성

1) 습관화(Habituation, 순화, 길들임)

습관화는 동물의 수동적인 형태로서 순화, 익숙, 길들임으로 불리기도 한다. 자연 상태에서 동물은 끊임없이 자극에 노출되어 있다. 수많은 소리와 냄새, 사물, 감촉 등과 같이 신경계를 자극하는데, 모든 것에 집중하고 분석해야 한다면 동물의 감각기능은 과부하가 걸릴 것이다.

동물은 행동을 유발하는 자극이 반복되면, 이로 인한 반응이 점차 줄어들게 되고 익숙해진다. 습관화란 동물이 어떤 자극에 불쾌한 경험 없이 또는 유쾌한 경험과 반복적으로 노출되면서 그 자극에 점점 반응하지 않게 되는 것을 말한다. 즉 동물이 무엇에 '익숙해졌다'라는 의미이다.

습관화는 가장 흔하고 간단한 형태의 학습이다. 습관화를 통해 동물이 무언가에 두려움을 갖지 않도록 하는 것이 가장 좋은 예라고 할 수 있다. 큰 소리에 대한 순화, 낯선 사람에 대한 순화, 차에 타는 것에 대한 순화, 동물병원에 가는 것에 대한 순화 등이 구체적인 예이다.

동물은 태어나는 순간부터 안전하다고 확인되지 않은 모든 대상과 동물을 두려워한다. 두려움은 생존과 직결된 문제이다. 두려움이 없다면 동물들은 포식자의 먹잇감이 되어 생존에 많은 어려움을 겪을 수 있을 것이다. 야생동물의 경우 습관화할 기회가 없으므로 대부분이 사람들을 두려워하여 곁에 다가오지 못한다. 반면에 반려동물인 개와 고양이의 경우 사람을 두려워하지 않는 경우이다. 물론 사회화 교육이 제대로 이루어지지 않아 두려워하는 경우도 있다.

동물은 시끄러운 소리나 새로운 물건 같은 특정 자극에 이미 습관화되었음에도 환경이나 상황이 바뀌면 다시 그 자극에 반응을 보일 수 있다. 즉 일반화가 되지 않은 것이다. 습관화는 특정 상황에서 습관화가 이루어진 후에 새로운 상황이나 환경에서의 일반화가 필요하다. 즉 다양한 상황과 환경에서의 특정 자극에 대한 습관화가 된 후에만 일반화가 될 수 있다.

(1) 홍수법(Flooding)

동물의 반응을 멈출 때까지 최대 강도의 자극에 반복하여 노출시키는 방법이다. 자극이 유쾌하건 불쾌하건 아무 결과도 가져오지 않는다면 결국 그 자극을 무시하는 것을 배우게 되는 된다.

홍수법의 단점은 동물이 자극을 극단적으로 두려워할 경우, 동물을 더욱 예민하게 만들 수 있다. 그 결과 같은 수준의 자극도 더 두려워하게 만들 수 있다. 순화되지 않고 오히려 역효과로 반응이 더 강하게 나타날 수 있다.

홍수법은 어린 동물 또는 두려움과 공포의 정도가 낮으면 효과적인 방법이 될 수 있다. 성숙한 동물이나 두려움과 공포의 정도가 높은 경우에는 역효과가 나타날 수 있다. 문제행동이 감소하거나 멈추기 전에 자극 노출이 중지되거나 해당 동물이 자극으로부터 회피 또는 도망이 가능한 것을 학습하게 되면 효과가 없을 뿐 아니라 문제행동을 악화시킬 수 있다.

예를 들면 어린 강아지가 다른 강아지가 두려워 짖는 경우, 행동교정을 하기 위해 다른 강아지가 많은 곳(예: 애견카페)에 데리고 가서 어울리도록 하고, 잘 어울릴 때까지 반복해서 가는 것이다.

(2) 계통적 탈감각화(Systematic desensitization, 탈감각화, 체계적 탈감각화)

계통적 탈감각화는 아주 약한 자극에서부터 시작하여 동물이 낮은 수준의 자극에 익숙해지면 단계적으로 자극의 강도를 높여나가는 것이다. 계통적 탈감각화에서 중요한 점은 동물이 반응하지 않는다는 것을 확인하면서 단계적으로 자극의 수준을 높이는 것이다.

이상적으로 동물이 절대 두려워하지 않도록 자극 수준을 충분히 체계적으로 증가시켜야 한다. 그렇지 않으면 효과를 거둘 수 없는 경우도 있다. 자극의 강도가 동물에게 반응을 일으킬 만큼 강하다면 탈감각화가 아니라 홍수법이 적용되고 있다고 할 수 있다.

계통적 탈감각화는 이미 자극에 대해 부정적 경험이 있는 성숙한 동물에게 효과적이다. 역조건형성(Counter conditioning)과 함께 이용하는 경우가 더욱 효과적일 수 있다.

예를 들면 어린 강아지가 다른 강아지가 두려워 짖는 경우, 행동교정을 하기 위해 다른 강아지가 많은 애견카페에 데리고 가서 어울리게 하고, 두려워 짖지 않고 잘 어울릴 때까지 애견카페를 반복해서 방문하는 것은 홍수법이다. 계통적 탈감각화는 먼저 다른 강아지를 만나기보다는 멀리서 구경하는 것이다.

그다음 거리를 줄여 오는 정도까지 반응이 없도록 하는 것이다. 그다음 단계로는 예절 바른 친구 한 마리와 같이 평행 산책을 한 후 반응이 없다면 둘이 같이 인사시킨다.

인사시킬 때 반응이 없다면, 다른 친구를 추가하여 3마리가 산책하는 연습을 한다. 반응이 없다면 다른 친구와 인사시킨다. 그리고 놀게 한다. 이런 식으로 점차 강아지를 다른 강아지들에게 노출함으로써 강아지의 불안과 공포를 교정하는 것이 계통적 탈감각화이다.

그림 6-3 홍수법과 계통적 탈감각화

2) 고전적 조건화(Classical conditioning)와 역조건형성

고전적 조건화와 연관(Association, 연상)은 동물의 학습원리에서 설명하였다. 고전적 조건화란 자발적인 행동이 아닌 두려움, 공포, 먹이와 같은 것으로 생리학적 반응이 나올 수 있다. 이는 자신의 의지와 상관없이 반사적인 반응이 주로 관여하여 일어나는 경우이다. 파블로프의 개를 이용한 실험에서 먹이를 종을 들려주면서 먹이를 주자 개는 먹이가 없어도 종소리만으로 생리적 반응으로 침을 흘린다는 사실을 발견했다. 즉 개는 먹이와 종소리는 연관을 지어 침을 흘리는 것이다.

역조건형성(Counter-conditioning)이라는 말은 일반적으로 고전적 역조건형성(Classical counter-conditioning)을 의미한다. 앞에서 고전적 조건화는 동물의 연상학습과 관련이 있다고 설명하였다. 따라서 동물이 부정적으로 연관(연상)된 것을 역으로, 즉 반대로 긍정적 연상(연관)으로 바꾸는 것을 고전적 역조건형성인 것이다.

동물병원에 가기 위해 강아지를 크레이트에 넣어 동물병원에 가서 예방접종을 받았을 때 강아지는 크레이트란 선행사건과 동물병원 예방접종, 고통, 두려움, 공포와 있었다는 것을 연관 지어 기억한다. 결과적으로 강아지는 크레이트는 고통, 두려움, 공포로 인식되어 있다. 강아지에게 크레이트를 긍정적으로 감정으로 바꾸기 위해서는 강아지에게 크레이트 근처에 가면 좋은 일이 생긴다는 것, 즉 크레이트 근처에 가거나 안으로 들어가면 맛난 간식을 먹는다는 것을 알려준다. 또는 시끄러운 청소기 소리를 무서워한다면 청소기를 돌릴 때마다 맛난 간식을 연관 짓도록 청소기를 돌리며 간식을 바닥에 던지면 강아지는 청소기 소리를 오히려 음악으로 생각할 수 있다. 일반적으로 역조건형성과 탈감각화를 조합하여 사용하는 경우가 많다.

개나 고양이가 문제행동을 가지고 있어 행동교정을 한다면 어떠한 조합을 짜서 교정하는가가 매우 중요하다.

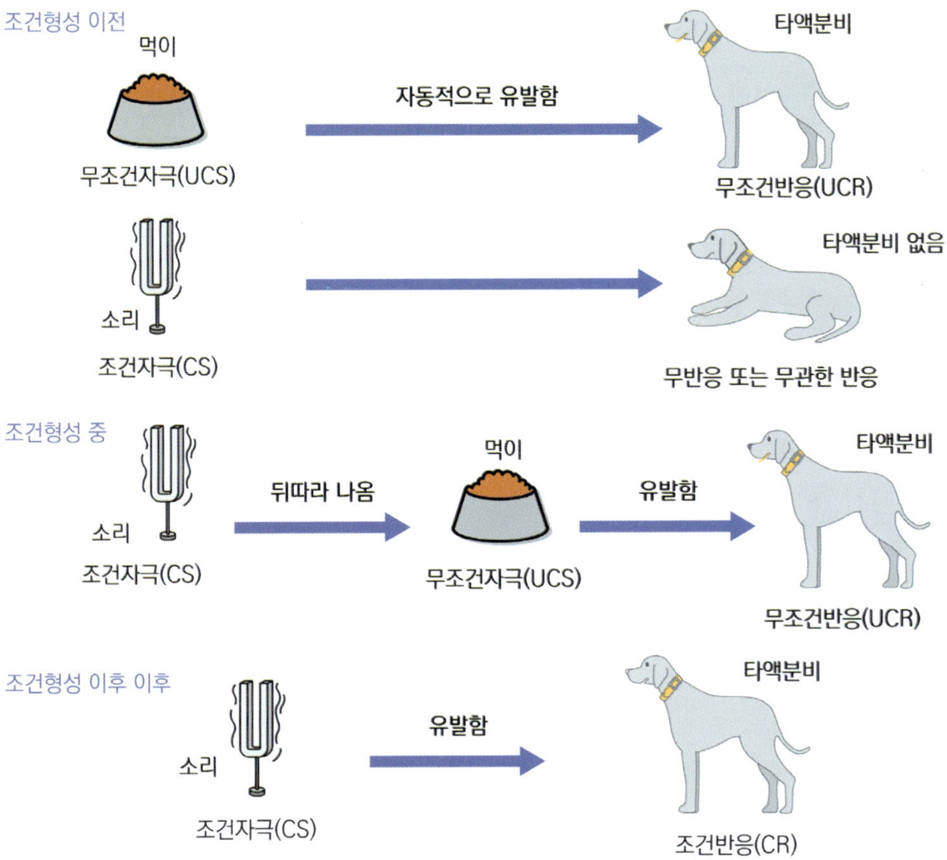

1단계: 무조건 자극(음식물) ⟶ 무조건 반응(타액분비)
2단계: 무조건+조건 자극(종소리) ⟶ 무조건 반응(타액분비)
3단계: 조건 자극(종소리) ⟶ 조건 반응(타액분비)

그림 6-4 파블로프의 실험

● 자극 일반화(Stimulus generalization)

조건형성이 된 후 특정 자극과 비슷한 자극에도 동일한 반응이 일어나는 것을 말한다. 예를 들면, 개의 도어벨소리에 짖는 것을 학습한 경우에 사이렌 소리나 전화 소리, 알람 소리에 대해서 짖은 경우가 발생한다. 특정 자극에 대한 반응으로 문제행동이 발현되었을 경우보다 자극 일반화가 된 경우에 문제행동 교정이 어렵다고 할 수 있다.

3) 조작적 조건화(Operant conditioning, 조작적 조건형성)

동물의 학습원리에서 동물은 연관을 통해 학습한다고 설명하였다. 생리 반응을 일으키는 자극, 즉 먹이를 종소리와 같은 중립자극과 동시에 짝지어 반복하여 들려주면 동물은 결과적으로 종소리와 음식을 연관하게 되고, 종소리는 음식을 먹을 때 일어나는 반사적인 신체 내부 반응을 하게 된다.

동물은 조작적 조건형성을 혹은 시행착오를 통해 학습한다. 동물은 자신에게 긍정적인 결과 혹은 효과가 따라오는 행동은 반복해서 하고, 부정적인 결과 혹은 효과를 초래하는 행동은 회피하는 것을 배우며 살아간다. 즉 시행착오를 통해 학습하고 기억한다고 할 수 있다.

조작적 조건화에서 반드시 이해해야 하는 용어와 개념은 다음과 같다.

(1) 강화(Reinforcement)

강화(Reinforcement)는 한 행동이 다시 발생할 가능성을 증가시키거나 높이는 것이다. 강화에는 긍정강화(Positive reinforcement, 양성강화 또는 정적강화)와 부정강화(Negative reinforcement, 음성강화 또는 부적강화)가 있다.

예를 들어 개의 이름을 부른 후 '이리 와'를 했을 경우, 개가 왔을 때 간식을 주었다고 가정해보면 아마도 개는 다음에 이름을 부른 후 '이리 와'를 했을 경우 개가 올 확률은 높아질 수 있다. 즉 보상(간식)을 주는 것으로 이름을 부른 후 오는 행동을 강화시킨 것이다.

① 강화물(강화인자)

조작적 조건화에서는 강화물이 보상을 가리키는 의미다. 1차 강화물, 2차 강화물로 나눌 수 있다.

1차 강화물은 개나 고양이 등에게 만족시키는 결과나 효과를 줌으로써 행동의 빈도를 증가시키거나 높이는 자극으로 설명할 수 있다. 예를 들면, 먹이, 장난감, 다른 개체와의 놀이 등이 있다. 강화물의 효과를 극대화하기 위해서는 개체별 선호도를 이해하고 강화물로 사용하는 것이 필요하다. 개체별로 강화의 효과 또한 차이가 존재한다.

2차 강화물은 본래의 1차 강화물이 아니라, 1차 강화물과 함께 주어짐으로써 강화물로써의 기능을 하는 2차적 보상을 말한다. 예를 들면, 간식을 이용하면서 개를 훈련할 때 중간에 클리커를 이용하면 클리커의 소리가 2차 강화물이 된다. 2차 강화물로는 칭찬, 터칭 등이 있다.

② 강화의 타이밍

원하는 결과나 효과를 얻기 위해서는 동물이 반응과 동시에 강화가 이루어져야 한다. 즉시성이 중요하다고 할 수 있다. 벌의 효과를 내기 위해서도 행동 직후에 벌을 주어야 효과가 있다.

③ 강화의 정도와 빈도

강화물로 먹이를 이용할 경우, 매력적인 먹이를 사용하면 학습효과와 집중력을 높이는 데 효과적이다. 예를 들어, 개에게 매일 먹는 사료를 강화물로 사용하는 것보다는 훈련 시에는 닭고기를 이용하는 것이 효과적일 수 있다. 그러나 너무 매력적인 보상을 이용하면 동물이 흥분하여 학습에 역효과를 낼 수 있다. 예를 들어, 장난감을 매우 좋아하는 강아지에게 훈련 시 장난감을 강화물로 이용했을 때 장난감에 집중에 오히려 훈련 효과가 낮아질 수 있다.

강화물의 빈도는 작은 강화물을 자주 주는 것이 큰 강화물을 한 번 주는 것보다 효과적이다. 훈련 복종훈련을 할 때 원하는 동작을 했을 때마다 작은 간식을 주는 효과가 큰 뼈 간식을 한 번 주는 것보다 효과적이다. 앞에서 언급했지만, 강화의 효과는 개체 차이가 존재하므로 강화물을 사용 시에는 강화물의 종류, 정도를 고려해서 선택해야 학습 효과를 극대화할 수 있다.

④ 강화 스케줄(Schedule, 계획)

동물 훈련이나 행동 수정할 때는 동물의 원하는 행동이나 원치 않는 행동에 강화나 벌을 줌으로써 동물은 학습하게 된다. 이때 조건형성(조건화)이 이루어진 후에는 강화의 빈도를 조절하여 간헐적(부정기적) 강화로 변경해야 한다. 강화 계획의 방법에 따라 강화물의 효과가 유지될 수 있다.

동물이 학습할 때 연속적 강화 스케줄을 사용하다 중단하면 소거 현상이 나타날 수 있으므로 간헐적 강화 스케줄을 이용하는 것이 효과적일 수 있다. 또한 고정강화 스케줄을 사용하면 동물은 학습할 때 강화물의 제공 시점을 알게 되어 집중력이 떨어져 학습효과가 낮아질 수 있으므로 언제 강화물이 제공될지 모르는 변동강화 스케줄을 사용하는 것이 집중력을 높여 학습효과를 극대화할 수 있다.

㉮ 연속적 강화(정기적 또는 계속적 강화)

학습 초기 단계에서는 계속 강화물을 제공하여야 한다. 연속적 강화는 원하는 행동을 했을 때마다 강화물을 제공하는 방법이다.

㉯ 간헐적 강화(부정기적 강화)

원하는 행동을 할 때 강화물을 매번 주는 것이 아니라 간헐적으로 제공하는 방법이다. 학습된 행동을 유지하는 데 효과적인 방법이다.

㉠ 고정간격 스케줄(Fixed interval schedule): 일정한 시간 간격을 두고 강화물을 제공하는 방법으로 시간마다 규칙적으로 강화물을 제공한다. 예를 들어, 주급, 월급, 중간고사, 기말고사 등이 있다.

㉡ 변동간격 스케줄(Variable interval schedule): 다양한 시간 간격을 두고 강화물을 제공하는 방법으로 불규칙적으로 강화물을 제공한다. 예를 들어, 쪽지시험이나 낚시를 해서 물고기를 잡는 것 등이 있다.

㉢ 고정비율 스케줄(Fixed ratio schedule): 정해진 횟수만큼 행동할 때 강화물을 제공하는 방법으로 일정한 횟수마다 규칙적으로 강화물을 제공한다. 예를 들어, 카페에 오는 손님을 늘리기 위해 쿠폰을 이용해 10번을 찾아오는 손님에게 무료로 커피를 제공하거나 회사에서 직원에게 성과급으로 상여를 주는 제도가 있다.

㉣ 변동비율 스케줄(Variable ratio schedule): 비율이 일정하지 않아도 강화물을 제공하는 방법으로 불규칙적으로 강화물을 제공한다. 예를 들어, 카지노에서 많은 사람이 도박하는 이유는 언제 큰돈을 벌지 모르기 때문이다.

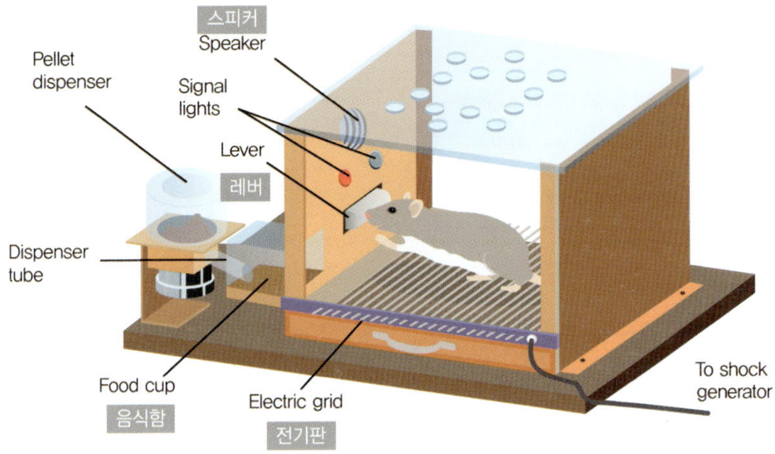

그림 6-5 스키너의 상자 실험

● 타깃 훈련(Target training)

타깃 훈련은 개에게 우리가 원하는 행동을 어떻게 이끌어내는지 단지 기다리는 것이 아니라 가속화하는 방법이다. 이것은 개가 올바른 방향으로 가도록 지시하기 위해 시각적인 신호를 사용함으로써 이루어진다. 예를 들어, 개에게 사람의 손이나 다른 물건에 코를 대도록 가르칠 수 있다.

개를 대상으로 하는 훈련은 행동을 훈련시키기 위해 시각적인 도구를 사용하는 것이 일반적인 방법이다. 일단 개가 타깃을 맞추는 방법을 알게 되면, 개에게 다른 것들을 만지는 것을 가르치거나, 심지어 명령을 사용하여 고급 명령을 훈련시킬 수 있다.

개 타깃 훈련은 훈련자가 원하는 행동을 개가 타깃에 했을 때 보상을 주고, 그로 인해 개는 훈련을 즐기고, 개의 자신감을 증가시킬 수 있다. 특히 두려움을 보이는 개, 산만한 개, 흥분하는 개에게 사용할 수 있는 방법이다.

그림 6-6 타기팅(Tarketing)

① 간식을 손안에 쥐어 주먹을 만든다.

② 개에게 쥔 주먹을 냄새 맡게 한다.

③ 개가 코를 주먹에 터치했을 때 "옳지"라고 칭찬하고 손을 펴서 간식을 준다.

④ 개가 쥔 주먹을 코로 터치하는 것을 4~5회 반복 연습한다.

⑤ 개에게 간식을 쥐지 않은 주먹을 보여준다. 개가 주먹을 터치했을 때 "옳지" 라고 칭찬과 함께 다른 손에 쥐었던 간식으로 보상한다.

⑥ 개에게 주먹을 보이면서 명령어 "터치"라고 씌운다. 반복해서 연습한다.

그림 6-7 타깃봉을 이용해 동작을 만들기

2) 처벌(Punishment)

처벌(Punishment)은 한 행동이 다시 일어날 가능성을 감소시키거나 낮추는 무엇이다. 벌에는 긍정처벌(Positive punishment, 양성처벌 또는 정적처벌)과 부정처벌(Negative punishment, 음성처벌 또는 부적처벌)이 있다. 처벌은 원치 않은 행동을 할 때 혐오자극을 주거나 보상을 제거하는 것으로 적절한 타이밍, 적절한 강도와 일관성이 중요하다.

적절한 타이밍, 적절한 강도와 일관성을 유지하는 것은 매우 어렵다. 동물행동전문가들 또한 동물의 상태를 적절하게 파악하지 않은 상태에서 처벌을 주었을 경우 동물의 공격성 발현 등의 부작용이 나타날 수 있기 때문이다.

동물행동전문가, 훈련사, 보호자 등이 부적절한 방법으로 처벌을 주었을 경우 동물이 공포를 느끼고 자신을 보호하기 위해 공격성을 보이거나, 처벌을 준 사람에게 회피 또는 기피 반응을 보일 수 있으므로 보호자는 직접적인 신체처벌이나 음성처벌을 피하는 것이 바람직하다.

보호자가 외출했을 때 강아지가 배변 실수를 해서 보호자가 돌아와서 강아지의 배변 실수에 대해 처벌을 한다면 강아지는 왜 벌을 받는지 알지 못하고 흥분한 보호자를 이상하게 생각하고 경우에 따라서는 보호자를 무섭게 생각하고 피할 수 있다.

예를 들어 보호자가 개가 식탁에서 음식을 훔쳐 먹는 것을 보고, 이름을 부른 후 소리를 지르거나 야단을 치면, 다음에 개는 식탁에서 음식을 훔쳐 먹는 행동은 줄어들 것이다. 소리를 치거나 야단을 쳐서 훔쳐 먹는 행동을 벌한 것이다. 그런데 보호자가 다른 친구와 전화통화를 하고 있을 때 개가 식탁에서 음식을 훔쳐 먹는 것을 보고, 전화를 계속해서 이어간다면 그 전에 훔쳐 먹었을 때의 처벌로 인한 학습효과는 낮아질 수 있다. 따라서 처벌의 일관성이 매우 중요하다.

만약 강아지가 리드 줄을 과도하게 끌어 초크체인을 잡아당겼음에도 리드 줄을 과도하게 끈다면 리드 줄을 끌지 않을 때까지 잡아당기는 강도를 높여야 한다.

● 처벌의 분류

- 직접처벌(신체처벌, 음성처벌, 시각처벌)
- 원격처벌
- 사회처벌

(1) 직접처벌

직접처벌에는 신체처벌, 음성처벌과 시각처벌로 나눌 수 있다. 신체처벌은 동물에게 직접적으로 신체에 처벌하는 것이다. 예를 들어, 신문지 말아 때리기, 코 때리기, 강제로 배 보이게 뒤집기, 발로 차기, 턱이나 목덜미 잡기, 무릎으로 가슴 차기, 초크체인으로 휙채기(Jerking), 강제로 엎드리게 하기 등이 해당한다.

음성처벌은 동물에게 소리를 이용하여 처벌을 하는 것이다. 말로 혼내기, 페트병에 동전 넣어 흔들기, 소리치기 등이 해당한다. 시각처벌은 응시하기를 예로 들 수 있다.

직접처벌의 경우, 공격성이 있는 동물에게 적용 시에는 악화시킬 가능성이 있으므로 매우 주의해야 한다. 직접처벌의 경우 처벌을 주는 사람과의 신뢰 관계가 손상될 수 있다. 따라서 반려동물에게 직접처벌의 사용은 매우 조심해서 사용할 필요가 있다.

(2) 원격처벌

처벌을 주는 주체가 인간이라는 것을 동물이 인식하지 못하도록 원격으로 조작하여 주는 처벌이다. 전기충격 짖음 방지 목걸이, 전기사이렌, 전기매트 등이 있다. 원격처벌의 직접처벌과 달리 사람과 동물과의 신뢰 관계가 손상되지 않는다는 장점이 있으나 동물복지라는 관점에서 논란이 되는 것도 사실이다. 해당 동물이 문제행동을 교정하기 위해 문제행동 상황을 인위적으로 만들어 처벌을 주면서 문제행동을 교정하는 경우도 있다.

(3) 사회처벌

무리 동물의 경우, 무리 내에서 상호작용이 필수적으로 발생한다. 따라서 개의 경우 보호자와의 상호작용이 매우 중요하다. 무시와 타임아웃 등과 같이 상호작용을 줄이거나 단절하는 처벌이 사회처벌이다.

3) 긍정(Positive, 양성 또는 정적)과 부정(Negative, 음성 또는 부적)

긍정(양성 또는 정적)과 부정(음성 또는 부적)은 좋고 나쁨을 의미하는 것이 아니라 덧셈과 뺄셈 부호를 의미를 생각하면 쉽게 이해할 수 있다. 즉 긍정은 어떤 것을 더하거나 추가하는 것을 의미하고 부정은 어떤 것을 빼는 것을 뜻한다. 긍정과 부정은 강화(Reinforcement)와 벌(Punishment) 양쪽 모두에 사용할 수 있다.

● 긍정과 부정의 정의

Positive(+)=긍정(양성, 정적)	Negative(−)=부정(음성, 부적)
무엇을 더한다. 또는 추가한다. 무엇을 제공한다.	무엇을 뺀다. 또는 제거한다. 무엇을 제공하지 않는다.

● 강화와 처벌의 정의

강화(Reinforcement)	처벌(Punishment)
원하는 행동을 증가하게 한다. 원하는 행동을 잘하게 한다.	원치 않는 행동을 감소하게 한다. 원치 않는 행동을 못 하게 한다.

4) 강화와 처벌, 긍정과 부정의 조합

긍정강화는 동물이 좋아하는 것을 더해서 원하는 행동이 다시 발생할 가능성을 증가시키는 것을 의미한다. 부정강화는 동물이 싫어하거나 회피하고 싶은 것을 제거하여 원하는 행동이 다시 발생 가능성을 증가시키는 것을 의미한다.

긍정처벌은 동물이 싫어하는 것을 더해서 원치 않는 행동이 다시 발생할 가능성을 줄이는 것을 의미한다. 부정처벌은 동물이 좋아하는 것을 제거하여 원하는 행동이 다시 발생할 가능성을 줄이는 것을 의미한다.

이러한 기법을 적용함에 있어서 세 가지를 먼저 결정해야 한다.

첫 번째는 행동을 정의해야 한다. 원하는 행동인가 아니면 원치 않는 행동인가를 결정해야 한다. 예를 들어, 문제행동이 과도한 짖음이라면 "짖는 행동이 싫어" 또는 "나는 얌전히 엎드려 있는 게 더 좋아"라고 분류할 수 있다.

두 번째는 첫 번째에서 분류한 원하는 행동을 증가시킬지 또는 원치 않는 행동을 감소시킬지를 선택한다. 증가시키고자 하면 강화를 해야 하고, 감소시키거나 제거하고자 한다면 벌을 주어야 한다. 예를 들어, 개의 점프하는 행동 싫어서 못하게 하고 싶다면 벌을 주면 된다. 반대로 점프하는 것을 얌전히 있는 것으로 대체하고자 한다면 강화를 사용하면 된다.

세 번째는 두 번째 강화와 처벌을 결정했다면 어떤 것을 더할지 어떤 것을 제거할지를 결정해야 한다. 예를 들어, 개의 점프하지 못하도록 초크체인을 잡아챈다면, 이것은 행동을 줄이기 위해서 싫어하는 것을 더하고 있으므로 긍정처벌에 해당한다. 긍정처벌에서는 혐오자극을 추가(+)한다.

개가 점프하는 행동을 줄이기 위해 보호자가 무시하기를 했다면 이것은 부정처벌에 해당한다. 부정처벌에서는 개가 좋아하는 것을 제거(-)한다. 즉 원치 않는 행동에 대한 좋아하는 것을 제거한 것이다.

개가 얌전히 앉을 때까지 기다린 다음 개가 원하는 보상을 주어서 앉으라는 동작을 증가시킨다면 긍정강화를 사용한다고 할 수 있다. 원하는 행동에 대한 개가 좋아하는 것을 추가(+)한다.

초크체인과 리드 줄을 이용해 개가 앉을 때까지 팽팽하게 당기고 있다가 개가 앉자마자 줄을 느슨하게 해준다면 부정강화를 사용한다고 할 수 있다. 원하는 행동에 대해 혐오자극을 제거(-)한다.

긍정과 부정, 강화와 처벌의 조합

구 분	강화 원하는 행동을 잘하게 한다	처벌 원치 않는 행동을 못 하게 한다
긍정(+) ~을 더하거나 ~을 제공하여	긍정강화 동물이 좋아하는 것을 더해서 원하는 행동이 다시 발생할 가능성을 높인다.	긍정처벌 동물이 싫어하는 것을 더해서 원치 않는 행동이 다시 발생할 가능성을 낮춘다.
부정(-) ~을 빼거나 ~을 제거하여	부정강화 동물이 싫어하는 것을 제거하여 원하는 행동이 다시 발생할 가능성을 높인다.	부정처벌 동물이 좋아하는 것을 제거하여 원치 않는 행동이 다시 발생할 가능성을 낮춘다.

긍정강화

- 개에게 '이리 와' 교육을 할 때 올 때마다 맛난 간식으로 보상을 준다. 개가 좋아하는 간식을 줘서 다음에도 오게 할 가능성을 높인다.

음성강화

- 초크체인과 리드 줄을 이용해 '이리 와' 교육을 할 때 리드 줄을 잡아당겨 개가 앞으로 나올 때 잡아당기고 있던 리드 줄을 느슨하게 해준다.

긍정처벌

- 초크체인과 리드 줄을 이용해 개가 얌전히 걷도록 교육시키는 경우, 강아지가 앞으로 치고 나가면 리드 줄을 이용해 획채서 개가 얌전히 걷도록 하는 경우 경우이다.

부정처벌

- 외출하고 집에 왔을 때 개가 점프할 때 아무 반응도 하지 않고 무관심하게 다른 곳을 보거나 하면 과격하게 점프하는 행동은 줄어들거나 멈추게 된다. 개가 원하는 보호자와의 상호작용을 제거해서 마구 뛰어오르는 행동을 감소시키는 예이다.
- 집에 손님이 방문했을 경우, 개가 짖는다면 손님과 보호자와 공간에서 다른

공간으로 격리함으로써 짖는 행동을 멈추게 할 수 있다. 개가 사람과의 접촉을 통한 상호작용을 멈춤으로써 짖는 행동을 감소시키는 예이다.

5) 행동수정법에 사용되는 도구

(1) 헤드칼라(Head collar)

과도하게 리드 줄을 끄는 경우, 바닥에서 주워 먹는 경우, 다른 개에게 짖으며 덤비는 경우에 사용하는 경우가 많다. 착용 전 개에게 보상훈련을 통해 헤드칼라에 대한 연습을 하면 단기간에 익숙해진다.

그림 6-8 헤드칼라

(2) 입마개(Basket dog muzzle)

개가 공격성이 있거나, 음식을 주워 먹는 경우, 개의 입 부분을 가리는 도구이다. 사용 시 개가 물이나 간식을 먹을 수 있는지 확인하고, 개가 벗기려고 하는 경우가 있으므로 벗겨지는지 아닌지를 확인해야 한다.

그림 6-9 개의 입마개

(3) 노즈워크(Nose work)나 콩(Kong) 장난감

먹이나 간식을 직접 주는 것보다는 행동 풍부화를 위해 노즈워크 매트나 콩(Kong) 장난감에 넣어 급여하면 지루하지 않고 먹을 수 있다. 또한 분리불안을 가진 개에게 도움을 줄 수 있다.

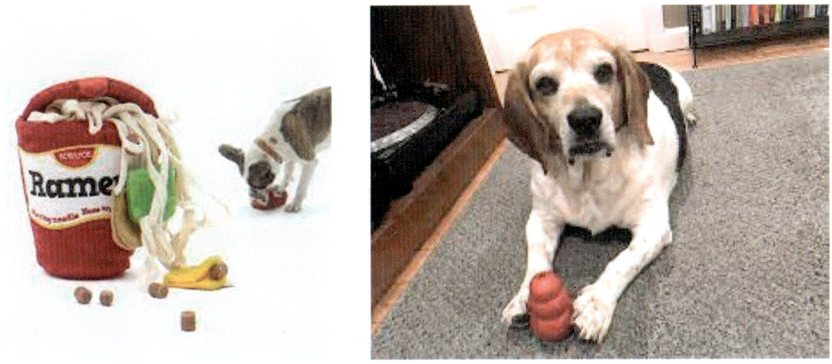

그림 6-10 노즈워크 장난감, 콩 장난감

(4) 초크체인(Choke collar), 핀치칼라(Pinch collar) 또는 프롱칼라(Prong collar)

동물행동전문가의 훈련방법 및 행동교정방법은 다를 수 있다. 복종훈련이나 행동교정에 사용하는 아래의 collar type을 사용하여 혐오자극을 주어 처벌을 하여 훈련과 행동교정을 한다. 부작용이 있을 수 있으므로 주의해야 한다.

그림 6-11 초크칼라, 핀치칼라

2. 약물요법

약물요법은 약물이나 호르몬제를 이용하여 문제행동을 교정하는 방법이다. 약물요법의 사용만으로 문제행동이 교정되는 경우는 드물다. 문제행동의 교정에는 약물요법과 행동수정법을 조합하여 사용하는 경우가 많다.

행동수정법의 보조 수단으로 약물요법 사용 전에 동물의 일반건강진단 혈액검사, 소변검사 등의 검사를 통해서 동물의 건강상태를 확인하여 이상이 없을 경우에만 사용해야 한다.

공격행동, 상동행동, 분리불안과 같은 문제행동에는 뇌에서 전달하는 세로토닌과 노르아드레날린과 같은 신경전달물질의 이상에 관여하는 것으로 추정되므로 문제행동 교정 시 이러한 신경전달물질의 기능을 조절하도록 하는 향중추약의 투여가 이용되고 있다.

약물요법의 경우 동물에게 부작용이 나타나는 사례가 있으므로 반드시 보호자의 동의서를 받는 것이 중요하다. 프로게스테인 계열의 호르몬제는 과거에는 공격행동이나 과도한 마운팅에 대해 처방되었으나 비만, 자궁질환 등의 부작용으로 사용빈도가 감소하고 있다.

약물요법의 경우, 반드시 수의사의 확정적 진단에 근거하여 처방과 투약이 이루어져야 한다. 특히 약물요법을 고려하는 상황은 문제행동이 심각할 경우에 하는 경우가 많다.

다음은 약물요법의 사용하는 경우의 예이다.

- 문제행동이 심각하여 행동수정법을 사용하였음에도 실패하였거나 개선의 여지가 없는 경우
- 상동장애 등으로 동물 자상의 정도가 심한 경우
- 자극에 대한 동물의 반응이 심하여 탈감작 등의 교정이 시작되는 경우
- 천둥 등 동물에게 반응을 일으키는 자극의 발현 시기의 예측과 컨트롤이 불가능한 경우
- 공격행동이 심각해 안락사를 생각하고 있는 경우

3. 의학적 요법

문제행동을 교정하기 위해 약물요법과 함께 의학적 요법 또한 고려되는 경우가 많다. 특히 수컷의 거세는 국내는 물론 해외에서도 많이 시행되고 있다. 약물요법과 의학적 요법은 행동수정법의 보조방법으로 사용되고 있다. 거세, 피임, 송곳니 절단술, 성대 제거술, 앞발톱제거술 등이 있다. 일부 의학적 요법의 경우 동물복지와 관련하여 논쟁이 되는 경우가 있으므로 주의하여 시행되어야 한다.

1) 수컷의 거세(중성화 수술)

웅성호르몬인 테스토스테론이 원인이 되는 문제행동 중 어떤 것들은 거세에 의해 개선되는 경우가 있다. 개에게 주로 나타나는 문제행동으로는 과도한 마운팅, 마킹, 다른 개에 대한 공격성, 주인에 대한 공격성 등에 효과가 있는 연구결과가 있다. 고양이에 대해서는 고양이 간의 싸움, 스프레이 행동 등에 대해 효과가 있다는 연구결과가 있다.

수컷의 거세에 대한 효과성이 있다는 연구결과와 반대로 수컷의 거세가 마킹, 공격성에 대한 효과가 통계적으로 유의미하지 않다는 연구결과 또한 보고되고 있다.

2) 피임

최근 연구결과에 의하면 공격성을 보이는 암캐를 피임함에 따라 공격성이 악화될 수 있다는 연구결과가 보고되었다. 암캐의 피임에는 신중을 기해야 한다.

암캐가 나이 들어 노령견이 되었을 때 생식기기관 질병이 발생할 수 있는 경우에 어느 정도 나이가 들었을 때 수의사와 보호자가 상의하여 피임을 하는 경우도 있는 것으로 알려지고 있다.

3) 성대 제거술

과도한 짖음으로 인해 이웃 간 민원 발생이 지속적으로 늘고 있는 것으로 보고되고 있다. 성대를 제거해도 개의 짖는 행동은 유지된다. 물론 짖는 소리가 아니라 허스키하고 매우 불편한 소리는 발생된다. 또한 성대를 제거해도 다시 재생될 수 있다.

최근 일부 의학적 요법의 경우, 동물복지 차원에서 학대와 연결하여 많은 논란이 될 수 있으므로 주의하여 결정해야 한다. 과도한 짖음의 경우 우선적으로 의학적 요법이 아닌 짖은 원인 제거와 함께 행동수정법을 시행한 후에 성대 제거술을 고려해야 할 필요가 있다.

4) 송곳니 절단술

개의 사람에 대한 공격, 다른 개에 대한 공격, 다른 동물에 대한 공격으로 인한 사고들이 늘어나고 있다. 특히 대형견의 송곳니를 이용한 공격능력은 매우 위험하여, 공격성을 발현한 개체의 경우 송곳니를 일정 부분 절단함으로써 교상사고로 인한 피해를 어느 정도 줄일 수 있다.

국내의 경우 동물보호법으로 맹견의 경우 반드시 입마개를 착용해야 하는 법률이 제정되어 있다. 맹견으로 분류되지 않은 대형견의 사람이나 다른 개에 대한 공격경험이 있는 경우 입마개 착용이 필요하다고 의견이 많다.

4. 관리기법(Management)

개나 고양이의 행동 대부분은 정상행동이다. 개나 고양이의 정상행동 가운데 인간을 화나게 하거나 불편하게 하는 행동을 문제행동으로 분류하기도 한다. 결과적으로 반려동물의 경우 인간과 반려동물 사이가 멀어지고 급기야 유기되는 경우 발생하고 있는 것도 사실이다.

동물의 바람직하지 않은 행동들을 문제를 일으키지 않을 수준으로 관리하거나 발생하지 않도록 조처할 수 있는 데 이것을 관리기법이라 한다. 그러나 관리기법은 훈련과는 다른 개념이다. 관리기법에서는 어떤 상황에서 우리가 원치 않은 행동을 하지 못하게 하는 것이다. 관리기법의 주체는 사람으로 선택 사항과 결과를 사람이 통제한다는 것이다.

관리기법은 문제행동으로 인해 사람이 겪고 있는 걱정을 줄여주거나 해결해주는 단기적인 방법이다. 특히 어린 동물이 바람직하지 않은 행동을 할 때 사용하면 좋은 경우가 많다. 관리는 동물들이 문제행동을 발현하고, 그 행동을 반복적으로 학습하지 않도록 한다.

예를 들어 개가 부엌에서 음식을 훔쳐 먹는다면, 개가 부엌에 들어오지 못하게 하면 싱크대 위에 뛰어오르지 못하고, 싱크대 위에 남겨진 음식 또한 찾아내지 못한다. 이런 식으로 하면 개는 싱크대에 뛰어오르면 보상을 받는다는 것을 배우지 못한다. 즉 조작적 조건형성에서 사용하는 강화가 되지 않는다.

어떤 행동이 지속되려면 반드시 그 행동을 강화시켜야 한다는 원리를 이해한 상태에서 관리기법을 적절하게 사용한다면 매우 효과적일 것이다. 동물의 문제행동을 교정하기 위해 행동수정법과 함께 관리기법을 적용하면 효과적인 경우가 많다.

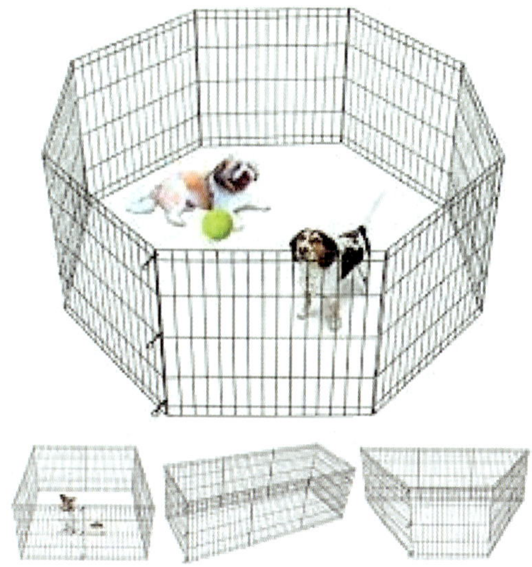

그림 6-12 강아지 펜스

● 행동 관리의 기술

고치고 싶은 개의 행동	해결책
집에 찾아온 손님에게 뛰어오른다	초인종이 울리면 개를 다른 방에 넣어 둔다
너무 자주 흥분한다	운동과 산책을 자주 시킨다
주인이 집에 오면 주인한테 뛰어오른다	개한테 선물을 던져 주거나 공을 던져 찾아오라고 시킨다
밖에 행인이 지나가면 짖는다	커튼을 치거나 개가 창가에 오지 못하게 한다
리드 줄을 잡아당긴다	헤드칼라를 사용한다
가구를 씹는다	가구 근처에 오지 못하게 바리케이트를 가구 근처에 세운다
부엌에서 음식을 훔쳐 먹는다	부엌에 접근하지 못하도록 바리케이트를 세운다

고치고 싶은 고양이의 행동	해결책
가구에 스크래칭을 한다	가구 근처에 오지 못하게 바리케이트를 세운다 가구에 박스를 붙여 박스에 스크래칭을 하도록 한다
냉장고 위에 올라간다	냉장고 밑에 소리 매트를 설치한다
부엌에서 음식을 훔쳐 먹는다	부엌에 접근하지 못하도록 바리케이트를 세운다

학습정리

1. 문제행동 교정을 위해 행동수정법, 약물요법, 의학적 요법, 관리기법을 종합적으로 응용하고 개체별 특성에 알맞은 방법을 사용해야 한다.
2. 문제행동 예방하기 위한 관리기법을 적절히 이용하는 것이 매우 중요하다.

과제

1. 행동수정법에서 습관화, 고전적 조건화, 조작적 조건화의 개념을 요약하세요.
2. 문제행동 교정을 위한 개와 고양이의 관리기법을 정리하세요.

예상문제

문제 1. 문제행동 교정을 위한 행동수정법 중 습관화로 옳은 것은?

㉠ 홍수법 ㉡ 탈감각화 ㉢ 역조건부형성 ㉣ 조작적 조건화 ㉤ 대체행동

① ㉠, ㉡　　② ㉢, ㉣
③ ㉠, ㉤　　④ ㉠, ㉢
⑤ ㉡, ㉣

문제 2. 다음 문장을 설명하는 것으로 옳은 것은?

비율이 일정하지 않아도 강화물을 제공하는 방법으로 불규칙적으로 강화물을 제공한다. 예를 들어, 많은 사람들이 카지노에서 도박을 하는 이유는 언제 큰 돈을 벌지 모르기 때문이다.

① 연속적 강화　　② 고정간격 스케줄
③ 변동간격 스케줄　　④ 고정비율스케줄
⑤ 변동비율스케줄

문제 3. 다음 문장을 설명하는 것으로 옳은 것은?

조건형성이 된 후 특정 자극과 비슷한 자극에도 동일한 반응이 일어나는 것을 말한다. 예를 들면, 개의 도어벨소리에 짖는 것을 학습한 경우에 사이렌 소리나 전화 소리, 알람 소리에 대해서 짖는 경우가 발생한다. 특정 자극에 대한 반응으로 문제행동이 발현되었을 경우보다 자극 일반화가 된 경우에 문제행동 교정이 어렵다고 할 수 있다.

① 탈감각화(Desensitization)　　② 홍수법(Flooding)
③ 자극의 일반화　　④ 조건화(Conditioning)
⑤ 역조건부형성(Counter-Conditioning)

문제 4. 다음 문장을 설명하는 것으로 옳은 것은?

아주 약한 자극에서부터 시작하여 동물이 낮은 수준의 자극에 익숙해지면 단계적으로 자극의 강도를 높여나가는 것이다. 중요한 점은 동물이 반응하지 않는다는 것을 확인하면서 단계적으로 자극의 수준을 높이는 것이다.

① 탈감각화(Desensitization) ② 홍수법(Flooding)
③ 자극의 일반화 ④ 조건화(Conditioning)
⑤ 역조건부형성(Counter-Conditioning)

문제 5. 처벌(Punishment)에 대한 설명으로 옳지 않은 것은?

① 처벌(Punishment)의 목적은 동물이 한 행동이 다시 일어날 가능성을 감소시키거나 낮추는 것이다.
② 처벌에는 긍정처벌(Positive punishment, 양성처벌 또는 정적처벌)과 부정처벌(Negative punishment, 음성처벌 또는 부적처벌)이 있다.
③ 처벌은 원치 않은 행동을 할 때 혐오자극을 주거나 보상을 제거하는 것으로 적절한 타이밍, 적절한 강도와 일관성이 중요하다.
④ 적절한 타이밍, 적절한 강도와 일관성을 유지하는 것은 매우 어렵다. 동물행동전문가들 또한 동물의 상태를 적절하게 파악하지 않은 상태에서 처벌을 주었을 경우 동물의 공격성 발현 등의 부작용이 나타날 수 있기 때문이다.
⑤ 처벌을 준 사람에게 회피 또는 기피 반응을 보일 수 있으므로 보호자는 직접적인 신체처벌이나 음성처벌을 사용하는 것이 바람직하다.

문제 6. 조작적 조건화(Operant conditioning)에 대한 설명으로 옳지 않은 것은?

① 강화(Reinforcement)는 한 행동이 다시 발생할 가능성을 증가시키거나 높이는 것이다. 강화에는 긍정강화(Positive reinforcement, 양성강화 또는 정적강화)와 부정강화(Negative reinforcement, 음성강화 또는 부적강화)이 있다.
② 동물은 자신에게 긍정적인 결과 혹은 효과가 따라오는 행동은 반복해서 하고, 부정적인 결과 혹은 효과를 초래하는 행동은 회피하는 것을 배우며 살아간다. 즉 시행착오를 통해 학습하고 기억한다고 할 수 있다.
③ 원하는 결과나 효과를 얻기 위해서는 동물이 반응과 동시에 강화가 이루어져야 한다. 그러나 처벌의 효과를 내기 위해서는 처벌은 즉시성보다는 처벌의 강도가 중요하다.

④ 1차 강화물은 개나 고양이 등에게 만족시키는 결과나 효과를 줌으로써 행동의 빈도를 증가시키거나 높이는 자극으로 설명할 수 있다.
⑤ 2차 강화물은 본래의 1차 강화물이 아니라, 1차 강화물과 함께 주어짐으로써 강화물로써의 기능을 하는 2차적 보상을 말한다.

문제 7. 조작적 조건화의 설명으로 옳지 않은 것은?

① 긍정강화는 동물이 좋아하는 것을 더해서 원하는 행동이 다시 발생할 가능성을 증가시키는 것을 의미한다.
② 부정강화는 동물이 싫어하거나 회피하고 싶은 것을 제거하여 원하는 행동이 다시 발생 가능성을 증가시키는 것을 의미한다.
③ 긍정처벌은 동물이 싫어하는 것을 더해서 원치 않는 행동이 다시 발생할 가능성을 줄이는 것을 의미한다.
④ 부정처벌은 동물이 좋아하는 것을 제거하여 원하는 행동이 다시 발생할 가능성을 줄이는 것을 의미한다.
⑤ 개가 점프하는 행동을 줄이기 위해 보호자가 무시하기를 했다면 이것은 긍정처벌에 해당한다.

문제 8. 조작적 조건화 중 부정강화의 예로 옳은 것은?

① 개에게 '이리 와' 교육을 할 때 올 때마다 맛난 간식으로 보상을 준다.
② 초크체인과 리드 줄을 이용해 '이리 와' 교육을 할 때 리드 줄을 잡아당겨 개가 앞으로 나올 때 잡아당기고 있던 리드 줄을 느슨하게 해준다.
③ 초크체인과 리드 줄을 이용해 개가 얌전히 걷도록 교육시키는 경우, 강아지가 앞으로 치고 나가면 리드 줄을 이용해 휙 채서 개가 얌전히 걷도록 하는 경우 경우이다.
④ 외출하고 집에 왔을 때 개가 점프할 때 아무 반응도 하지 않고 무관심하게 다른 곳을 보거나 하면 과격하게 점프하는 행동은 줄어들거나 멈추게 된다.
⑤ 집에 손님이 방문했을 경우, 개가 짖는다면 손님과 보호자와 공간에서 다른 공간으로 격리시킴으로써 짖는 행동을 멈추게 할 수 있다.

문제 9. 개와 고양이 관리기법의 설명으로 옳지 않은 것은?

① 동물의 바람직하지 않은 행동들을 문제를 일으키지 않을 수준으로 관리하거나 발생하지 않도록 조치할 수 있는데 이것을 관리기법이라 한다.
② 관리기법은 훈련과 같은 개념이다.

③ 관리기법에서 어떤 상황에서는 우리가 원치 않은 행동을 하지 못하게 하는 것이다.

④ 관리기법의 주체는 사람으로 선택 사항과 결과를 사람이 통제한다는 것이다.

⑤ 관리기법은 문제행동으로 인해 사람이 겪고 있는 걱정을 줄여주거나 해결해주는 단기적인 방법이다.

정답

1. ① 2. ⑤ 3. ③ 4. ① 5. ⑤ 6. ③ 7. ⑤ 8. ② 9. ②

Chapter 07

문제행동의 종류

학습목표

1. 문제행동의 개념을 이해한다.
2. 개에게 보이는 문제행동의 종류를 이해한다.
3. 고양이에게 보이는 문제행동의 종류를 이해한다.

반려동물의 증가함에 따라 다양한 사회문제들이 발생하고 있다. 유기동물 발생, 반려동물의 문제행동으로 인한 이웃 간 갈등, 공공장소에서 혐오, 맹견에 의한 인명사고, 인수공통전염병 노출 등 다양하다.

국내에서 매년 2천여 명 이상이 개 물림 사고를 당하고 있다. 미국에서는 매년 약 4백만 건 이상의 물림 사고가 발생하고 병원 진료를 받은 사람이 약 80만 명 이상이다.

국내 자료에 의하면 양육 포기 또는 파양 고려 이유는 물건 훼손, 짖음 등 동물의 문제행동 29.4%로 가장 높고, 이사·취업 등 여건 변화 20.5%, 경제적 이유 18.9%, 동물이 질병에 걸리거나 사고를 당함 14.0% 등의 순으로 나타났다.

미국의 경우에는 개의 문제행동 30%, 경제적인 이유 21%, 이주 19%, 주인 건강 문제 9%, 위생상 이유 5% 등으로 조사되었다.

개의 문제행동은 개를 기르는 사람들에게 큰 스트레스를 일으키게 되는 원인이 될 뿐 아니라 사육 포기 및 유기를 일으키는 주요 위해 요소로 작용하는 것으로 알려져 있다. 개의 문제행동은 보호자와 개의 유대를 악화시키며, 보호자의 양육 스트레스를 유발하며, 결과적으로 개의 파양과 복지에 부정적인 영향을 주는 것으로 나타나고 있다.

1. 문제행동의 개념

문제행동은 이상행동과 사회나 주인에게 불편을 주는 행동으로 간략하게 정의할 수 있다. 주인에게 불편을 주는 행동에는 주인의 자산이나 동물 자신을 손상시키는 행동이 포함된다. 동물의 행동은 행동의 유형과 빈도에 있어서 일정한 정상범위를 보이며, 정상적인 범위를 벗어난 행동을 이상행동이라고 하며, 대표적인 이상행동으로 정형행동(Stereotype)을 들 수 있다.

정형행동이란 동물이 어떤 특정한 행동을 장시간에 걸쳐서 반복해서 지속하는 것을 말한다. 동종끼리 서로 잡아먹기(카니발리즘, Cannibalism), 꼬리 물기(Tail biting), 깃털 쪼기(Feather pecking)와 같이 다른 동물에게 공격적인 행동을 함으로써 신체적인 위해를 입히는 경우가 대표적인 이상행동이다.

동물의 문제행동에 대해 논의할 때는 세 가지 기준으로 나눌 수 있다. 첫 번째 기준으로는 동물의 행동이 정상행동인가 아닌가가 첫 번째 기준으로 이상행동이 포함된다. 두 번째 기준은 정상행동인데 행동의 빈도와 정도가 정상을 벗어나는 경우 정상범위에 있느냐가 문제행동 판단에 중요한 기준이 될 수 있다. 세 번째 기준은 동물의 행동이 정상범위 내에 있지만, 사회와 주인에게 불편함을 주는 것이다.

동물의 문제행동 중 세 번째 기준에 의해 문제행동으로 분류되는 경우가 많다. 동물이 생득적으로 가지고 있는 행동 패턴이나 훈련으로 가지게 된 행동을 문제행동으로 간주하는 경우에 동물복지와 상충되는 경우도 많다. 개는 짖고 고양이 야옹거린다. 만약 이러한 소리가 문제행동이라면 주인은 처음부터 개는 짖고 고양이는 야옹거린다는 것을 알고 집에 데리고 오지 않았어야 한다.

미국의 사례연구를 보면 미국에서 반려동물로서 가장 많이 차지하는 동물은 개이다. 개의 사인 중 1위는 안락사이고, 안락사되는 이유는 문제행동이 50%를 넘는다는 연구결과가 있다.

수의사를 포함한 동물행동전문가, 훈련사 등의 동물 관련 산업 종사자에게 있어 제일 중요한 관심 사항은 동물의 행복이 최우선으로 되어야 한다. 동물이 행복해지기 위해서는 동물의 행동을 이해하고 있는 그대로 받아주어야 한다는 점을 인지해두지 않으면 안 된다.

2. 개에게 보이는 문제행동

반려견 문제행동의 원인은 부적절한 양육으로 인한 사회화 부족 및 복종훈련 부족, 스트레스, 유전적인 원인 등이다. 반려견의 행동학적 문제를 예방하기 위해 1세 미만 강아지 시기에 이뤄지는 사회화는 반려견 삶에 있어 중요한 과정이며, 사회화 여부에 따라 보호자와의 관계에도 영향을 미친다. 개는 보호자의 생활양식(Life style) 변화, 예상하지 못한 상황, 습관이 바뀌는 주위 환경 등으로 인해 문제행동이 발현될 수 있다.

건강에 근본적인 문제가 있다는 것을 가장 먼저 알 수 있는 유일한 징후가 바로 행동 변화이며, 개의 건강상 문제를 조기에 찾는 데 중요한 단서이며, 빨리 진단을 받으면 교정도 일찍 시작할 수 있으며 긍정적인 성과를 내기도 더 쉽다. 개에게서 보이는 문제행동에 관한 연구결과에 의하면 다음과 같다.

● 개의 주요 문제행동

문제행동	발현 없음(%)	과거 발현(%)	현재 있음(%)
사람에게 짖음	15.8	8.2	75.7
사람에 대한 공격성	50.2	16.8	33.0

문제행동	발현 없음(%)	과거 발현(%)	현재 있음(%)
개에 짖음	34.4	12.9	52.7
개에게 깨물기	74.8	7.7	13.8
개에게 으르렁거리기	40.1	17.5	42.4
특정 상황에서 두려움	22.0	17.8	60.2
많은 상황에서 두려움	46.6	19.8	33.6
특정 상황에서 흥분	9.6	8.3	82.1
많은 상황에서 흥분	37.1	15.1	47.8
분리불안	46.3	38.0	15.6
부적절한 마운팅	71.3	14.7	14.1
상동 행동	80.1	10.1	9.8
이식증(아무거나 먹기)	57.6	25.9	16.5

출처: Hiby et al.(2004).

미국에서 진행된 개의 문제행동에 관한 연구에 의하면, 익숙한 사람에 대한 공격성 43%, 낯선 사람에 대한 공격성 48%, 개에 대한 공격성 40%, 분리불안 20%, 특별한 상황에서 불안 32%, 기타 9%로 고양이에 대한 공격성, 짖기, 집기 파손하기 등이 있는 것으로 조사되었다.

국내의 연구결과에 의하면 자신의 반려견이 문제행동이 있는 것으로 보고한 보호자는 52%, 반려견이 문제행동이 없는 것으로 보고한 보호자는 36%, 잘 모르겠다고 보고한 보호자는 12%로 나타났다. 개의 문제행동으로는 배변 문제 27%, 과도한 짖음 24%, 분리불안 20%, 공격성 15%, 파괴적 행동 8%, 식분증 3%라고 발표하였다.

미국의 코넬대학에서 보고한 문제행동의 유형으로는 공격행동, 분리불안, 부적절한 짖음, 부적절한 배설, 파괴행동, 공포증, 불안기질, 관심을 구하는 행동 등 있다. 앞에서 언급한 국내 및 해외의 연구결과에 의하면 개의 문제행동의 유형은 매우 유사한 것으로 조사되었다.

개의 주요 문제행동의 종류는 다음과 같다.

1) 공격행동

공격행동은 다양한 요인에 의해 발현된다. 특히 개의 특성 및 생리의 이해가 필요하다. 개가 섭식행동, 성행동, 사회적 행동 등에 의해 발현되는 경우가 많다.

(1) **우위성 공격행동**(사회적 공격행동, Dominance-related aggression, Struggling for status)

개는 무리 동물로서 사회적 서열을 각자 가지고 있다. 무리 개가 자신의 사회적 순위를 위협받았을 때 또는 자신의 서열을 과시하기 할 때 일어난다. 동종 간의 같은 무리에 있는 개체를 공격하는 경우, 동종 간 외부에서 다른 개체에 공격하는 경우도 있다.

(2) **영역성 공격행동**(Territorial aggression)

개가 가축화되는 과정에서 인간이 개를 가축화시킨 이유 중의 하나가 인간과 생활하면서 거주지역을 자신의 영역으로 인식하면서 짖음으로 경고하고 영역을 침범하는 개체에 대해 공격하는 습성으로 가축화의 한 이유라고 추정한다. 자신이 영역이라고 인식한 장소에 다른 개체나 사람에 대해 보이는 공격 행동이다.

(3) **공포성 공격행동**(Fear-elicited aggression)

공포와 불안으로부터 회피하려는 행동을 하는 것은 대부분의 동물의 기본 습성이다. 그러나 본인의 의지와 상관없이 공포와 불안을 회피할 수 없을 경우, 개가 보이는 행동 반응은 세 가지 나눌 수 있다. 첫 번째는 도망가는 것이다. 두 번째는 복종하면서 처분을 기다리는 것이다. 세 번째는 싸우면 저항하는 것이다. 공포성 공격행동, 우위성 공격행동, 영역성 공격행동은 주위 상황을 관찰하면 감별할 수 있다.

일반적으로 공포성 공격행동의 경우 행동학적 · 생리학적 징후를 동반한다.

(4) **포식성 공격행동**(Predatory aggression)

개의 비명 소리, 어린아이의 비명소리 등과 같은 반응하여 공격행동을 포함하여, 주시, 침 흘리기, 몰래 다가가기, 낮은 자세 등의 포식행동을 하며 하는 공격행동이다. 어떤 견종에서 새나 다른 동물에게 몰래 다가가다가 낮은 자세로 갑자기 공격행동을 보이는 경우가 종종 관찰할 수 있다. 이때는 뇌 안에 정동이 생기지 않고 공격하는 것이 특징이다.

(5) 아픔에 의한 공격행동(Pain-elicited aggression)

개가 질병이나 상처가 있는 경우, 아픈 부위를 만지면 반사적으로 일어나는 공격행동이다. 특히 동물병원에서 진찰이나 예방접종 등을 받거나 개가 미용을 할 때 일어나는 경우가 있다.

(6) 특발성 공격행동(Idiopathic aggression)

원인이 밝혀지지 않는 공격행동으로 언제 어디서 공격할지 모르는 공격행동이다.

2) 과도한 짖음

(1) 흥분성 짖음(Excitement barking)

어떤 좋은 일이 일어날 것을 예상하고 흥분하거나 즐거운 감정을 표현할 때 내는 짖음이다. 흥분성 짖음은 연속적으로 일어나거나 중간에 멈추는 경우도 있다. 소리의 높이는 중간 정도의 음정보다 높은 음정이다. 보통의 경우 꼬리를 흔들거나, 점프하거나, 다리에 올라타거나, 입에 무언가를 무는 행동도 동반하여 발생하는 경우가 많다. 만약 복종훈련으로 '앉아'나 '엎드려'를 시켰을 경우 낑낑거림(Whining)과 하품(Yawning)을 하는 경우도 있다.

(2) 경고성 짖음(Warning barking)

정체를 알 수 없거나 너무 멀어서 적인지 아닌지 확인할 수 없는 경우, 즉 다른 개, 사람, 누군가가 접근하고 있을 때 자신의 무리에게 알리는 짖음이다. 높은 톤의 짖음으로 연속해서 서너 번 중음으로 짖고, 중간에 잠시 멈춘다. 위협으로부터 도망가는 행동이 일반적이다. 무리 중에 리더 또는 다른 한 마리가 나머지의 무리를 지키기 위해 책임감을 가지고 물러서서 자리를 지킬 수 있다.

(3) 두려움에 의한 짖음(Fear barking)

개는 부자연스럽고 정체를 알 수 없는 것에 두려워한다. 스트레스 정도, 두려운 정도에 따라 약간 두려워하는 것부터 심한 패닉의 정도로 나눌 수 있다. 두려움에 의한 짖음은 소리의 음은 높고, 연속해서 짖는 경우가 많다. 예를 들어 개가 도망갈 수 없는 상황에 부닥쳐 있으면 개는 강한 두려움으로 연속해서 짖는다. 개는 안절부절못하고, 앞뒤 좌우로 움직인다.

(4) 방어성 짖음(Guard or Defensive barking)

방어성 짖음은 개가 자기 자신을 방어하거나 자신의 무언가를 방어할 때 내는 짖음이다. 방어성 짖음 만성적인 것이 아니다. 즉 방어해야 하는 대상이나 물체가 사라지면 멈추는 경우가 많다. 일반적으로 으르렁거림을 동반하여 짖는다. 으르렁거리기 - 짖기, 짖기 - 으르렁거리기의 순서이다. 두려움에 의한 짖음보다 소리의 길이는 짧고 저음이다. 자신 또는 방어해야 할 대상을 지키기 위해 '저리가'라는 표현으로 전진하거나 달려드는 경우가 많다. 이빨을 보이며, 으르렁거리기도 하며, 앞으로 달려들기도 한다. 방어성 짖음에서 상대가 행동을 취하지 않을 때 마지막에는 공격할 수 있다.

(5) 좌절성 짖음(Frustration barking)

좌절성 짖음은 묶여 있거나 사람이나 다른 무리와의 접촉이 없이 켄넬에서 갇혀 있거나 오랫동안 혼자 있게 되었을 때 내는 경우가 많다. 무기력감, 외로움, 굶주림, 열악한 환경, 만성적인 스트레스로 인해 짖는 경우도 있다. 같은 톤으로 반복해서 짖으며 중간에 잠시 짬을 두고, 계속해서 고정된 패턴으로 짖는 경우가 많다. 마지막에 하울링을 하는 경우도 있다. 상동행동을 동반하는 경우가 많다. 땅파기, 씹기, 혀 핥기, 자신의 그림자나 꼬리 쫓기 등의 행동을 보이기도 한다.

(6) 학습된 짖음(Learned barking)

학습된 짖음은 보호자가 의식적이거나 무의식적으로 행동을 강화시켰을 때 보인다. 일반적으로 의도하지 않았지만, 학습시키는 경우가 많다. 학습된 짖음의 패턴은 '짖기 - 잠시 쉬기 - 쳐다보기 - 다시 짖기'이다. 개가 주의를 끌기 위해 또는 과거에 보호자로부터 강화를 받았을 때 내는 짖음이다. 개는 다양한 요인으로 짖는다. 보호자가 흥분성 짖음, 두려움에 의한 짖음 등을 우연히 강화시켜 짖는 경우도 학습된 짖음으로 분류할 수 있다.

3) 분리불안(Separation anxiety)

보호자가 없이 집, 자동차, 창고 등 특정 공간에 혼자 있을 때 보이는 과도한 짖음, 하울링, 파괴적 활동, 배변 실수, 땅파기 등과 같은 행동학적 불안징후나 구토, 설사, 떨림 등과 같은 생리학적 증상을 보이는 경우가 있다. 또한 먹이나 간식을 먹지 않는 경우도 많다.

분리불안의 원인으로 보호자와의 과도한 애착과 유전적인 요인에 발생하는 것으로 추정된다.

4) 공포증(Phobia)

폭죽 소리, 천둥소리, 큰 소리, 처음 보는 큰 물체 또는 소리 등과 같은 특정 대상에 대해 일어나는 행동학적 및 생리학적 공포반응이다. 침대 밑으로 숨거나, 정신없이 도망가는 등의 생리학적 반응을 보인다.

5) 파괴행동(Destructive behavior)

개는 개체별로 차이가 있으나 이갈이를 4~6개월령에 한다. 이때는 이가 가려워 입안에 무엇이든 넣어 씹는 행동을 하는 경우가 많다. 씹는 행동은 자연스러운 행동이나 위험한 물건을 입에 넣으면 다칠 수 있어 주의해야 한다. 또한 집안의 물건을 장난감으로 인식하고 씹거나 찢는 행동을 하는 경우도 있다. 분리불안으로 인한 파괴행동과는 다르다. 분리불안이 있는 개의 경우 보호자가 곁에 있으면 파괴행동은 보이지 않는 경우가 많다. 그러나 보호자가 곁에 있어도 찢거나 씹는 행동을 한다면 파괴행동이다. 예를 들면 전기줄을 물기, 신발 물기, 담요 찢기 등이다.

6) 대소변 실수

개는 대소변교육이 자연스럽게 이루어지는 동물이다. 자신이 자고, 먹고, 뒹굴고 쉬는 곳에는 배변하지 않는 경향이 있다. 화장실이 있음에도 다른 곳에서 대소변을 함으로써 보호자가 스트레스를 받는 경우이다. 해외의 경우 주거문화가 국내와 달라 파양 또는 유기되는 주요 요인 중의 하나이다.

7) 과도하게 흥분하는 행동

개가 자신이 좋아하는 장난감, 음식, 다른 개체, 사람을 보거나 만났을 때 점프하거나, 짖거나, 다리에 올라타거나 하는 등의 행동을 보인다. 이런 경우 보호자의 옷을 망치거나 넘어지는 경우가 생길 수 있다.

8) 과도한 리드 줄 끌기

개와 외출했을 때 개가 리드 줄을 과도하게 끌어 보호자가 끌려다니는 행동이다. 전혀 컨트롤이 되지 않고 개가 자기 마음대로 탐색하는 행동을 한다.

9) 상동장애

꼬리 쫓기, 그림자 쫓기, 꼬리 물기, 발바닥 핥기 등의 행동 빈도가 과도하거나 지속해서 반복하는 행동을 한다. 핥기의 경우, 해당 부위에 피부염이 생기는 경우가 발생하기도 한다.

10) 이기

개가 먹이라고 생각할 수 없는 물체를 먹는 행동이다. 돌이나 흙을 먹고, 풀을 뜯어 먹고, 심지어 자신의 배변이나 타 개체의 배변을 먹기도 한다.

11) 과도한 마운팅

수컷의 개에게 주로 나타내는 행동으로 심한 경우에 문제행동으로 간주한다. 보통의 경우, 마운팅의 의미는 성행동의 표현이기도 하지만, 우위성의 표현, 스트레스의 표현으로 마운팅을 하는 경우도 발견된다.

그림 7-1 개의 장난감에 대한 집착

3. 고양이에게 보이는 문제행동

고양이는 고양이과 동물로서 성숙하게 되면 독립하여 독립적인 생활하는 동물로 알려져 있다. 가축화의 영향으로 야생성이 많이 줄었다고는 하지만 분명 육식성 동물로 야생성이 남아 있는 경우가 많다.

사실, 고양이는 개와 같이 복종훈련을 시킨다는 것은 매우 어렵다. 따라서 반려묘로서 집안에서 생활하기 위해서는 개와는 다르다는 것을 인지하는 것이 중요하다.

고양이 문제행동 예방과 교정을 위해서는 고양이의 정상행동을 이해해야 하며, 무엇보다 고양이가 정상적 레퍼토리 행동을 할 수 있도록 하는 것이 중요하다. 만약 정상적인 행동을 할 수 없는 환경이거나 스트레스에 노출된 환경이라면 고양이들은 불안감의 표출, 공격성을 발현할 수 있다.

또한 고양이는 종별, 개체별로 다양한 행동 패턴을 보이기도 한다. 그러나 고양이의 주요 정상행동으로는 먹는 것, 마시는 것, 안전, 놀이와 탐험, 등반, 쭈그리고 스스로 그루밍 행동이 있다. 특히 집에 있는 고양이는 더는 사냥을 통한 먹이 획득이 필요하지 않게 되었다. 따라서 하루 종일 음식을 조금씩 주거나 간식을 급여하면 먹이에 대해 큰 스트레스는 받지 않는다. 그러나 고양이 장난감을 통해 사냥과 놀이에 대한 욕구를 충족시켜 줄 수 있다.

고양이들이 놀 수 있도록 동기를 부여하기 위해, 보호자는 고양이의 흥미를 끄는 많은 장난감을 찾아서 고양이의 관심이 줄어들 때까지 여러 가지 다른 장난감을 가지고 놀아주는 것이 좋다. 고양이에게 추적을 위한 작은 장난감, 탐험을 위한 상자나 용기, 캣타워, 스크레쳐 등이 필요하다.

고양이게도 긍정강화 기술을 이용해 보호자가 원하는 행동을 강화시킬 수 있다. 고양이에게 적절한 장소에서 소변, 배변, 기어오름, 스크래쳐의 이용에 대해 알려주는 것은 도움이 될 수 있다. 특히 클리커 트레이닝은 바람직한 행동에 대한 보상을 알려 주는 데 도움이 될 수 있다.

고양이에게 처벌은 피해야 한다. 왜냐하면, 처벌은 고양이가 보호자를 무서워하게 할 수 있고, 보호자가 있을 때만 바람직하지 않은 행동을 멈출 수 있기 때문이다. 고양이의 정상적인 행동 요구를 충족시킨 후 바람직하지 않은 행동을 멈추기 위한 최고의 방법은 문제가 발생할 수 있는 영역에 대한 접근을 막는 것이다. 즉 적절한 관리기법이 매우 중요하다.

다른 대안은 간접처벌 형태의 장비를 이용해 고양이에게 맛, 냄새, 촉감 또는 동작으로 작동되는 장치(예: 경보, 에어 스프레이)를 불쾌하게 만들어서 그 장소를 피하도록 가르치는 것이다. 고양이가 부적절한 행동을 했을 경우에는 습관화의 방법 중 홍수법은 부적절한 경우가 많으며, 계통적 탈감각화와 고전적 역조건을 이용하거나, 관리기법, 대체행동을 만들어 주는 것이 적절하다.

최근 반려동물로 반려묘가 증가하는 추세이다. 자연스럽게 고양이의 문제행동에 대한 교정에 대해서도 매우 중요한 관심 사항이다. 고양이의 문제행동을 진단하고 교정하는 과정은 복잡하며 자격을 갖춘 행동 전문가의 도움을 받아 교정을 진행하는 것이 필요하다.

고양이의 행동이 갑자기 변하는 것은 근본적인 의학적 상태의 징후가 될 수 있다.

이상한 신체적 또는 행동적 증상을 느끼거나 고양이가 먹는 것을 멈추면 즉시 수의사에게 진찰을 받아야 한다.

미국의 ASCPA(American Society for the Prevention of Cruelty to Animals)라는 단체에서 정리한 고양이의 주요 문제행동은 다음과 같다. 공격행동, 파괴행동, 부적절한 배변, 부적절한 배뇨, 스프레이 행동(Spraying), 과도한 야옹 소리, 과민증(Hyperesthesia). 강박행동(Compulsive behavior), 과도한 두려움(Fear)으로 인한 회피행동, 노화로 인한 인지장애 등으로 나눌 수 있다. 또한 코넬대학에서 고양이의 문제행동을 조사한 결과, 부적절한 배설(44%), 스프레이 행동(10%), 사람에 대한 공격행동(19%), 고양이 간의 공격행동(17%), 이기(4%), 기타 순으로 발표했다.

1) 공격성

(1) 사람에 대한 공격성(Aggression toward people)

사람에 대한 공격성은 공포로 유발되거나, 놀이와 관련이 있거나, 또는 포식 본능 때문일 수 있다. 쓰다듬는 동안 물어뜯는 고양이는 신체 접촉을 즐기지 못할 수도 있고, 어떤 고양이는 사람들이 쉬거나 잠을 자거나 음식을 먹을 때 그들을 만지지 못하게 하려고 물기도 한다. 고양이가 흥분했을 때 다가가면 특히 공격성이 강해질 수 있다. 낯선 사람에 대한 공격에는 대개 두려움이 수반된다.

(2) 우위와 관련된 공격성(Status-related aggression)

지위와 관련된 공격성은 고양이의 행동을 통제하려는 사람들을 향해 고양이가 긁거나 물어뜯는 것이다. 이것은 "나 홀로 남겨진 물림"이라고 불리는 것의 다른 이름이다. 개들의 비슷한 상황과는 달리, 고양이들의 이러한 행동은 음식, 장난감 또는 우주와 같은 자원과 관련이 없다.

가정에서 다른 고양이에 대한 공격성은 놀이, 포식 행동, 방향 전환된 행동, 두려움, 그리고 고양이가 잠자는 장소, 공통 영역 또는 음식을 통제하기 위해 공격성을 사용하는 상태 관련 행동 때문일 수 있다.

(3) 공포성 공격성(Fear aggression)

공포성 공격성은 고양이를 두려워하게 만드는 상황에서 발생한다. 두려움은 많은 종류의 공격성에 동반하여 일으키는 경우가 많다. 두려운 고양이들은 촉발되는 위협을 피하려고 할 수도 있지만 고양이들이 탈출할 수 없거나 공격적으로 행동하는 것이 위협을 제거할 수 있다는 것을 알게 되면 공격적으로 될 수 있다. 위협을 없애기 위해 공격성이 효과가 있다는 것을 알게 된 동물들은 위협을 받지 않을 때도 공격적으로 행동할 수 있다. 나쁜 사회화, 기질(부모로부터 물려받은), 이전의 처벌, 그리고 학습 또한 공포의 공격성으로 이어질 수 있다. 다른 고양이에 대한 공격성은 두려움이나 인지된 영역을 보호하는 것과 관련이 있을 수 있다.

(4) 모성에 의한 공격성(Maternal aggression)

모성에 의한 공격성은 어미 고양이가 사람이나 다른 고양이, 새끼 고양이를 향한 과도한 공격성이다. 특히 젖을 뗄 무렵에는 약간의 공격성이 일어날 수 있다. 높은 수준의 공격성은 새끼 고양이들에게 해를 끼칠 수 있다. 새끼 고양이들이 수유를 중단하면 공격성은 해소되는 경우가 많다.

(5) 통증에 의한 공격성(Pain aggression)

통증 공격성은 고양이가 아플 때 일어나는 방어 반응이다. 그것은 고양이가 움직이거나 만지는 것을 예상할 때 발생할 수 있다. 특정 질병과 질병은 공격성을 초래할 수도 있다. 이것이 수의사들이 공격성의 의학적 원인을 배제하는 이유이다.

(6) 전가성 공격행동(Redirected aggression)

전가성 공격행동은 고양이가 의도한 표적에 도달하지 못할 때 발생한다. 그러면 다음 공격은 다른 고양이 또는 사람을 향하며, 고양이는 상대방이나 사람을 적극적으로 좇을 것이다. 예를 들어, 만약 고양이가 밖에서 다른 고양이를 보고 흥분한다면, 고양이는 바깥 고양이에게 다가갈 수 없으므로 돌아서서 집 안에 있는 다른 고양이를 공격할 수도 있다.

(7) 놀이 공격성(Play aggression)

놀이의 공격성은 놀이의 행동과 함께 발생하며 물기, 쫓기, 놀이 싸움을 포함하는 경우이다.

2) 부적절한 배설

(1) 스프레이 행동(Spraying)

분무(스프레이 행동)는 소량의 소변을 통해 소변을 제거하는 것이다. 그것은 꼬리를 치켜들고 떨면서 일어서는 것이다. 소변은 벽, 커튼, 문과 같은 수직 표면으로 향한다. 소변 표시는 수컷 고양이에게 더 흔하며, 중성화는 약 90%의 고양이에게서 분무 행동을 줄이거나 없애는 데 도움을 줄 수 있다. 고양이들은 영역 표시를 하거나 불안의 표시로 스프레이 행동을 할 수 있다.

(2) 부적절한 배설(Inappropriate elimination)

부적절한 배뇨가 있는 고양이는 화장실이 아닌 부적절한 장소(카펫, 양탄자, 침대 또는 옷 등)에서 소변을 보거나 배변을 한다. 고양이들은 또한 두렵거나 집 안에서 고양이들 사이에 갈등이 있을 때 화장실을 피할 수 있다. 어떤 고양이들은 실제로 특정한 냄새, 질감, 또는 장소를 선호할 수 있다.

3) 과민증(Hyperesthesia)

고양이 과민증은 완전히 이해되지 않는 증후군이다. 과민증이 있는 고양이들은 특히 등을 따라 만지는 것에 지나치게 민감하다. 고양이를 만질 때 울부짖거나 동요할 수 있다. 고양이는 민감한 부위를 만지면 그 부위를 과도하게 핥거나, 야옹 하거나, 울거나, 도망치거나, 배변을 할 수 있다.

4) 강박행동(Compulsive behaviors)

가장 흔한 유형은 과도한 손질과 양털, 다른 직물, 플라스틱, 고무, 골판지, 또는 끈을 씹는 것이다. 많은 고양이에서 강박적인 행동은 스트레스나 불안감에서 비롯된다.

5) 두려움(Fear)

두려움은 새끼 고양이로서의 불충분한 사회화나 무서운 경험에서 비롯될 수 있다. 그것은 유전될 수도 있다. 고양이는 낯선 사람, 낯선 고양이, 개, 소음, 또는 자동차 타기, 수의사 방문, 낯선 환경과 같은 장소와 상황을 두려워할 수 있다.

어떤 고양이들은 또한 익숙한 사람과 고양이를 두려워할 수도 있다. 두려움은 위협적인 행동(예: '하악'거리는 소리), 노골적인 공격성(물거나 긁는 소리), 회피, 숨어서 살포하는 결과를 초래할 수 있다. 가능하다면 무엇이 공포의 원인인지 알아내는 것이 최선이다.

6) 노화에 의한 인지장애

나이 든 고양이들은 비정상적인 행동을 일으킬 수 있는 많은 의학적 상태를 경험할 수 있다.

7) 부적절한 스크래칭

집 안에서 부적절한 곳(장판, 소파 등)에 스크래칭을 하는 행동이다.

학습정리

1. 동물의 문제행동은 이상행동과 사회나 주인에게 불편을 주는 행동으로 간략하게 정의할 수 있다.
2. 정형행동이란 동물이 어떤 특정한 행동을 장시간에 걸쳐서 반복해서 지속하는 것을 말한다. 동종끼리 서로 잡아먹기(Cannibalism), 꼬리 물기(Tail biting), 깃털 쪼기(Feather pecking)와 같이 다른 동물에게 공격적인 행동을 함으로써 신체적인 위해를 입히는 경우가 대표적인 이상행동이다.
3. 동물의 문제행동에 대해 논의할 때는 세 가지 기준으로 나눌 수 있다. 첫 번째 기준으로는 동물의 행동이 정상행동인가 아닌가가 첫 번째 기준으로 이상행동이 포함된다. 두 번째 기준은 정상행동인데 행동의 빈도와 정도가 정상을 벗어나는 경우 정상범위에 있느냐가 문제행동 판단에 중요한 기준이 될 수 있다. 세 번째 기준은 동물의 행동이 정상범위 내에 있지만, 사회와 주인에게 불편함을 주는 것이다.

과제

1. 개의 문제행동의 종류를 요약하세요.
2. 고양이의 문제행동의 종류를 요약하세요.

예상문제

문제 1. 동물 행동과 관련한 설명으로 옳지 않은 것은?

① 문제행동은 이상행동과 사회나 주인에게 불편을 주는 행동으로 간략하게 정의할 수 있다.
② 동물의 행동은 행동의 유형과 빈도에 있어서 일정한 정상범위를 보이며, 정상적인 범위를 벗어난 행동을 이상행동이라고 하며, 대표적인 이상행동으로 정형행동(Stereotype)을 들 수 있다.
③ 문제행동에는 동물 자신을 손상하는 행동을 포함하지 않는다.
④ 정형행동이란 동물이 어떤 특정한 행동을 장시간에 걸쳐서 반복해서 지속하는 것을 말한다.
⑤ 동종끼리 서로 잡아먹기(Cannibalism), 꼬리 물기(Tail biting), 깃털 쪼기(Feather pecking)와 같이 다른 동물에게 공격적인 행동을 함으로써 신체적인 위해를 입히는 경우가 대표적인 이상행동이다.

문제 2. 문제행동에 대한 설명으로 옳지 않은 것은?

① 동물의 행동이 정상행동인가 아닌가가 첫 번째 기준으로 이상행동이 포함된다.
② 정상행동인데 행동의 빈도와 정도가 정상을 벗어나는 경우 정상범위에 있느냐가 문제행동 판단에 중요한 기준이 될 수 있다.
③ 동물의 행동이 정상범위 내에 있지만, 사회와 주인에게 불편함을 주는 것이다.
④ 동물이 생득적으로 가지고 있는 행동 패턴이나 훈련으로 가지게 된 행동을 문제행동으로 간주하는 경우에 동물복지와 상충되는 경우는 거의 없다.
⑤ 수의사를 포함한 동물행동전문가, 훈련사 등의 동물 관련 산업 종사자에게 있어 제일 중요한 관심 사항은 동물의 행복이 최우선으로 되어야 한다.

문제 3. 개의 문제행동 원인으로 옳지 않은 것은?

① 의학적 질환
② 복종훈련 부족
③ 만성적인 스트레스
④ 보호자와의 상호활동
⑤ 주위 환경의 변화

문제 4. 고양이의 문제행동 원인으로 옳지 않은 것은?

① 의학적 질환
② 복종훈련 부족
③ 만성적인 스트레스
④ 보호자와의 과도한 애착
⑤ 주위 환경의 변화

문제 5. 개의 문제행동으로 옳지 않은 것은?

① 과도한 짖음
② 공격행동
③ 부적절한 배설
④ 부적절한 스크래칭
⑤ 파괴행동

문제 6. 개의 공격행동으로 다음 문장 설명으로 옳은 것은?

> 어떤 견종에서 새나 다른 동물에게 몰래 다가가다가 낮은 자세로 갑자기 공격행동을 보이는 경우가 종종 관찰할 수 있다. 이때는 뇌 안에 정동이 생기지 않고 공격하는 것이 특징이다.

① 영역성 공격행동
② 공포성 공격행동
③ 포식성 공격행동
④ 특발성 공격행동
⑤ 우위성 공격행동

문제 7. 고양이의 문제행동으로 옳지 않은 것은?

① 상동행동
② 공격행동
③ 씹기
④ 스크래칭
⑤ 스프레이 행동

문제 8. 고양이의 공격행동 중 옳지 않은 것은?

① 전가성 공격행동
② 애무유발성 공격행동
③ 포식성 공격행동
④ 특발성 공격행동
⑤ 영역성 공격행동

정답

1. ③ 2. ④ 3. ④ 4. ② 5. ④ 6. ③ 7. ④ 8. ④

Chapter 08

문제행동의 예방

학습목표

1. 사회화 교육의 필요성과 개념을 이해한다.
2. 복종훈련의 필요성과 개념을 이해한다.
3. 대체행동의 방법을 숙지하고 적용할 수 있도록 한다.
4. 행동 풍부화의 개념을 이해한다.

본 장에서는 개와 고양이의 문제행동 예방과 관련하여 설명하기로 한다. 개의 경우 사회적 동물로서 산책이나 외부활동이 빈번히 일어나므로 다른 개나 사람, 장소, 물체 등에 대한 사회화가 매우 필요하다. 그러나 고양이의 경우 외부활동이 극히 제한적으로 이루어지고 있다. 물론 산책이나 외부에서 자유롭게 지내는 경우 있으나 고양이의 사회화에서는 집 안에서의 사회화를 생각하면 이해하기 쉬울 것이다.

사회화를 이해함으로써, 우리는 개와 고양이가 자신에게 가장 적합한 환경에서 살고 행복할 수 있도록 도울 수 있다. 사회화에는 두 가지 의미가 있다. 첫째는 다른 개나 사람, 장소 또는 물체 등 살면서 만나게 될 많은 대상에 대해 친화적인 방향으로 적응하는 것, 둘째는 첫 번째 의미의 사회화를 강화하는 것을 의미한다. 개나 고양이의 행동학적 문제를 예방하기 위해 1세 미만 강아지와 고양이 시기에 이루어지는 사회화는 반려동물의 삶에 있어 중요한 과정이며, 사회화 여부에 따라 보호자의 관계에도 많은 영향을 미친다. 사회화 수업은 미래의 문제행동 예방할 수 있는 매우 중요한 교육이다.

미국수의행동학회(AVSAB)에서는 강아지의 경우 태어난 후 처음 3개월은 사교성이 있는 기간이므로 강아지들이 새로운 사람, 동물 그리고 경험에 적응할 기회를 부여한다고 권고하고 있다. 이 중요한 시기에 불완전하거나 부적절한 사회화는 두려움, 회피 또는 공격성을 포함한 나중에 발생하는 문제행동을 증가시키며, 문제행동은 보호자와 개의 유대관계에 가장 큰 위협으로 간주하고 있다.

개의 문제행동은 사회화 교육의 여부, 복종훈련 여부, 보호자의 과거 반려견 양육 경험, 보호자가 반려견과 얼마나 많은 시간을 보내는가가 연관이 있는 것으로 나타났다.

따라서 반려동물의 입양 시에 고려해야 할 사항, 충분한 사회화, 강아지 교실, 복종훈련, 보호자와의 유대 등을 적절하게 시행하면 반려동물의 문제행동을 예방할 수 있다.

그림 8-1 어린 강아지의 놀이

그림 8-2 사회화 교육

1. 사회화 교육(Puppy socialization)

1) 개의 사회화 교육

모든 개는 다르다. 어떤 개들은 유난히 더 다르다. 개들은 독특한 자기만의 기질을 가지고 태어난다. 또한 과학자들은 동물도 깊은 사고 능력과 다양한 감정 체계를 가지고 있으며, 개체마다 능력과 개성이 다양하다는 사실을 밝혀내고 있다.

이러한 사실을 바탕으로 사회화 수업은 강아지가 일생 마주칠 수 있는 많은 종류의 경험, 사람, 사물에 대한 통제된 상황에 노출이 되어야 한다. 또한 긍정적 감정을 느낄 수 있도록 즐거운 방법으로 제공하는 것을 목표로 해야 한다.

사회성이 부족한 강아지가 겁을 내거나 공격적으로 되어 버리면 대부분의 강아지 보호자들은 강아지를 다른 개들과 놀게 하고 싶어 하지 않은 경우가 발생할 수 있다. 이러한 개들은 다양한 사회적 요소에 적응하는 능력, 즉 사회생활에 필요한 기질을 습득할 수 없다.

강아지는 생후 3~12주 사이에 겪는 사회화의 경험에 상당히 민감하며, 이 시기의 경험이 일으킨 결과는 나쁘건 좋건 오랫동안 지속된다. 강아지를 사회화시키고 무는 힘을 억제하도록 가르치는 교육은 강아지가 어릴 때 꼭 이루어져야 한다. 사회화 시기에 사람과의 접촉을 차단당한 강아지들은 그 이후에도 사람들과 일반적인 관계를 맺기 힘들다는 사실을 보여주고 있다.

개는 사회화기에는 처음 보는 개들과 긍정적인 경험을 충분히 한다면 개라는 동물을 우호적인 존재로 배우게 된다. 반대로 그렇지 못했을 경우 평생을 낯선 개들에게 두려움을 느끼며 살 게 될 수 있다. 강아지 사회화 수업은 강아지들이 안전하고 위협적이지 않은 방식으로 다양한 냄새, 소리, 볼거리, 산책 환경, 장비, 그리고 적절한 사회화를 위해 낯선 사람과 개들과 상호작용을 할 수 있도록 해야 한다.

강아지로서 적절하게 사회화된 개들은 성견이 되었을 때 공격성과 두려움을 포함한 문제행동이 나타날 확률이 낮고, 사회화가 잘된 개들은 인간과 긍정적인 사회적 활동을 할 가능성이 크다. 적절한 사회화 수업을 받지 않은 개보다 인간과 게임을 하는 방법을 더 잘 배울 수 있다.

연구결과에 의하면 강아지 사회화 수업에 참석한 보호자들은 자신의 강아지를 비참석자보다 더 많은 수의 사람과 다른 개, 다양한 소음과 상황에 노출했으며, 참석자들의 강아지는 비참석자들의 강아지보다 천둥, 진공청소기 등 소음을 접했을 때 공포 등의 민감성이 덜 했으며, 교육에 참석한 보호자는 처벌기반 훈련방법을 사용하는 비율이 적게 나타났다. 강아지 수업에 참여한 강아지와 청소년기의 개에게서 가족에 대한 공격성향, 훈련성과, 무섭거나 두려운 대상에 대한 민감도에서 사회화 수업에 참여하지 않은 강아지보다 좋은 결과를 낸다.

매주 1시간씩 6주 동안 강아지 수업에 참여한 강아지와 복종훈련을 받은 성견을 연구한 결과 수업에 참석한 강아지들과 성견들이 보호자의 명령에 대한 반응이 유의하게 더 높은 것으로 나타났으며, 순종 행동이 개선되었고, 낯선 사람에 대한 불복종이나 두려움과 같은 문제행동을 예방하는 데 도움이 된다.

두려움으로 인한 공포를 가진 개들의 경우, 사회화 교육이 부족하였으며, 경험이 부족한 보호자와 살았다. 또한 보호자와의 활동과 복종훈련 수업이 부족하였으며, 주로 도시에 사는 경우가 많다.

개가 공격적인 성향을 드러내는 상황으로는 개가 소중히 여기는 자원에 누군가가 다가오거나 만지거나 가져가려고 할 때 그 자원을 방어하는 경우, 두려움으로 자기 자신을 방어하기 위해, 통증 부위를 만지는 경우, 인위적으로 강한 힘으로 신체 조정을 하거나 밀거나 당기는 경우, 쉬고 있는 상황에서 방해받는 경우, 공포와 두려움으로 방어적 행동을 보이는 경우 등에 공격 성향이 높게 나타날 수 있다. 낯선 사람과 개에 대한 개들의 공격성은 흔한 문제행동으로서 다양한 요인들이 공격성 문제행동의 발달과 관련되어 있지만, 유전적인 요인과 사회화 교육 부족이 주요한 역할을 한다.

AKC(American Kennel Club)와 Kennel Club(KC)의 강아지 교실에서는 반려견의 민감성을 낮추기 위해 낯선 사람이 부드럽게 쓰다듬기, 보호자의 포옹하기(Hugging)와 붙잡기(holding)에 익숙하게 하기, 낯선 환경과 장애물에 노출하기, 반려견이 핸들링과 신체검사에 익숙하게 하기, 소음에 대한 둔감화 등의 다양한 강아지 훈련프로그램을 시행하고 있다. 미국 AKC와 영국 KC의 Puppy Socialization Program에 대해 비교하여 다음과 같다.

앞에서 언급한 동물의 학습원리를 이용하여 프로그램을 수행한다면 충분히 효과를 얻을 수 있다.

AKC와 KC의 강아지 사회화 프로그램의 주요 내용

구 분	AKC	KC
기본훈련	- 앉아, 엎드려, 이리 와, 기다려	- 앉아, 엎드려, 이리 와, 기다려, 서, 이름에 대한 반응
사회화 교육	- 다른 사람이 쓰다듬어 주기 - 강아지 껴안기 - 다른 강아지와 놀기 - 새로운 자극에 노출 시키기	- 낯선 장소에서 낯선 사람 만나기 - 다른 강아지와 놀기 - 보호자와 놀기
산책 교육	- 리드 줄 차고 보호자와 걷기 - 다른 사람 옆을 지나가기	- 리드 줄 차고 얌전히 걷기
그루밍 교육	- 핸들링과 몸을 살필 수 있도록 허용하게 만들기	- 핸들링과 검사받을 수 있는 상태 만들기
통제 교육	- 음식과 장난감에 대한 '놔둬' 교육	- 음식을 사물에 대한 '놔둬' 교육 간식에 대한 참을성 교육
프로그램 기간	- 6주 프로그램(매주 참석)	- 6주 프로그램(최소 4주 참석)

출처: 김병석(2022)

그림 8-3 개의 자동차 사회화 교육

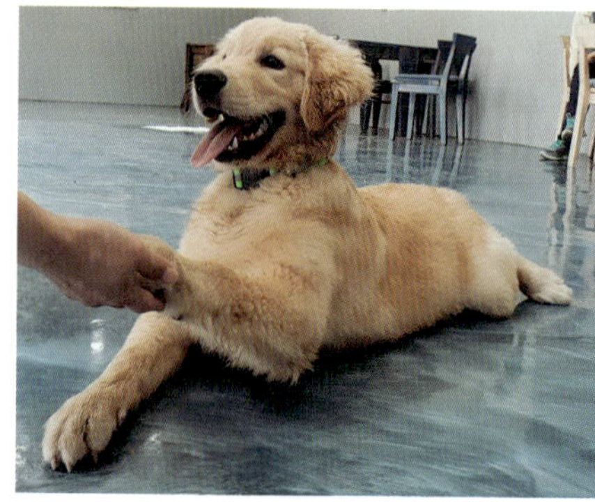

그림 8-4 골든리트리버 강아지의 사회화

그림 8-5 새로운 계절에 대한 사회화

2) 고양이의 사회화

야생 고양이는 사회화가 어렵다. 우리가 고양이를 사회화한다고 말하는 것은 고양이가 사람들과 혹은 다른 고양이, 다른 동물들과 친해지고 교제를 즐기는 것을 의미한다.

고양이와 인간과 교제한다는 것은 인간의 촉각, 인간의 공간, 인간의 시각, 냄새, 소리에 점차 익숙해지는 것을 의미한다. 그것은 고양이의 삶에 많은 주고받는 과정에서 보호자의 많은 시간과 노력이 필요하다.

그림 8-6 고양이의 사회화

● 터치 장벽(Touch barrier)

사회화된 고양이와 사회화되지 않은 고양이를 구별하는 가장 쉬운 방법은 사람들이 고양이를 만졌을 때의 반응이다. 사람의 터치를 허용하는 고양이와 터치를 허용하지 않는 고양이 사이의 보이지 않는 분리를 "터치 장벽"이라고 부른다.

터치 장벽 안에 있는 고양이는 사람들과 더 친해지고 종종 터치를 즐긴다. 터치 장벽 밖에 있는 고양이는 더 사교적이지 않고 일반적으로 접촉을 피한다.

● 컴포드 존(The comfort zone)

고양이의 '컴포트 존', 즉 고양이가 얼마나 가까이 살 수 있는지, 사람들과 시간을 보내고 편안함을 유지할 수 있는지를 고려해야 할 또 다른 한 가지 고려 사항은 고양이의 '컴포트 존'이다. 대부분의 사회화된 고양이들은 우리와 함께 실내에 사는 반면, 완전히 사회화되지 않은 고양이들은 야외에 살며 사람이 사는 지역을 피한다. 많은 고양이가 중간 어딘가에 산다.

● 사회화의 징후(The signs of socialization)

사회화된 고양이와 사회화되지 않은 고양이 모두 그들이 사회화 연속체에서 어디에 속하는지 알아내는 데 도움을 주는 뚜렷한 행동을 하고 있다. 일반적으로, 사회화된 고양이(실내, 실외, 그리고 일부 길 잃은 고양이)가 다가와 사람들 주변에 편안함을 나타낸다. 사회화되지 않은 고양이들(야생동물, 일부 길 잃은 고양이들)은 접근하지 않을 것이고 사람들에게 불편한 징후를 보이는 경우가 많다.

* 주의: 사회화된 고양이와 사회화되지 않은 고양이는 무섭거나 낯선 환경에 있을 때 구별하기가 매우 어려울 수 있다.

3) 고양이 사회화의 요인(The factors of socialization)

(1) 나이

고양이들의 사회화 시기는 생후 2주에서 8주 사이이다. 태어난 지 2주 된 새끼 고양이들의 눈과 귀가 막 열리고, 주변을 관찰하고 탐색한다. 다음 몇 주 동안, 그들은 빠른 속도로 배우고 그들의 마음은 스펀지처럼 새로운 경험을 받아들인다.

이 기간에, 집 안의 모든 장소와 다른 동물, 사물에 고양이를 소개하고 정기적으로 고양이를 다루고 놀아주어야 한다. 새끼 고양이와 더 많은 시간을 긍정적 경험을 가지도록 놀아주면 더 사교적으로 된다.

고양이가 태어난 지 2개월 이상이 되면, 사회화는 훨씬 더 어려워진다. 고양이는 자신의 영역에 매우 애착을 갖고 변화 때문에 스트레스를 받는 습관의 동물이다. 고양이 나이가 들수록, 자신의 방식에 더 확고해진다.

(2) 사람과의 시간

고양이는 사람들과 친해지기 위해 사람들과 함께 좋은 시간을 보내야 한다. 고양이는 사람들과 접촉이 적을수록 사회화되지 않는다.

예를 들어, 대부분의 삶을 인간과 함께 보낸 길고양이는 처음에는 사람들에게 다가갈 수도 있다. 하지만 규칙적인 인간 접촉 없이 야외에서 보내는 시간이 길어질수록, 고양이는 사회성이 떨어지게 된다.

고양이들이 생후 4개월이 되기 전에 입양해 산다면 야생 고양이들과 친해질 수 있다. 야생 고양이들은 처음에는 사회화되지 않을 것이지만 충분한 시간과 처리 능력만 있으면 실내에서 살 수 있고 입양될 수 있는 사회화 고양이가 될 수 있다.

(3) 긍정적인 상호작용(Positive interaction)

사회화되기 위해서는 고양이는 사람들과 긍정적인 상호작용을 해야 한다. 한편, 부정적인 상호작용은 고양이의 사람에 대한 신뢰와 사회성을 해친다. 긍정적인 상호작용이 고양이에게 사회화의 열쇠다. 고양이들은 사람과 함께 있는 것을 즐기고 실내에서 편안함을 느끼기 위해 인간의 접촉을 편안함, 음식, 재미, 안전과 연관시켜야 한다. 고양이와 긍정적인 상호작용을 위해 부드럽게 쓰다듬기, 부드러운 말투, 맛난 음식과 간식, 함께 놀아주기, 고양이에 적절한 환경 등이다.

부정적인 상호작용은 고양이에게 부정적인 감정을 가지게 함으로 거리를 자연스럽게 사회적 거리를 가진다. 공포 본능은 고양이의 가장 강한 본능 중 하나이다. 과도한 터치, 소리를 지르고, 위협적인 움직임과 연관시킨다면 사회화에 부정적으로 작용할 수 있다.

(4) 환경과 스트레스 수준

고양이는 후각과 청각이 예민하므로 이상한 냄새와 크고 낯선 소리로 가득 찬 환경이 그들을 두렵게 만들 수 있다.

(5) 유전과 품종

고양이의 유전자와 품종이 얼마나 쉽게 사회화될 수 있는지에 영향을 미칠 수 있다. 연구에 따르면 친근하고 애정 어린 고양이에게서 태어난 새끼 고양이들은 종종 그러한 기질을 물려받는다.

(6) 개인적 기질(Personality)

품종별 차이와 마찬가지로 개체별 차이에 의해 사회화와 관련된다.

2. 복종훈련

훈련이란 정해진 규칙을 이행할 수 있도록 개에게 통제와 규제를 부여함으로써 사회화시켜 나가는 과정이라고 할 수 있다. 즉 사람과 개가 함께 조화된 하나의 소통 결과물이다. 개와 핸들러의 조화가 훈련의 모든 것을 좌우한다.

복종훈련은 개와 핸들러 사이에 많은 교감이 오가는 과정으로 훈련 속에서 규칙을 교육하면, 개는 정신을 교란하는 장애물로부터 핸들러에게 집중하게 되고 덜 산만해진다. 개 훈련은 보통 동물에 대한 통제를 확립하기 위한 기본적인 복종훈련을 포함하며, 그 후에 더 진보된 전문가 훈련으로 발전할 수 있다.

복종훈련의 함정은 개를 로봇처럼 만들 수 있다는 것이므로 훈련은 에너지와 유머가 넘쳐야 하며, 간식을 사려 깊게 사용해야 하고, 무엇보다 신체적 · 언어적 칭찬과 함께해야 한다.

복종훈련을 시키고, 개와 보호자가 상호활동을 자주 하는 경우, 문제행동 예방과 개선에 도움이 된다는 다수의 연구결과가 보고되고 있다. 기본 복종훈련의 방법은 훈련 전문가마다 조금씩 다를 수 있다. 그럼에도 불구하고 동물의 학습원리를 이용하여 가장 효과적이며 지속성이 있는 방법을 사용하는 것이 바람직하다.

훈련의 방법은 정답이 없다. 품종별, 개체별 특성에 알맞은 방법을 선택하여 훈련을 시키는 것이 현명하다고 할 수 있다.

● 기본 복종훈련 항목 및 내용

기본복종훈련	내용
이리 와 교육	'이리 와' 명령어에 오도록 하는 교육
앉아	'앉아' 명령어에 앉도록 하는 교육
얌전히 걷기	핸들러와 함께 얌전히 걷도록 하는 교육
기다려 교육	'기다려' 명령어에 움직이지 않는 교육
놔둬	음식이나 장난감에 소유욕으로 개 또는 다른 동물에게 공격적이지 않도록 가르치는 교육

개와 훈련을 시행할 때 품종별, 개체별 수행능력이 다르다. 따라서 개의 훈련

시간은 특성에 맞게 진행하여야 한다.

● 훈련시간에 따른 개의 에너지 변화

개체별 특성에 맞게 에너지 정점에서 내려온 후 훈련시간을 종료한다.

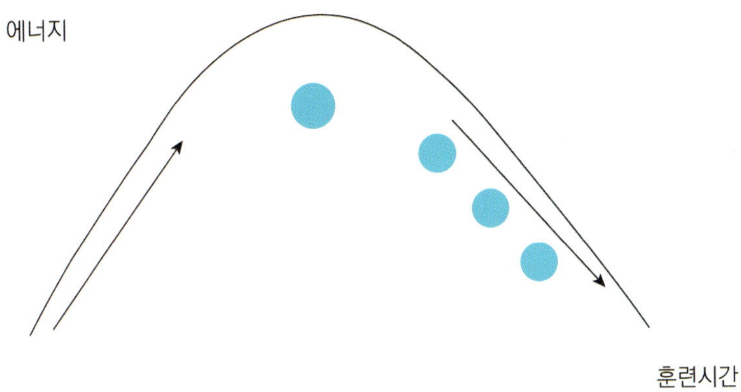

그림 8-7 개의 에너지와 훈련시간

훈련시간은 한 번에 오래 하기보다는 에너지를 고려하여 하루 일정을 고려하여 짧은 시간을 반복적으로 훈련하는 효과적이다.

기본예절 교육 전에 몇 가지 순서 및 원칙이 있다.

① '이 세상에 공짜는 없다'를 알려 준다. 원하는 행동을 했을 때는 보상을 해 주고, 원하지 않는 행동에는 보상하지 않는다. 원하지 않는 행동을 할 때는 무시한다.

② 원하는 행동을 습관처럼 할 수 있도록 짧게 자주 반복적으로 연습한다.

③ 원하는 행동이 습관처럼 되었을 때 보상을 간헐적 보상으로 바꾸어야 한다.

④ 행동이 완벽하게 되었을 때 명령어를 덧씌운다.

⑤ 명령어는 한 번만 사용한다. 두 번 이상은 오히려 무시하는 법을 가르칠 수 있다.

⑥ 앉는 동작은 모든 동작의 기본이다. 자동으로 무의식적으로 앉도록 해야 한다. 문제행동을 예방하며, 흥분을 조절하며, 인내심과 독립심을 기르는 기

본 훈련이다.

환경이 바뀌어도 생각하면서 앉을 수 있다. 즉 일반화를 시킬 수 있도록 한다.

⑦ 훈련은 재미있어야 한다. 강아지에게 훈련이 즐거운 놀이처럼 만들어야 한다. 이렇게 되면 강아지는 우리와 함께하는 시간이 즐겁고 집중하게 된다.

⑧ 표시 단어, 즉 강아지가 원하는 행동을 하고 있다는 것을 가르치는 것이다. '옳지' 또는 '예스' 단어를 활기찬 목소리로 사용해야 한다. 원하는 행동과 보상과의 시차를 연결해주는 단어라고 보면 된다.

⑨ 지시할 때의 순서는 이름 - 명령어 - 칭찬의 순으로 해야 한다.

그림 8-8 기본 훈련(이름, 앉아)

1) '쭈쭈' 소리를 알려주기

'쭈쭈'는 우리에게 집중하게 교육하는 것이다. 조용하고 집중할 수 있는 공간에서부터 시작하고 집 안 방에서 먼저 하고, 거실로 옮겨서 한다. 그리고 외부로 나가서 연습하도록 한다. 처음에는 집중하지 않을 수 있으니 실망하지 않는 것이 중요하다. '시간은 내 편이다'라는 마음을 가지고 시도해야 한다.

① 먼저 강아지와 눈을 마주치면서, '쭈쭈' 소리를 내면서 바로 간식을 신속하게 준다. 처음에는 연속적 강화를 해준다. 이 연습을 꾸준히 하루이틀 정도 하면 강아지는 '쭈쭈' 소리가 날 때 쳐다볼 것이다.

② 강아지와 가까이 있다가 빠르게 움직이면서 '쭈쭈' 소리를 낸다. 이때 강아지가 내가 움직인 방향으로 고개를 돌리고 따라오면 먼저 '예스'나 '옳지'라고 칭찬과 동시에 간식으로 바로 보상한다. 움직이는 물체나 행동에 집중하는 교육이다.

③ '쭈쭈' 소리가 간식과 칭찬을 연관 짓도록 반복적으로 연습한다. (고전적 조건화 - 연관 또는 연상)

④ 명심해야 할 것은 간식을 간헐적 보상으로 점차 바꾸어 주어야 한다. (변동비율스케줄). 언제 간식이 나올지 모르게 하면 된다.

'쭈쭈' 소리를 이용해 강아지로부터 관심을 끌고 집중하게 하는 교육은 매일 매일 습관화될 수 있도록 해야 한다. '쭈쭈' 소리도 강아지 이름과 마찬가지로 긍정적이고 재미난 소리로 인식되어야 한다. '쭈쭈' 소리는 리드 줄을 끄는 강아지와 편안한 산책과 행동교정을 위해 효과적으로 사용할 수 있는 방법이다.

2) 이름 부르면 쳐다보게 하기

훈련의 목적은 강아지 이름을 부르면 쳐다보도록 훈련하는 것이다. 이름은 항상 긍정적인 것으로 느껴지도록 해야 하며, 목소리는 명랑하고 활기차야 한다.

① 이름을 부른 후 고개를 돌리는 순간이 칭찬의 타이밍이다. 그리고 빠르게 간식으로 보상해준다(긍정강화). 이름을 부를 때 미리 칭찬할 마음의 준비를 해야 한다.

② 강아지가 내 앞에 있다면, 재빨리 몇 걸음 움직이면서 이름을 부른다. 그러

면 강아지는 자연스럽게 내가 움직인 방향으로 올 것이다. 이때 '예스'나 '옳지'로 먼저 칭찬한 후 가까이 오면 빠르게 간식으로 보상한다.

③ 강아지가 이름을 칭찬과 간식으로 연상하도록 반복적으로 연습한다.

④ 간식은 간헐적 보상으로 바꾸어 주어야 한다. 그래야 우리에게 언제 간식이 나올지 모르는 기대감으로 더욱더 간절히 쳐다볼 것이다.

'이름 부르기' 교육은 다른 기본예절 교육을 위해 반드시 교육해야 한다. 이때 주의해야 할 점은 이름 부르기 교육 중에는 강아지가 우리를 쳐다볼 거라고 확신한 상태에서 이름을 불러야 한다. 주변 상황이 산만하고 집중하지 못하는 상황에서 쳐다볼 확률이 낮다면 이름을 부르지 말아야 한다. 또한, 반복적으로 이름을 부른다면 강아지에게 자기 이름을 무시하도록 만들 수 있으니 주의해야 한다.

예를 들어 이름을 부르고 혼을 내거나, 반복적으로 이름을 부른다면, 강아지는 앞으로 이름을 부를 때 다른 곳을 보거나 우리 곁에 있으려 하지 않을 것이다. 이름은 하나여야 한다. "필립", "필립아", "필립이"는 다른 이름으로 느낄 수 있다. 개의 이름 부르는 모든 사람이 한 가지로 이름을 불러야 하며, 가능하다면 그 톤도 일관성이 있는 것이 좋다.

이름 부르며 혼내지 말아야 한다. 지금까지 쌓아온 신뢰를 깰 수 있기 때문이다. 우리가 흥분해서 목소리를 높이고, 반복적으로 명령어를 사용하고, 부정적 감정이 들게 한다면 지금까지 쌓아온 교육의 성과물들이 물거품이 되어 버릴 수도 있다.

3) 앉기(Sit)

목표는 강아지가 우리를 볼 때마다 스스로 앉는 것이다. 즉 우리에게 얌전히 앉아 집중하는 것이다. '앉기'는 강아지의 카밍시그널 중 하나다. 이 동작을 함으로써 강아지는 흥분을 조절할 수 있으며, 다른 강아지에게 편안함을 느끼게 하여 예의 바른 강아지라는 인식을 심어줄 수 있다.

이 동작을 완벽하게 했다면 점프하는 강아지, 흥분해서 입에 무는 강아지가 되는 것을 예방할 수 있다. 앉기 연습은 실내에서부터 완벽하게 한 후 방해 요소가 있는 장소로 옮겨가면서 연습하도록 한다. 다른 환경에서도 일반화가 필요하다.

'앉기' 훈련에서 전문가마다 다른 방법을 사용할 수 있다. 본 장에서는 저자가 사용하는 방법이므로 다른 방법을 참고하여 사용하여도 무방하다.

① 간식을 보여주고 코앞으로 가져간다.

② 간식을 코앞에서 머리 위로 서서히 직각으로 올린다. 이때 강아지는 간식을 향해 머리를 들게 되고, 자연스럽게 엉덩이는 내려가며 바닥에 붙이게 된다.

③ 강아지의 엉덩이가 앉기 시작하는 순간에 칭찬과 함께 간식을 재빨리 보상한다.

④ 같은 자리에서 하지 말고, 자리를 옮겨 가며 연습을 한다. 이제 앉기 동작이 만들어진 것이므로 이제부터 강아지가 생각하도록 만들어야 한다.

⑤ 간식을 보여주고 강아지 앞에 서서 기다린다.
강아지가 간식을 얻기 위해 생각할 것이다. 강아지가 스스로 우리의 의도를 파악할 때까지 조용히 서서 기다린다. 이때 간식을 달라고 짖거나 점프할 수 있다. 이때 몸을 이용해 등을 돌리거나, 밀거나 무시해야 한다. 손을 쓰거나 '안 돼'라는 말을 사용하지 않는 것에 주의해야 한다.

⑥ 이때 강아지가 스스로 생각해서 앉게 되고, 앉으려고 엉덩이가 내려가는 순간 칭찬과 함께 간식을 재빨리 준다. 강아지는 이제 앉는 것과 간식을 연상할 것이다. 강아지가 다시 우리를 쳐다보며 앉을 때 빨리 보상을 해 준다.

⑦ 이제 움직이면서 '쭈쭈' 소리로 관심을 끌고, 우리 앞에 얌전히 앉으면 '옳지'와 함께 간식을 신속하게 준다. 이때 '쭈쭈' 소리에 관심을 두지 않는다면, 그냥 기다린다. 인내심의 게임이 시작된 것이다. 아쉬운 것은 강아지. 배고프고, 맛난 간식이 앞에 있으니 결국 우리에게 집중하고 얌전히 앉게 될 것이다. 다시 일어나기 전에 간식으로 보상해주어야 한다는 것을 명심해야 한다. 연속해서 연습하면 강아지는 앉기가 능숙해질 것이다.

⑧ 능숙해졌다면 명령어를 엉덩이가 내려가는 순간에 '앉아'라고 씌운다. 하지만 가능하다면 명령어는 최대한 자제한다. 강아지는 무언가 우리에게 원하는 것이 있다면 습관적으로 예의 바르게 앉아야 하며, 필요한 것이 있을 때는 자동 반사적으로 앉는 것을 배우게 된 것이다.
또 우리가 무엇을 원하는지 모를 때, 어떻게 해야 할지 모를 때 강아지는 앉게 될 것이다. 강아지가 간식을 먹기 위해서는 앉아야 한다는 것을 알았

다면, 이제부터는 간헐적 보상으로 강화해 주어야 한다. 강아지가 우리에게 집중하고 얼굴을 보고 있을 때 칭찬과 함께 간식으로 보상해주어야 한다.

● "앉기"- 심화훈련

'앉기'가 능숙하게 되었을 때 실내에서 자리를 옮겨 가면서 앉기 교육을 한다. 재빠르게 움직여야 한다. 그러면 강아지도 집중하면서 앉는 동작을 자연스럽게 할 것이다. 이때도 강아지가 엉덩이를 앉으러 내려가 바닥에 앉는 순간에 칭찬하고 간식으로 보상해준다. 실내에서 얼음 땡 놀이를 능숙하게 한다면, 외부로 나가 이 놀이를 연습한다. 움직이는 속도를 바꾸어 가며, 전후좌우 방향을 바꾸어 가며 이 놀이를 한다. 자전거나 오토바이를 쫓아가거나 아이들에 달려들거나, 짖는 강아지, 고양이나 비둘기에게 달려가는 강아지들에게 미리 얼음 땡 놀이를 시작하면 효과적일 수 있다.

걷는 속도, 움직이는 속도가 관건이다. 강아지가 다른 것에 신경 쓰지 않고 오직 우리의 눈과 행동에 집중하게 될 것이다. 명심해야 할 점은 강아지가 먼저 발견하기 전 놀이가 시작되도록 해야 한다. 강아지가 먼저 발견할 수도 있지만, 그렇다 하더라도 우리에게 집중하도록 한 후 놀이를 시작하면 된다.

그림 8-9 기본 훈련(엎드려, 기다려, 이리 와, 놔둬)

그림 8-10 기다려, 놔둬 훈련

4) 엎드려(Down)

'엎드려' 동작은 몸과 마음을 안정시키는 효과적인 동작이다. 강아지가 '앉기' 동작에 익숙해졌다면 '엎드려' 동작을 배울 차례이다. 강아지에게 '엎드려' 동작은 가장 편안한 자세이다. 이 동작은 강아지 언어인 카밍시그널의 하나로 상대방 강아지에게 '나는 예의 바른 강아지야'라고 알려줌으로써 상대방 강아지에게 편안함을 주는 자세인 동시에 흥분한 상대 강아지에게 '너는 흥분했으니 진정해'라고 하는 신호를 주는 행동이기도 하다.

만약 겁이 많은 강아지거나 소심한 강아지의 경우 다른 강아지가 있는 상태에서는 엎드려 동작을 싫어할 수 있으니 이런 경우라면 강아지가 안심할 수 있는 장소로 옮겨 연습하는 것이 좋다.

이 동작이 완벽하게 된 경우 강아지의 경계성 짖음 또는 학습된 짖음을 예방할 수 있다. 소리도 작을 뿐 아니라 이미 몸과 마음이 편안한 상태이므로 상황을 평범하게 인지하고 별거 아닌 것처럼 받아들일 수 있기 때문이다.

'엎드려'를 시키는 첫 번째 방법은 쉐이핑(Shaping)을 통해 '엎드려' 동작을 만드는 방법이다.

① '앉아'를 시킨다.

② 간식 쥔 손을 코앞에 두고 강아지가 관심을 보이도록 한다.

③ 간식을 바닥을 향해 간식을 천천히 내리면, 강아지는 간식을 따라 고개를 숙이고 앞발을 구부리면서 코가 바닥 근처로 내려와 앞에 있는 간식을 먹으려 할 것이다. 이때 조금씩 먹도록 한다.

④ 강아지 코가 바닥에 닿을 정도가 되면, 간식을 든 손을 천천히 자신의 앞쪽으로 당겨 강아지로부터 조금씩 멀어지게 한다. 이때 강아지가 포기해서 앉지 않도록 간식을 조금씩 맛보도록 한다.

⑤ 강아지가 간식을 먹기 위해 앞다리를 펴면서 자연스럽게 몸을 낮추며 엎드리게 되는 순간 칭찬과 함께 간식을 빠르게 준다. 추가 보상을 주어도 좋다.

⑥ 완벽하게 익숙해지도록 연습하도록 한다. 지금까지는 명령어를 사용하지 않았다.

⑦ 이 동작이 익숙해진 후 앉아 동작에서 다리를 앞으로 뻗고 가슴과 배가 바닥으로 내려가는 동작을 시작할 때, '엎드려'라는 명령어를 덧씌운다.

⑧ 이 신호를 실내에서 반복적으로 연습한다. 한 곳에서 하지 말고, 실내의 장

소를 바꾸어 가면서 연습한다.

⑨ 외부로 나가 연습하는데, 먼저 조용하고 인적이 드문 곳에서 연습하고, 점차 다양한 환경에서 연습하도록 한다. 처음에는 '앉아'에서 '엎드려'로 하지만, 바로 엎드려 동작을 연습해야 한다.
'앉기' 동작과 '엎드려' 동작이 되었다면, 산책 중간에 이 동작을 연습한다.

두 번째, 자연스럽게 스스로 생각해서 엎드리도록 하는 방법이다. 물론 이 방법은 캡쳐링을 했었다면 쉽게 할 수 있다.

① 강아지에게 '엎드려' 동작은 편안한 동작이다. 평소에 가장 많이 엎드려 있기도 하며, 가르쳐 주지 않아도 하루에 여러 번 이 동작을 수차례 하는 동작이다. 그래서 이 동작을 하는 순간에 칭찬과 보상을 평소에 해 준다.
② 간식을 손에 쥐고 배꼽 앞에 손을 모은다. 강아지는 우리의 의도를 관찰하면서 어떤 동작이든 할 것이다. '앉아'가 되거나 '엎드려'를 하거나 발을 올리거나 간식을 먹기 위해서 어떤 동작을 할 것이다. 이때 '엎드려'를 했다면 칭찬과 함께 간식을 준다. 한번 성공했다면 다음부터는 쉽게 따라 할 수 있다.

● 캡쳐링(Capturing)

강아지가 무의식적으로 어떤 동작을 하는 순간마다 포착해서 보상을 해주면, 강아지는 자연스럽게 그 행동을 하게 된다. 이렇게 어떤 동작을 포착해서 그 동작을 하도록 만드는 기법을 캡쳐링이라 한다. 앉기나 엎드리기 동작을 할 때 칭찬하고 보상해주면 자연스럽게 동작과 보상을 연결 지을 수 있게 된다.

5) 기다려(Stay)

강아지가 '앉기'와 '엎드려' 동작을 익힌 상태에서 시작한다. 이 훈련의 목표는 보호자가 허락할 때까지 강아지가 움직이지 않고 얌전하게 하게 기다리게 하는 것이다. 이 훈련을 통해 참을성, 인내심, 독립심을 쌓을 뿐 아니라 보호자와 신뢰관계를 깊게 만들 수 있다. 만약 3초를 성공했다면, 10초, 20초, 30초, 1분, 3분으로 늘릴 수 있다.

처음에는 안 될 수 있지만, 보호자가 인내심을 가지고 꾸준히 연습하면 3분을 기다리게 할 수 있다. 이 훈련을 통해 분리불안, 짖기, 점프하기를 예방하고 교정할 수 있다.

① 먼저 집중할 수 있는 실내에서 강아지에게 '앉아'를 시킨 후 정면에 선다.
② 한 손으로 간식을 쥔 다음, 강아지에게 보여준다.
③ 강아지에게 나머지 한 손의 손바닥을 보여주고 한 걸음 뒤로 물러나면서 '기다려'라고 말한다. 강아지가 움직이면 다시 강아지 앞에서 앉기 동작을 시킨다.
④ 얌전히 앉아서 기다리면 강아지 앞으로 한 걸음 다가와 '옳지'라고 칭찬하고 손에 있던 간식을 재빨리 준다.
⑤ 다음 단계는 강아지를 정면에 두고, 손바닥을 보여주며 '기다려'라고 말을 한 후 두 걸음 뒤로 물러선다. 얌전히 기다리고 있다면 다시 강아지 앞으로 다가와 칭찬과 함께 간식을 준다(몇 초 걸렸는지 다른 가족에게 시간을 점검하도록 한다). 처음 성공했다면 성공 확률이 높으므로, 반복해서 연습한다. '기다려' 동작은 '이리 와' 동작과 연결해야 하므로 확실하게 훈련해야 한다.

6) 이리 와(Come)

① 먼저 실내에서 이름을 부르거나 '쭈쭈' 소리를 낸다. 강아지가 쳐다볼 때 '이리 와'라고 부른다.
② 강아지와 시선이 마주친 후 강아지와 반대 방향으로 두세 발을 움직인다. 이때 시선은 강아지와 유지하며, 무릎, 엉덩이, 어깨는 반대쪽으로 향해 있어야 한다.
③ 강아지가 첫발을 내디디고 달려오는 순간 칭찬한다.
④ 강아지가 앞에 오면 칭찬한 후 간식으로 보상한다.
⑤ 강아지가 오지 않는다면, 리드 줄을 채운 후 '이리 와'를 한 후 살짝 당겨 강아지를 오도록 한 후 칭찬과 함께 간식으로 보상한다.
⑥ 실내에서 연습한 후 야외에서 연습한다. 먼저 긴 리드 줄을 채운 후 강아지가 편하게 움직이도록 한다. 강아지가 다른 곳에 집중하고 있을 때 이름을 부르며 '이리 와'라고 말한다. 강아지가 쳐다보고 다가올 때 시선을 맞춘 다음 반대 방향으로 2~3걸음 움직이면서 칭찬한다. 다가오면 간식을 준다.

⑦ 강아지가 집중하지 않는다면, 리드 줄을 살짝 당겨 강아지가 오도록 한다.
⑧ '기다려'가 되는 강아지라면 '기다려'를 시킨 후 보호자에게 오도록 '이리 와'를 한다. 출발할 때 칭찬하고 다가오면 간식으로 보상한다.
⑨ 얼음 땡 놀이처럼 '이리 와' 놀이를 하는 것도 좋은 방법이다.

강아지 이름과 '이리 와' 교육에선 절대로 혼내지 말아야 하며, 오로지 좋은 경험만 심어주어야 한다.

7) 놔둬(Leave it)

길거리에서 주워 먹는 강아지, 장난감, 먹이, 간식, 영역 소유욕을 가진 강아지에게 욕구를 스스로 조절하는 능력을 키워주는 교육이다. 음식, 장난감, 신발, 핸드백 등 사물에 대해 건들지 말라고 알려주는 명령어이다.

① 실내에서 간식을 들고 강아지 앞에 앉아서 기다린다.
② 강아지 옆이나 앞에 간식을 두고, 강아지가 먹지 못하도록 손으로 막는다. 이때 강아지가 먹으려고 다가오면 간식을 먹지 못하도록 방어해야 한다.
③ 시간이 지나 강아지가 게임의 규칙을 알게 되어, 얌전히 강아지가 앉아 기다리면 그때 간식을 집어서 직접 준다.
④ 이런 동작이 완벽하게 된 후에 '놔둬' 하고 간식을 놓은 후 강아지가 앉으면 그때 간식을 주며, 지시어는 행동이 만들어진 후 씌운다는 생각을 가져야 한다.
⑤ 실내에서 반복적으로 연습한 후 조용한 야외 또는 방해물이 있는 곳에서 교육하면 된다.

● 다른 방법

① 강아지를 앞에 세워 놓고 사람은 서서, 사람 등 쪽으로 간식을 던져 놓고, 강아지가 달려들어 먹으려고 할 때, 강아지가 접근해서 먹지 못하도록 막아야 한다.
② 강아지가 스스로 앉아서 기다릴 때까지 지켜야 한다.
③ 강아지가 앉으면, 간식을 직접 주워 강아지에게 준다.

④ 강아지가 게임 규칙을 알게 될 때까지는 명령어를 사용하지 말아야 한다. 만약 실내에서 손으로 '놔둬' 교육이 되었다면, 훨씬 쉽게 할 수 있다.

● 필통 놀이

강아지가 스스로 보호자에게 자신이 해결하지 못하는 필통을 줌으로써 신뢰를 쌓을 수 있고, 참을성을 길러 주고, 소유욕도 줄일 수 있다.

① 튼튼한 필통에 간식을 넣는 것을 보여주고, 냄새를 맡게 한다.
② 냄새를 맡게 한 후 필통을 닫고, 강아지에게 '기다려' 한 후에 보이는 곳에 둔다.
③ '오케이'나 '가져와'를 한다.
④ 필통을 찾은 후 수단을 가리지 않고 먹으려고 할 것이다. 필통이 열리면 안 된다.
⑤ 포기하고 보호자에게 가져오면 칭찬한다. 그리고 필통을 열어주고 간식을 스스로 먹게 한다.
⑥ 만약 포기하지 않고 계속 먹고자 하면, 옆에 가서 손바닥을 펼친다. 강아지가 입을 이용해 손바닥에 필통을 놓으면, 칭찬하고 필통을 열어 간식을 준다.
⑦ 야외에서도 해보면 잘 따라 할 것이다.

8) 얌전히 걷기(Heeling, "따라", "가자")

얌전히 옆에서 걷기를 가르칠 때 기계적으로 되어 무미건조한 훈련이 되기 쉽다. 따라서 항상 즐겁고 유쾌한 분위기를 만들어야 하며, 개의 흥미와 주의력을 보호자나 핸들러에게 집중하도록 하는 것이 중요하다.

개의 걷는 속도는 사람의 걸음보다 빠르고, 호기심과 경계심으로 먼저 나가 확인하려는 경향이 있어 무의식적으로 사람보다 앞으로 나가려고 한다.

① 보호자나 핸들러는 개에게 자신의 이름에 대해 훈련을 완벽하게 시켜야 한다.
② 보호자나 핸들러는 개의 현재의 전반적인 상태를 파악하여 훈련할 수 있는지를 체크한다.
③ 먹이로 개의 관심을 끌어 집중하도록 한다. 핸들러와 개 간의 눈 맞춤을 위

한 바른 먹이 주는 방법을 숙지한다. 힐링(Heeling)에서는 개가 핸들러보다 앞에 나가지 않고 개의 머리가 핸들러의 허벅지 옆에 있도록 한다.
이때 개들의 반응은 개체별로 차이가 난다. 능동적으로 핸들러에게 점프하거나 깨무는 행동을 보이는 개와 지나치게 위축되거나 회피하려는 행동을 보이는 개가 있을 수 있다.

④ "앉아 - 기다려" 상태에서 리드 줄을 한 상태에서 개가 핸들러의 곁에서 눈맞춤하며 걷는 연습을 한다. 방향전환을 하며 개가 핸들러의 앞으로 나갈 때는 리드 줄을 고정하여 나가지 못하도록 한다. 이미 먹이로 개의 관심을 끌고 집중하도록 충분히 연습되었다면 쉽게 교정할 수 있다. 초기 단계(Setting)에서는 개에게 지금부터 훈련을 시작한다는 인식을 심어주는 동작이다.

⑤ 리드 줄을 한 상태에서 연습이 충분히 마친 후에는 프리힐링(Free heeling) 연습을 한다. 개체에 따라 먹이 또는 장난감을 통해 집중하도록 하는 방법을 사용하는 경우도 있다.

⑥ 힐링을 하면서 중간 중간에 앉도록 지시한다. 핸들러는 개가 최대한 편안하도록 개에게 음식을 주어 안정감을 가지도록 한다.

⑦ 힐링훈련을 마무리할 때는 보상과 함께 놀이시간을 주어 훈련에 대한 긍정적 감정을 가지도록 한다.

● 개가 앞으로 치고 나가는 경우

핸들러는 개의 반대방향으로 간다. 이것은 개가 핸들러가 어느 방향으로 갈 것인가에 대해 집중하도록 하므로 다른 훈련에도 도움을 줄 수 있다. 주의할 점은 개가 핸들러에게 부정적 감정이 들지 않도록 자연스럽게 하는 것이 중요하다.

● 개가 옆쪽으로 걸음 하며 떨어져서 걷는 경우

옆걸음을 할 없는 지형지물을 이용하는 방법이다. 예를 들어, 펜스, 하천 등이 효과적이다. 위치의 순서는 펜스 - 개 - 핸들러 순으로 서서 힐링 연습을 하면 효과적이다.

● 느릿느릿 뒤처진 경우

사회화의 부족으로 외부의 환경을 두려워하거나 회피하려는 개의 경우에는 무리하게 힐링을 훈련하기보다는 처음으로 돌아가 먼저 개와 재미나게 걷는 연습을 한다. 개가 좋아하는 간식이나 장난감 등으로 유도하여 이를 이용하여 게임처럼 주고 칭찬하고 보상한다.

● 길가의 냄새를 맡으며 제멋대로 걷는 경우

개로 하여금 정신을 핸들러에게 집중시키도록 한다.

문제행동 예방 및 교정의 기본 동작으로 기본예절 교육이 충실히 됐다면, 문제행동, 이상행동을 예방할 뿐만 아니라 교정하는 데에 큰 도움이 된다. 예를 들어, 벨이 울릴 때 짖는 강아지라면 이름을 불러 쳐다보게 한 후 '이리 와'를 해서 오게 할 수 있다면 짖음이 빨리 멈추게 되며, 짖음이 멈출 때 칭찬한다면 짖음은 점차 필요 없게 된다는 것을 강아지는 알아차릴 것이기 때문이다.

분리불안이 있는 경우라면, '기다려'를 학습함으로써 혼자 있는 시간을 참을 수 있는 인내심과 독립심을 키울 수 있다. '앉아', '엎드려', 그야말로 최고의 예의 바른 행동으로 '앉아'와 '엎드려'를 스스로 하게 하는 게임이다. 강아지가 우리의 의도를 맞추려고 할 수 있는 동작을 다 할 것이다.

그림 8-11 얌전히 걷기

● 눈치 게임

강아지와 친해지고 신뢰도 쌓이고, 서로의 생각을 알아보는 게임이다.

① 아무 말도 하지 않고, 그냥 간식을 들고 강아지 앞에 선다.

② 만약 '앉아'를 하면 간식을 주면서 칭찬을 한다.

③ 다음 자리를 조금 이동한 후 서서 기다린다. 강아지가 앉으면 이번에는 아무 말 없이 고개를 돌리며, 무시하면서 강아지가 무언가 하기를 기다린다.

④ 강아지가 어떤 동작을 할까? 아마도 무언가의 동작을 할 것이다.

⑤ 예상하는 동작을 하면 간식을 주면 된다.

⑥ 만약 '엎드려'를 하면 칭찬과 간식을 주면 된다.

3. 대체행동

앞에서 사회화 수업과 복종훈련에 관해 설명하였다. 복종훈련을 시키는 이유는 어원에서처럼 개가 집중해서 보호자 또는 훈련사의 명령을 듣고 수행하려고 훈련시키는 것이다.

● 제발 해주세요(Please), '앉아' - 눈을 맞추고 집중하는 자세

사람과 살아가는 일상생활에서 개에게 좋은 매너를 가르치고 이를 계속 강화시켜 준다는 의미에서 일관된 소통법이 필요하다. 카밍시그널에서 "앉아"의 의미에 대해 학습하였다.

훈련시킨다는 것은 반대로 이야기 하면 개는 따른다는 뜻이 된다. 개는 훈련의 대상이며 피교육자로서 수동적인 자세가 된다. 그런데 미국수의행동심리학회(ACVB)에서 제시하는 교육법으로 개가 부탁하는 행동을 하도록 시키는 교육을 권고하고 있다.

개가 엉덩이를 깔고 앉으면 비로소 개가 좋아하는 것이나 관심을 준다. 이 행동이 개의 제2의 본성처럼 되면, 보호자나 다른 사람에게 점프하거나 발을 올리거나 하는 행동 대신 자동으로 앉는 자세를 취하게 된다.

- 산책하러 나가기 전에 '앉아' 후 문을 열고 산책하러 나간다.
- 식사를 주기 전에 '앉아' 후 식사를 준다.
- 장난감을 주기 전에 '앉아' 후 준다.
- 공이나 프리스비 등을 던지기 전에 '앉아' 후 던져 준다.
- 간식을 주기 전 '앉아' 후 간식을 준다.
- 강아지 놀이터에서 '앉아' 후 리드 줄을 풀어 준다.
- 개를 터칭으로 보상할 때도 '앉아' 후 만져준다.
- 개를 차에 태우거나 내릴 때 '앉아' 후 한다.

● 대체행동 훈련하기

대체하고 싶은 행동	훈련 행동
- 문을 열면 달려 나간다.	- 문 열기 전에 앉거나 엎드리게 한다.
- 바닥에 떨어진 음식을 주워 먹는다.	- 장난감을 들고 다니거나 주인과 계속 시선을 맞춘다.
- 초인종이 울리면 짖는다.	- 장난감을 찾는다.
- 주인한테 발을 올린다.	- "하이파이브" 할 때만 발을 올린다.
- 음식을 찾아 쓰레기통은 뒤진다.	- 사료를 콩장난감이나 필통, 노즈워크 매트에 숨겨 준다.

개에게 새로운 행동을 가르칠 때 특히 이미 나쁜 습관을 다른 행동으로 바꿀 때는 인내심과 일관성이 중요하다. 소거 폭발이 발생하는 경우가 많으므로 지속적으로 원하는 행동을 하도록 해야 한다.

문제행동을 할 때 개가 반대되는 행동을 하거나 서로 양립할 수 없는 행동을 하도록 훈련시키고 이에 대해 보상을 하는 것이 행동교정 방법의 하나이다.

- 강아지가 집에 외출 후 돌아온 보호자에게 앉은 자세로 맞이한다면 보호자에게 점프할 수 없다.
- 입속에 장난감이나 자신이 좋아하는 인형을 입에 물고 있으면 집에 방문한 손님에게 짖거나 점프할 수 없다.
- 개가 자기 방석에 얌전히 엎드려 있거나 켄넬에 들어가 있다면 보호자들의 식탁에서 턱을 받치고 침을 흘리며 달라고 조르지 않는다.
- 산책할 때 중간중간 보호자와 눈을 마주치며 곁에서 따가는 개라면 산책할 때 썰매 개처럼 끌지 않는다.

앞에서 관리기법에 관해 설명하였다. 대부분이 개는 목양견, 사냥견, 사역견 등의 목적으로 가축화되었다. 개는 활동량이 부족하면 골치 아픈 행동을 하는 경우가 많다. 개에게 운동은 사람과 마찬가지로 건강을 위해 필수적인 활동이다.

개를 매일같이 산책하고 활발하게 운동시키면 개의 행동에도 많은 영향을 미치게 된다. 충분한 산책과 운동으로 지친 개는 물건 씹는 행동을 줄이며, 덜 짖고, 잠을 더 많이 자고 집에 혼자 있을 때 편안히 휴식을 취할 가능성이 높다.

개가 사회성이 좋다면, 개를 운동시키기 좋은 방법으로 다른 개와 노는 시간을 규칙적으로 마련하는 것이다. 또한 보호자와의 상호작용을 매일 충분히 해주는 경우 문제행동을 예방할 수 있다.

4. 행동 풍부화

동물원에서 생활하는 동물이나 반려동물의 경우, 무료함을 달래기 위해 무언가를 입에 물고, 소리에 예민해져 짖고, 발이나 꼬리를 깨물기도 한다. 각각의 종마다 정상적인 행동 양식이 있으며, 정상적인 행동을 할 없는 환경이라면 동물은들은 정상 행동 양식을 벗어난 이상행동, 상동행동을 보이는 경우가 있다.

무료함을 느끼거나 심심하지 않도록 행동 풍부화를 해주면 좋다. 환경의 풍부화, 먹이 풍부화, 감각 풍부화, 인지 풍부화, 사회성 풍부화로 나눌 수 있다. 물론 이 다섯 가지가 복합적으로 이루어질 수 있다. 행동 풍부화 프로그램을 통해 보호자들과 행복한 생활뿐만 아니라, 스트레스 해소 및 문제행동이나 이상행동을 예방하거나 교정할 수 있다. 스트레스를 받지 않으면서, 피곤한 강아지가 행복한 강아지라고 할 수 있다. 반려동물의 문제행동을 예방하고, 교정하는 이유는 반려동물의 행복, 즉 복지를 향상함으로써 보호자의 삶의 질을 높이는 데 목적이 있음을 명심해야 한다.

● 행동 풍부화

- 환경 풍부화
- 먹이 풍부화
- 감각 풍부화
- 인지 풍부화
- 사회성 풍부화

1) 환경 풍부화

학생의 경우 집에서 학교로, 학교에서 학원으로 또는 독서실로, 다시 집으로 매일 반복되는 생활을 하는 경우가 많다. 단조로운 생활방식으로 인해 스트레스를 받는 경우가 있다. 사람은 스트레스를 풀기 위해 영화도 보고, 백화점가고, 친구들과 여행을 가기도 한다.

강아지에게도 환경의 변화를 주는 것이 행동을 풍부하게 할 수 있다. 예를 들어, 산책코스를 매일 같은 곳을 가는 것이 아니라 다양한 산책코스를 만들게 되면 개는 후각을 이용해 다양한 냄새를 맡고, 시각을 통해 처음 보는 것도 생길 수 있다. 결국 개는 환경의 변화를 인식하고 분석하는 행동을 하게 됨으로써 개의 두뇌를 발달시킬 수 있다.

2) 먹이 풍부화

다양한 먹거리가 우리를 행복하게 하듯, 강아지에게도 중요하다. 먹이 풍부화는 양보다는 질과 다양성을 의미한다.

3) 감각 풍부화

시각, 청각, 후각 등을 이용하도록 하는 것으로 예를 들어, 노즈 워크, 터그 놀이, 깨무는 장난감 등을 이용하도록 하는 것이다.

4) 인지 풍부화

스스로 생각하고 판단하도록 하는 자극을 주는 인지 풍부화는 놀이 풍부화라고 할 수 있다. 강아지가 생활을 지루해하지 않도록 정신적 자극을 주는 것으로 강아지는 동종들과 추적 놀이, 싸움 놀이도 하지만 공놀이, 프리스비 등도 좋아할 수 있다.

감각 풍부화를 겸한 보물찾기 놀이, 수영, 터그 놀이, 기타 장난감 등 강아지가 좋아하는 놀이를 해 줌으로써 지루해하지 않도록 해 주는 것이다.

5) 사회성 풍부화

무리를 이루는 사회성 동물의 경우, 같은 종끼리의 사회화가 절대적으로 필요하다. 강아지의 경우, 이를 통해 강아지의 커뮤니케이션을 원활히 할 수 있는 법을 배운다. 강아지의 성격과 기질을 파악 후 반려견 운동장, 산책 모임 등에서 친구들을 만나 사회성을 길러줄 수 있다.

그림 8-12 행동 풍부화

학습정리

1. 문제행동을 예방하기 위해서는 개와 고양이의 사회화 교육이 매우 중요하며, 개에게는 복종훈련, 개와 고양이에게 올바른 대체행동을 제시하는 것이 문제행동 예방에 도움이 된다.
2. 행동 풍부화는 동물원 동물에서 시작되었으나 반려동물에게도 중요하다. 행동 풍부화에는 환경 풍부화, 먹이 풍부화, 감각 풍부화, 인지 풍부화, 사회성 풍부화가 있다.

과제

1. 개와 고양이 사회화 교육에서 필요한 것들을 요약하세요.
2. 개의 복종훈련의 주요 프로그램을 정리하세요.
3. 개와 고양이 행동 풍부화의 개념을 요약하세요.

예상문제

문제 1. 개와 고양이 사회화와 관련한 설명으로 옳지 않은 것은?

① 개의 경우 사회적 동물로서 산책이나 외부활동이 빈번히 일어나므로 다른 개나 사람, 장소, 물체 등에 대한 사회화가 매우 필요하다.
② 고양이의 경우 외부활동이 극히 제한적으로 이루어지고 있어 사회화가 필요하지 않다.
③ 사회화를 이해함으로써, 개와 고양이가 자신에게 가장 적합한 환경에서 살고 번영할 수 있도록 도울 수 있다.
④ 사회화는 다른 개나 사람, 장소 또는 물체 등 살면서 만나게 될 많은 대상에 대해 친화적인 방향으로 적응하는 것이다.
⑤ 개나 고양이의 행동학적 문제를 예방하기 위해 1세 미만 강아지와 고양이 시기에 이루어지는 사회화는 반려동물의 삶에 있어 중요한 과정이며, 사회화 여부에 따라 보호자의 관계에도 많은 영향을 미친다.

문제 2. 개의 사회화와 사회화 수업 설명으로 옳지 않은 것은?

① 사회화 수업은 강아지가 일생 마주칠 수 있는 많은 종류의 경험, 사람, 사물에 대한 통제된 상황에 노출이 되어야 한다. 또한 긍정적 감정을 느낄 수 있도록 즐거운 방법으로 제공하는 것을 목표로 해야 한다.
② 사회성이 부족한 강아지가 겁을 내거나 공격적으로 되어 버리면 대부분의 강아지 보호자들은 강아지를 다른 개들과 놀게 하고 싶어 하지 않은 경우가 발생할 수 있다.
③ 강아지는 생후 6~20주 어린 시기에 겪는 사회화의 경험에 상당히 민감하며, 이 시기의 경험이 일으킨 결과는 나쁘건 좋건 오랫동안 지속된다.
④ 강아지 사회화 수업은 강아지들이 안전하고 위협적이지 않은 방식으로 다양한 냄새, 소리, 볼거리, 산책 환경, 장비, 그리고 적절한 사회화를 위해 낯선 사람과 개들과 상호작용을 할 수 있도록 해야 한다.
⑤ 강아지로서 적절하게 사회화된 개들은 성견이 되었을 때 공격성과 두려움을 포함한 문제행동이 나타날 확률이 낮고, 사회화가 잘된 개들은 인간과 긍정적인 사회적 활동을 할 가능성이 크다.

문제 3. 고양이의 사회화 설명으로 옳지 않은 것은?

① 고양이들의 사회화 시기는 생후 3주에서 12주 사이이다.

② 태어난 지 2주 된 새끼 고양이들의 눈과 귀가 막 열리고, 주변을 관찰하고 탐색한다. 다음 몇 주 동안, 그들은 빠른 속도로 배우고 그들의 마음은 스펀지처럼 새로운 경험을 받아들인다.

③ 고양이는 사람들과 친해지기 위해 사람들과 함께 좋은 시간을 보내야 한다. 고양이는 사람들과 접촉이 적을수록 사회화되지 않는다.

④ 사회화되기 위해서는 고양이는 사람들과 긍정적인 상호작용을 해야 한다. 한편, 부정적인 상호작용은 고양이의 사람에 대한 신뢰와 사회성을 해친다.

⑤ 고양이는 후각과 청각이 예민하므로 이상한 냄새와 크고 낯선 소리로 가득 찬 환경이 그들을 두렵게 만들 수 있다.

문제 4. 개의 복종훈련 설명으로 옳지 않은 것은?

① 훈련시간은 한 번에 오래 하기보다는 에너지와 하루 일정을 고려하여 짧은 시간을 반복적으로 훈련하는 효과적이다.

② 복종훈련은 개와 핸들러 사이에 많은 교감이 오가는 과정으로 훈련 속에서 규칙을 교육하면, 개는 정신을 교란하는 장애물로부터 핸들러에게 집중하게 되고 덜 산만해진다.

③ 복종훈련의 함정은 개를 로봇처럼 만들 수 있다는 것이므로 훈련은 에너지와 유머가 넘쳐야 하며, 간식을 사려 깊게 사용해야 하고, 무엇보다 신체적 · 언어적 칭찬과 함께해야 한다.

④ 기본 복종훈련은 모든 훈련 전문가가 동일한 방법을 적용해야 한다.

⑤ 품종별, 개체별 특성에 알맞은 방법을 선택하여 훈련을 시키는 것이 현명하다고 할 수 있다.

문제 5. 동물원 동물 및 반려동물의 행동 풍부화로 옳지 않은 것은?

① 학습 풍부화
② 환경 풍부화
③ 인지 풍부화
④ 먹이 풍부화
⑤ 사회성 풍부화

문제 6. 동물의 문제행동 예방을 위한 대체행동으로 옳지 않은 것은?

① 문을 열면 달려나간다.	문 열기 전에 앉거나 엎드리게 한다.
② 바닥에 떨어진 음식을 주워 먹는다.	장난감을 들고 다니거나 주인과 계속 시선을 맞춘다.
③ 초인종이 울리면 짖는다.	장난감을 찾는다.
④ 주인한테 반가워 발을 올린다.	"안 돼" 하고 음성처벌을 한다.
⑤ 음식을 찾아 쓰레기통은 뒤진다.	사료를 콩장난감이나 필통, 노즈워크 매트에 숨겨 준다.

정답

1. ② 2. ③ 3. ① 4. ④ 5. ① 6. ④

Chapter 09

문제행동 교정 과정

학습목표

1. 문제행동 교정 과정을 숙지한다.
2. 질문표에 의한 진찰 전 조사하는 방법을 이해한다.

1. 문제행동 교정 과정

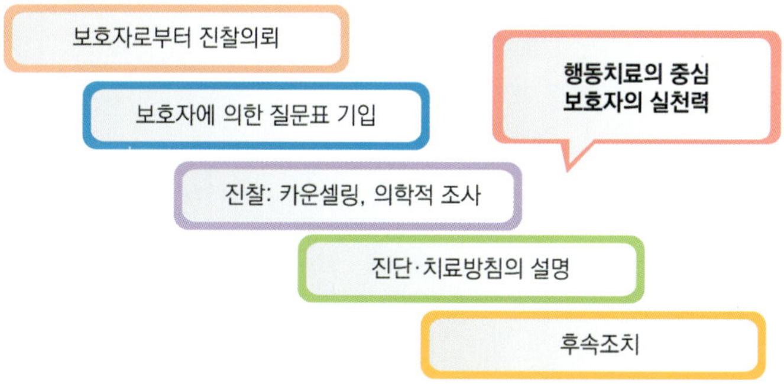

그림 9-1 문제행동 교정의 흐름

출처: 김옥진 외(2017).

반려동물의 문제행동 교정을 위해 행동수정법, 약물요법, 의학적 요법, 관리기법을 사용한다. 어떠한 방법을 사용하겠다는 결정하기 전에 반드시 진단이라는 절차가 필요하다.

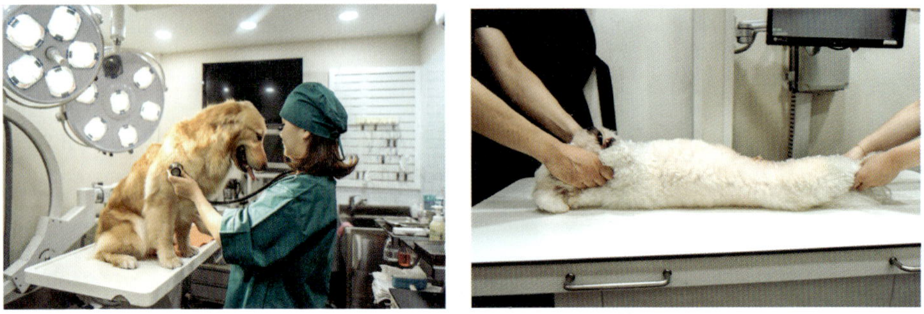

그림 9-2 진단 및 검사

동물의 문제행동과 관련하여 진단을 내린 후 어떤 방법을 사용할지는 수의동물행동전문가와의 상담과 함께 보호자가 결정한다.

2. 질문표에 의한 진찰 전 조사

반려동물의 문제행동과 관련하여 진찰 의뢰가 오면 상담과 함께 질문표를 통해 반려동물에 대해 상세한 정보를 얻을 수 있다.

1) 질문표 조사의 장점과 단점

장점	단점
- 진찰 시 필요한 사항 정리 가능 중요한 질문 내용을 잊어버리지 않음 - 주인이 인식하지 못한 새로운 문제나 문제의 배경 발견 가능 - 주인 이해력과 의지 판단하기 좋은 재료 - 수의행동전문가 사전에 교정계획 수립 가능 - 진찰 시 교상사고 등 위험 예방 - 수집한 정보를 바탕으로 조사나 분석 가능	- 주인에게 질문표 작성의 시간 필요 - 질문표 파악 시간으로 전체 진찰 시간이 길어져 산만해질 가능성

2) 개와 고양이 질문표의 주요 내용

개 질문표	고양이 질문표
- 개의 전반적인 정보	- 고양이의 전반적인 정보
- 문제행동의 내용과 경과	- 문제행동의 내용과 경과
- 가정환경	- 가정환경
- 개의 경력	- 고양이의 경력
- 먹이와 섭식행동	- 먹이와 섭식행동
- 생활습관	- 생활습관
- 복종훈련	- 배설행동
- 병력	- 사회적 행동
- 공격행동 검진표	- 성행동
- 주인의 내원동기와 교정에 대한 자세	- 병력
- 공격행동의 개요	- 내원동기와 교정에 대한 자세

3. 진찰(Consultation)

진찰 시 반려동물의 문제행동과 관련하여 최대한 많은 정보를 얻어야 한다. 다음은 진찰 시 얻어야 하는 최소한의 필요한 반려동물의 정보이다.

- 문제가 되는 동물의 연령, 성별, 품종, 병력 등과 같은 일반정보
- 진찰의 원인이 되는 문제행동의 주요 증상과 주인이 희망하는 최종목표
- 진찰의 계기가 된 사건의 상세
- 문제행동을 일으키는 상황: 인간, 시간대, 환경요인 등
- 문제행동에 이어서 나타나는 행동
- 문제행동의 경과: 최초의 문제행동발생시기, 빈도, 정도의 변화 등
- 관련된 문제행동
- 마지막으로(가장 최근에) 일어난 사건의 상세
- 문제행동이 나타나지 않은 경우의 상황

4. 의학적 검사와 진단

의학적 조사는 진단을 위해 필요하다. 반려동물 보호자의 동의를 통해 의학적 조사를 시행한다.

1) 의학적 검사

① 건강진단: 아픔에 의해 공격행동이나 상동행동을 하는 경우가 있으므로 조사 필요

② 혈액검사

- 내분비검사포함, 내과 질환에 의한 행동 변화 감별. 호르몬의 농도 측정
- 공격성 상승에 관련된 내분비질환으로 갑상선기능저하증이나 항진증
- 억울상태(우울감, 불쾌감 등 의욕이나 흥미가 없어지는 상태) 보이는 질환으로는 당뇨병, 상피소체기능항진증, 부신기능항진증, 인슐린종 등
- 간질 발작을 보이는 경우, 갑산성기능저하증, 상피소체기능저하증 · 항진증, 부신기능저하증

③ 소변검사: 부적절한 배설이 주요 증상, 요로계 질환의 검사

④ 배변검사: 이기가 심한 경우 우선 기생충 검사, 잘하다가 부적절한 곳에 할 때 소화기계 질환 검사

⑤ 피부검사: 각종 알레르기 검사, 피부염, 육아종이 보이는 경우 피부병 검사

⑥ 중추(신경학적 검사): 관심을 구하는 행동에서 선호운동이나 파행을 보이는 경우, 일반신경학적 검사, X선 검사, CT 검사, MRI 검사 등의 유증감별 필요

2) 진단

진단 전 보호자가 작성한 질문표, 진찰 정보, 의학적 검사 결과를 토대로 판단하여 진단을 내린다. 확정 진단을 내리기 어려운 경우에는 임시진단을 가지고 치료를 진행할 수 있다. 임시진단의 경우 교정 과정에서 나타나는 동물의 증상을 자세히 관찰해야 한다.

5. 문제행동 교정 방법의 설명

진단이 내려진 후에 보호자에게 진단명과 진단을 내린 근거를 명확히 전달하고 교정 방법을 자세히 설명한다. 행동교정에서 행동수정법의 보조로 약물요법이 사용되는 경우가 많다. 이는 보호자가 문제행동 교정에 관여해야 할 사항들이 많다. 따라서 문제행동 교정 중간에 발생할 수 있는 다양한 문제들에 대해 사전에 알리는 것도 중요하다.

6. 후속 조치

① 문제행동 교정이 시작된 후에는 행동교정법에 불분명한 점이 있는지, 문제는 없는지, 결과는 어떠한지 등을 체크한다.

② 행동수정법에는 시간이 필요하므로 보호자에게 문제행동이 긍정적으로 개선될 수 있다는 자신감을 준다.

● 질문표의 예

Ⅰ. 보호자 일반 배경

해당란에 ✔를 하시고, ( )에는 기입하여 주시기 바랍니다.

1. 현재 보호자 성별은? 남❑ 여❑
2. 보호자의 가족 구성원, 성인, 아동? 명
3. 보호자와 가족 구성원의 현재 연령대는 어떻게 되십니까?
   (예: 30대 2명, 40대 1명, 10대 2명)
4. 보호자께서 현재 살고 계시는 거주형태는 어떤 형태입니까?
   ① 아파트 ② 빌라 ③ 단독주택 ④ 주거용 오피스텔 ⑤ 기타
5. 보호자의 거주지역은? (예: 서울, 경기도 등)
6. 반려동물 마릿수? 마리
7. 반려견 입양 전 입양할 반려견의 견종적 특성에 대해 알았는지요?
   ① 예 ② 아니오
8. 반려견 입양 전 반려견 훈련법을 공부하셨는지요? ① 예 ② 아니오
9. 반려견 교육훈련을 위해 어떤 방법을 사용했는지요?
   ① 책과 방송을 보고 직접 교육시킨다.
   ② 전문가에게 보호자가 교육을 받아 교육시킨다.
   ③ 반려견과 함께 교육을 받았다.
   ④ 핸들링이나 쇼를 위한 교육을 전문가에게 받았다.
   ⑤ 전문가에게 방문훈련을 받았다.
   ⑥ 위탁훈련소에 보냈다.

10. 위탁훈련소나 훈련사 방문훈련을 받아 보신 적이 있으신지요?

① 예

② 아니요

있다면 기간은? 　　　개월

11. 반려견의 문제행동이 있을 때 어디에서 조언을 구하였는지요?

① 수의사

② 동물병원간호사

③ 동물행동전문가

④ 훈련사

⑤ 지인(친구, 친적 등)

⑥ 전문서적

⑦ 전문브리더

⑧ 인터넷

⑨ 기타

12. 현재 개가 병원에서 정기적으로 교정을 받거나 약을 복용하고 있는지요?

있다면, 어떠한 이유인지요?

II. 반려견 특성 설문지

1. 반려견 이름 및 견종:
2. 성별: 나이(개월, 추정): 몸무게:
3. 입양 시기(생후 몇 개월): 개월, 보호소의 경우 추정 나이: 세
4. 입양장소?
   ① 애견샵 ② 지인(친지, 친구 등) ③ 보호센터 ④ 전문브리더
   ⑤ 기타(길에서 등)
5. 반려견 부모견을 보셨는지요? ① 예 ② 아니오
6. 중성화 여부 ① 예 ② 아니오
   중성화를 했다면, 생후 몇 개월령에 했는지요(추정):
7. 중성화를 한 이유는?
   ① 문제행동 예방 ② 문제행동교정 ③ 질병 예방 ④ 기타
   (보호센터 입양한 경우, 중성화가 되어 있었다면 답을 안 하셔도 됩니다.)
8. 켄넬을 사용해 보신 적이 있는지요? ① 예 ② 아니오
   반응은? ① 얌전히 잘 있다 ② 낑낑댄다 ③ 짖는다 ④ 짖으며 발로 찬다
9. 현재 착용하는 목줄은?
   ① 하네스 ② 일반 목줄 ③ 헤드칼라 ④ 초크체인 ⑤ 뿔체인(prong collars)
   ⑥ 전기목줄(electronic shock collar)
10. 과거에 초크체인이나 뿔체인, 전기 목줄을 사용해 본 적이 있는지요?
    ① 초크체인(choke collars) ② 뿔체인 ③ 전기 목줄 ④ 사용 경험 없다
11. 반려견이 자는 장소?
    ① 보호자 침대 ② 반려견 방석 ③ 보호자 침대+반려견 방석 ④ 켄넬 ⑤ 견사
    ⑥ 기타( )
12. 식사는 몇 회 ? 회
13. 온종일 반려견과 같이 계시는 분이 있으신지요(어느 분과 가장 많은 시간을 같이 보내는지)?
    ① 아빠 ② 엄마 ③ 형 ④ 누나, 언니 ⑤ 기타(친지, 친구, 동료 등)
14. 반려견과 같이 계시는 분이 잠시 자리를 비웠을 때 반려견은 반응은?
    ① 얌전히 잘 있다 ② 낑낑댄다 ③ 짖는다 ④ 하울링 한다
    ⑤ 이리저리 움직인다
15. 반려견이 매일 혼자 보내는 시간은 얼마나 되나요?
    ① 1시간 이내 ② 1~3시간 ③ 4~7시간 ④ 8~12시간 ⑤ 기타(시간)
16. 반려견의 하루 산책 횟수는?
    ① 1회 ② 2회 ③ 3회 ④ 4회 이상 ⑤ 기타(회)
17. 하루 평균 산책 시간?
    ① 1시간 이내 ② 1~2시간 사이 ③ 2~3시간 사이 ④ 3~4시간 ⑤ 4시간 이상

18. 산책 시 반려견이 하는 주된 행동?

① 냄새를 맡는다 ② 마킹을 자주 한다 ③ 주워 먹는다 ④ 기타

19. 산책 시 보호자와 반려견과 함께 하는 교육이나 놀이는?

① 놀이나 교육을 안 한다 ② 기본예절교육을 중간에 매일 시킨다

③ 반려견과 놀이를 한다(필통놀이, 터그놀이, 찾기 놀이 등) ④ 기타(   )

20. 반려견이 즐기는 운동 또는 놀이

① 달리기(Jogging) ② 수영(Swimming) ③ 장난감 가져와 놀이 ④ 원반

⑤ 강아지들과 추적 놀이 ⑥ 터그놀이 ⑦ 기타(   )

21. 반려견의 민감성 및 공격성 관련입니다.

항목	꼬리 흔들고 핥는다	반응 없다	자리를 피한다	짖는다	으르렁 거린다	문다
식사할 때 밥그릇을 건드리는 경우						
좋아하는 장난감을 건들 때						
잠잘 때 몸 만지는 경우						
쉬고 있을 때 몸 만지는 경우						
몸을 들어 안았을 때						

22. 반려견의 공격성 관련입니다.

항목	없다	있다	있다면 횟수는?
과거 사람을 공격한 경험이 있는지요?			
과거 다른 강아지를 공격한 경험이 있는지요?			
과거 반려견이 새나 고양이를 공격한 경험이 있는지요?			
현재 반려견이 사람, 강아지, 새나 고양이를 공격하는지요?			

23. 현재 반려견 복종훈련 수준을 표시해 주시면 됩니다.

항목	전혀 안 된다 (전혀 못한다)	안된다 (간식 없으면 못한다)	보통이다 (간식이 있으면 잘한다)	잘한다 (간식 없이 3~5회 내에 따른다)	매우 잘한다 (간식 없이 명령어 1~2회 내에 따른다)
이리 와					
앉아					
엎드려					
기다려(10초)					
얌전히 걷기					
놔둬(물건, 음식)					

* 보상 및 처벌 방법을 입니다. 적힌 번호를 다음 페이지에 기재하시면 됩니다.

교육훈련방법	교육훈련기술	비고
보상기반(Reward-based)	간식(Food or treat reward)	①
	칭찬(Praise reward)	②
	놀이 또는 장난감(Play or toy reward)	③
	터칭(Touching)	④
	클리커 트레이닝(Clicker training)	⑤
처벌기반 (Punishment-based)	신체적인 처벌	
	- 때리기(Smacking)	⑥
	- 코 때리기(Tapping nose) 또는 입 막기	⑦
	- 발로 차기(Kicking)	⑧
	- 무릎으로 차기(Kneeing)	⑨
	- 귀나 입 밑을 꼬집기	⑩
	- 얼굴 흔들기	⑪
	음성 처벌	
	- 소리 지르기(Shouting)	⑫
	- 무서운 소리내기(Using stern voice)	⑬
	- 명령어 반복하기(3회 이상)	⑭
	방이나 밖으로 강제로 내보내기	⑮
	강아지가 앞장서지 못하도록 뒤로 획 채기, 끌기	⑯
	강아지의 엉덩이 눌러 강제로 앉히기	⑰
	강아지 움직이지 못하게 하기	⑱
	강아지의 목줄을 내려 강제로 엎드리게 하기	⑲
	플라스틱 등 도구로 행동 못 하게 하기	⑳
	리드 줄 획 잡아채기	㉑
	리드 줄 이용해 공중으로 들기	㉒
	힘을 이용해 강제로 뺏기	㉓
기타(Miscellaneous)	대체행동 하도록 하기(교환하기)	㉔
	무시하기	㉕

25. 반려견의 문제행동 및 기본예절교육 시 보호자가 사용한 교육훈련방법을 적어주시면 됩니다. 처벌과 보상을 같이 사용하였으면 처벌 보상으로 같이 적어주시면 됩니다.

(예: 사람에게 과도한 짖음 시 ⑦, ⑫을 적어 주시면 됩니다)

교육훈련 상황		교육훈련 방법		
		처벌	보상	기타
과도한 짖음	사람			
	다른 개			
	소리(잡음)			
공격성	가족			
	다른 사람			
	다른 개			
으르렁거리기	사람			
	다른 개			
무서움. 두려움	특정 상황			
	많은 상황			
과도한 흥분(점프하기, 안절부절못하기)	특정 상황			
	많은 상황			
꼬집기, 깨물기(사람, 다른 반려견)				
분리불안				
과도한 마운팅(사람, 다른 반려견)				
상동행동(빙글빙글 돌기, 핥기)				
이기(아무거나 먹기)				
물건 씹기(소파, 책상 등)				
음식, 물건 가져가기(신발, 핸드백, 음식 등)				
배변실수				
쫓기(새, 고양이, 자전거, 조깅하는 사람 등)				
리드줄 끌기				
앉아				
이리 와				
놔둬, 뱉어(Leave/Give up object)				

출처: 김병석 외(2021).

Cornell University College of Veterinary Medicine에서 개의 민감성향과 공격성향을 조사하기 위해 사용하는 Canine History Form을 번역하여 사용하였으며, 반려견 문제행동을 측정하기 위해 Hiby 외(2004), Herron 외(2009), Rooney & Cowan(2011)이 분류한 문제행동을 이용하여 24개의 문제행동 항목으로 세분화하여 문제행동 유무를 조사하였다.

학습정리

1. 행동교정은 행동수정법, 약물요법, 의학적요법, 관리기법을 사용한다. 두 가지의 방법이 사용되는 경우도 있다.
2. 진단 전 보호자가 작성한 질문표, 진찰 정보, 의학적 검사 결과를 토대로 판단하여 진단을 내린다. 확정 진단을 내리기 어려운 경우에는 임시진단을 가지고 교정을 진행할 수 있다.

과제

1. 주위 개의 설문조사를 직접 실시해본다.
2. 문제행동 교정 과정을 도식화해본다.

예상문제

문제 1. 문제행동 교정의 흐름으로 옳은 것은?

㉠ 진찰의뢰 ㉡ 카운셀링, 의학적 조사 ㉢ 질문표 조사 ㉣ 진단 ㉤ 후속조치

① ㉠-㉡-㉢-㉣-㉤
② ㉢-㉣-㉤-㉠-㉡
③ ㉠-㉡-㉤-㉢-㉣
④ ㉠-㉢-㉤-㉡-㉣
⑤ ㉠-㉢-㉡-㉣-㉤

문제 2. 개의 질문표 조사 내용으로 옳지 않은 것은?

① 가족 구성원 및 동물의 구성
② 문제행동 내용과 역사
③ 산책 및 외부 활동
④ 개의 복종훈련 수준
⑤ 개의 기술

문제 3. 고양이의 질문표 조사 내용으로 옳지 않은 것은?

① 고양이 문제행동
② 고양이의 놀이 활동
③ 먹이와 섭식행동
④ 사회적 행동
⑤ 보호자의 개인 정보

문제 4. 질문표 조사를 사용하는 진찰의 장점으로 옳지 않은 것은?

① 진찰 시 필요한 사항 정리 가능
② 중요한 질문내용을 잃어버리지 않음
③ 질문표 파악 시간으로 전체 진찰 시간이 길어져 집중할 수 있음
④ 주인 이해력과 의지 판단하기 좋은 재료
⑤ 주인이 인식하지 못한 새로운 문제나 문제의 배경 발견 가능

정답

1. ⑤ 2. ⑤ 3. ⑤ 4. ③

Chapter 10

개의 문제행동 교정 실무

학습목표

1. 개의 문제행동 교정 실무에서 필요한 방법을 익힌다.
2. 개의 개체별 특성에 맞는 적절한 문제행동 교정 방법을 제시할 수 있다.

앞에서 동물의 학습원리와 개의 문제행동의 종류에 관해 설명하였다. 본 장에서는 개의 각각의 문제행동의 진단, 원인, 행동교정방법에 관해 설명한다. 문제행동의 사례에 따라 어떠한 행동교정방법을 적용하느냐에 따라 효과 및 지속성을 차이를 보일 수 있으며, 대상 개에 따라 품종별, 개체별 차이가 있음을 유념해서 적용해야 한다.

미국의 경우에는 동물의 행동을 연구하여 건강을 증진시키려는 목적으로 미국수의학협회(AVMA: American Veterinary Medical Association)에서 인증받은 미국수의행동심리학회(ACVB: American College of Veterinary Behaviorists)가 있어 수의사이면서 동물의 행동심리 전문가 인증을 받은 수의행동심리학자가 모인 단체로서 의학적 지식을 기반으로 동물의 문제행동을 개선하는 전문가들이 있으나, 국내의 경우에는 이러한 제도가 없는 실정이다.

개의 문제행동은 빈번하게 나타나며, 반려견 보호자의 대다수가 자신의 반려견의 문제행동을 보고하고 있다.

개의 문제행동을 교정하기 위해서는 수의사, 동물행동전문가의 도움을 받아 개의 보호자의 사고와 개를 대하는 방법을 변화시켜야 개의 문제행동이 개선될 수 있다. 개의 문제행동의 교정에서 보호자의 실천력과 인내심이 절대적으로 필요한 요인이다. 아무리 좋은 방법을 전문가가 제시했다 하더라도 보호자가 받아들이지 않으면 좋은 결과는 기대할 수 없다. 따라서 보호자를 변화시키는 상담능력 또한 전문가들의 몫이다.

문제행동의 예방에서 사회화 교육, 퍼피교육, 기본 복종훈련, 대체행동, '앉아' 교육의 중요성과 방법에 관해 설명하였다. 반려견에게 발현하는 어떤 특정 문제행동을 설명하겠지만 기본 복종훈련, 대체행동에 대해서 필요한 경우 간략히 반복하여 설명하도록 하겠다. 또한 일부 기본 복종훈련에서 설명하지 않은 패턴훈련(Pattern training)을 추가로 설명하도록 하였다.

앞에서 동물의 학습원리를 이해하고 반려견의 문제행동에 적절하게 적용하고 교정하는 과정은 인내심이 필요한 과정이다. 어떤 경우에도 몇 달 그 이상이 걸리는 경우도 있다.

동물의 원리를 근거로 하여 개의 문제행동 교정 방법을 설명하겠으나, 영국 환경식품농촌부(DEFRA), 해외 수의사 단체, 훈련단체, 동물보호단체 등에서 제시하는 훈련 및 행동교정 방법에 대해 법으로 규정하거나 권하는 내용이 있다. 개 훈련과 문제행동 교정방법으로 강압, 고통, 정서적 또는 육체적 불편함을 일으키는 혐오기반 훈련기반훈련법(Avesrsive-based training)의 제한과 보상기반 훈련(Reward-based training)을 권고하고 있다. 다음은 개 훈련에 관한 입장 또는 표준을 제시하고 있는 기관과 단체이다.

● 개 훈련에 관한 표준 또는 입장을 표한 단체명

약어	단체명
ACVB	American College of Veterinary Behaviorists
AVSAB	American Veterinary Society of Animal Behaviorist
APDT	The Association of Professional Dog Trainers
APDT UK	Association of Professional Dog Trainers UK
APDT Australia	Association of Professional Dog Trainers Australia
BVA	British Veterinary Association
CAPDT	Canadian Association of Professional Dog Trainers
CCPDT	Certification Council for Professional Dog Trainers
CHS	Calgary Humane Society
CVMA	Canadian Veterinary Medical Association
DEFRA UK	Department for Environment Food & Rural Affairs UK
EHS	Edmonton Humane Society
ESVCE	European Society of Veterinary Clinical Ethology
IAABC	International Association of Animal Behavior Consultants
PPG	Pet Professional Guild
RSPCA	Royal Society for the Prevention of Cruelty to Animals

출처: 김병석 외(2021).

어떤 방법이 적절한가? 동물행동전문가, 수의사, 훈련사와 보호자와의 상담을 통해 가장 적절한 방법을 찾도록 노력해야 한다. 본 장에서는 다양한 품종, 개체별 특성, 각기 다른 환경에 처해 있는 개들에게 적용할 수 있는 다양한 방법을 제시하여 이론과 사례를 학습함으로써 추후에 실전에서 응용할 수 있도록 하고자 설명하도록 하겠다.

문제행동을 보이는 개의 공통점은 다음과 같다.

① 민감도 높다(밥그릇, 장난감, 잠자리, 신체 부위)
② 복종훈련 수준이 낮다.

③ 개의 특성에 맞지 않는 부적절한 훈련방법 및 행동교정방법을 사용한 경험이 있거나 사용하고 있다.
④ 보호자와 개와의 상호작용(활동)이 부족하다.
⑤ 산책이나 운동이 부족하다.
⑥ 보호자가 반려견의 특성과 기질 파악이 부족하다.

위에서 제시한 공통점을 반대로 풀이하면, 개의 민감도를 낮추고, 복종훈련 수준을 높이고, 부적절한 훈련방법이나 행동교정방법이 아닌 개에 적절한 방법을 적용하고, 개와 보호자와 상호작용(활동)을 적절히 하고, 산책이나 운동을 알맞게 하고, 자신의 반려견에 대한 특성과 파악을 한다면 반려견의 문제행동 교정은 개선되고 좋아질 수 있다.

사실 글처럼 쉽지 않다. 그래서 전문가의 도움을 받아 진행하는 것이 효과적이며 반려견의 복지 측면과 보호자의 안전을 위해 보다 안전하다고 할 수 있다.

● 개와 전문가, 개와 보호자 간 행동교정 시 고려해야 할 요소

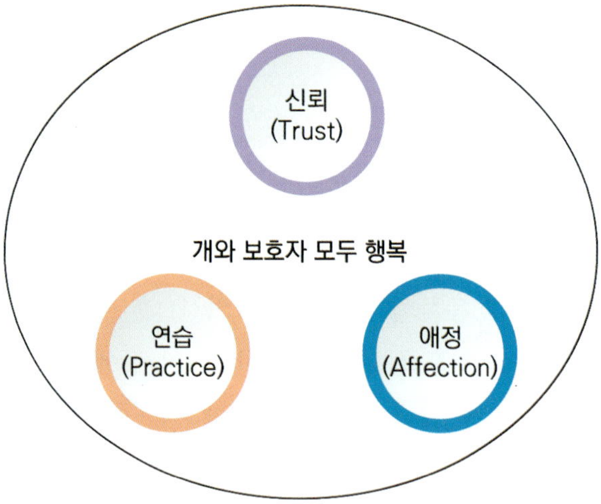

행동교정시 개의 시각 신호(입, 귀, 꼬리, 몸의 균형, 표정 등), 청각 신호(짖음, 으르렁거리기 등), 생리학적 변화(호흡 등) 관찰이 매우 중요하다.

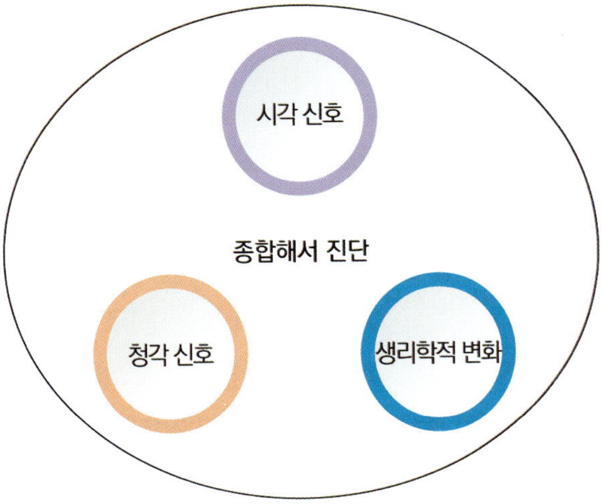

훈련과 문제행동 교정방법으로 사용하는 기술을 조사한 연구결과이다.

● 보호자들이 사용하는 훈련방법과 훈련 기술

훈련방법	훈련 기술
보상 기반 훈련	① 쳐다보게 하기 ② 클리커 트레이닝 ③ 간식 보상하기 ④ 간식으로 교환하기 ⑤ 장난감 주기 ⑥ 항상 '앉아' 하기
중립적 훈련	⑦ 반응하는 상황 만들지 않기(관리기법) ⑧ 페로몬 사용하기 ⑨ 운동시키기
혐오 기반 훈련	**직접접촉** ⑩ 강제로 배 보이게 뒤집기 ⑪ 다리, 옆구리 벌려 엎드리게 하기 ⑫ 리드 줄로 강제로 엎드리게 하기 ⑬ 때리거나 차기 ⑭ 턱이나 목덜미 잡기 ⑮ 무릎으로 가슴 차기

훈련방법	훈련 기술
	⑯ 리드 줄 잡아채기
	⑰ 손가락으로 목 또는 옆구리 찌르기
	⑱ 초크체인 또는 핀치칼라 사용
	⑲ 코 문지르기
	⑳ 주둥이 잡기
	㉑ 강제로 입안에 있는 물건 뺏기
	㉒ 전기충격칼라 사용하여 충격주기
	㉓ 짖음방지칼라 사용하여 충격주기
	간접접촉
	㉔ “안 돼” 소리내기
	㉕ 스프레이 사용
	㉖ 부적절한 행동 시 무서운 소리내기
	㉗ 으르렁거리기
	㉘ 무서운 장소에 강제로 노출하기
	㉙ 야단치기
	㉚ 응시하기

출처: 출처: Herron et al.(2009).

국내 동물보호법에 규정하는 동물 학대의 개념과 동물보호의 기본 원칙을 간략히 소개하겠다.

> **제2조**(정의) 이 법에서 사용하는 용어의 뜻은 다음과 같다.
>
> 1의2. “동물 학대”란 동물을 대상으로 정당한 사유 없이 불필요하거나 피할 수 있는 신체적 고통과 스트레스를 주는 행위 및 굶주림, 질병 등에 대하여 적절한 조치를 게을리하거나 방치하는 행위를 말한다.
>
> 1의 3. “반려동물”이란 반려(伴侶) 목적으로 기르는 개, 고양이 등 농림축산식품부령으로 정하는 동물을 말한다.
>
> 동물보호법 시행규칙 제1조의2(반려동물의 범위)
>
> 동물보호법 제2조 제1호의3에서 개, 고양이, 토끼, 페럿, 기니피그, 햄스터를 말한다.

> **제3조**(동물보호의 기본 원칙) 누구든지 동물을 사육 · 관리 또는 보호할 때에는 다음 각호의 원칙을 준수하여야 한다.〈개정 2017.3.21.〉
> 1. 동물이 본래의 습성과 신체의 원형을 유지하면서 정상적으로 살 수 있도록 할 것
> 2. 동물이 갈증 및 굶주림을 겪거나 영양이 결핍되지 아니하도록 할 것
> 3. 동물이 정상적인 행동을 표현할 수 있고 불편함을 겪지 아니하도록 할 것
> 4. 동물이 고통 · 상해 및 질병으로부터 자유롭도록 할 것
> 5. 동물이 공포와 스트레스를 받지 아니하도록 할 것

동물보호법 시행규칙에서 반려동물로는 개, 고양이, 패럿, 햄스터, 토기, 기니피그로 규정하고 있으며 동물 학대와 동물보호의 기본 원칙을 충분히 이해하고 개의 훈련과 문제행동에 임하는 것도 분명 중요하다. 훈련과 문제행동을 교정하는 이유는 반려동물의 행복과 보호자의 행복이 가장 우선이기 때문이다.

수의사, 동물행동전문가, 훈련사 등 반려동물 관련 종사자들은 동물의 행복이라는 중요한 명제를 잊지 않아야 한다.

1. 공격행동(Aggression)

공격행동은 개에게 가장 흔하고 심각한 문제행동이다. 따라서 반려견 보호자들이 동물행동전문가, 훈련사, 수의사에게 전문적인 도움을 가장 큰 이유이기도 하다.

'공격행동'이란 적어도 상처를 입힐 의도를 표현하는 행동이다. 공격은 상처를 입히는 행동으로 다양한 상황에서 다양한 이유로 발생하는 행동이다. 사실상 모든 야생동물은 그들의 영역을 지키고 새끼를 보호하고 스스로를 보호할 때 공격적이다. 사람과 개를 포함한 무리를 지어 사는 동물은 상호 간 평화를 유지하고 사회적 상호작용을 하는 과정에서 공격행동과 위협을 이용하기도 한다.

개가 "공격적(Aggressive)"이라고 말하는 것은 많은 것을 의미할 수 있다. 공격성에는 일반적으로 경고로 시작하여 공격으로 끝나는 다양한 과정과 행동이 포

함된다. 개들은 공격적인 태도를 보이다가 중간에 언제든지 공격적인 태도를 중단할 수 있다.

사람에 대한 공격성을 보이는 개는 보통 다음과 같은 단계로 점점 격렬한 행동을 보이는 경우가 많다.

● 공격적인 행동

- 매우 조용하고 경직되어 있다.
- 위협적으로 들리는 목구멍의 짖는 소리
- 접촉하지 않은 사람이나 다른 동물에게 돌진
- 상처가 나도록 물기
- 빠른 속도로 반복하여 물기
- 물고 흔들기

개들은 항상 이 순서를 따르지는 않는다. 개는 물기(biting) 전에 종종 위의 행동들 중 몇 가지를 동시에 한다. 많은 경우, 사람들은 개가 물기 전에 경고 신호를 인식하지 못하는 경우가 많다. 경고와 물림 사이의 시간은 매우 짧을 수 있지만 개들은 미리 어떤 종류의 경고 없이 거의 물지 않는다.

● 공격적 행동의 관찰 및 진단

만약 개가 과거에 공격적이었거나 또는 공격적으로 변할 수 있다고 의심된다면, 객관적인 평가가 필요하다. 따라서 다음의 내용을 분석하여 공격성을 분류하도록 하는 것이 필요하다. 연구자나 전문가에 따라 다른 방법을 적용할 수 있다.

① 언제 일어났는가?
② 어디서 일어났는가?
③ 그 시점에 무슨 일이 있었는가?
④ 그 상황에 개에게 무슨 일이 일어 났는가? (신체적 접촉 등)
⑤ 그 상황에 개는 무슨 행동을 했는가? (행동, 대상 등)
⑥ 그 상황에 개에게 무슨 일이 앞으로 일어날 예정이었는가? (신체적 접촉 등)

⑦ 그 상황에 개는 무슨 행동을 할 예정인가? (행동, 대상 등)
⑧ 무엇이 개의 공격행동을 멈추거나 막은 것 같은가?

이러한 질문들에 대한 답을 찾는 것은 개의 공격행동을 촉발하는 상황을 명확히 인지하고 개의 공격행동이 이유에 대해 이해할 수 있다. 개의 공격행동에 대한 교정을 하기 전에 정확한 진단이 필요하다.

개의 공격행동은 개가 왜 공격적인지 원인, 대상, 기능과 목적에 기초에 분석해야 한다. 즉 개가 공격적으로 행동하도록 동기를 부여하고, 공격행동으로부터 무엇을 얻기를 원하는지를 알아낼 수 있기 때문이다.

● 개의 공격행동의 단계

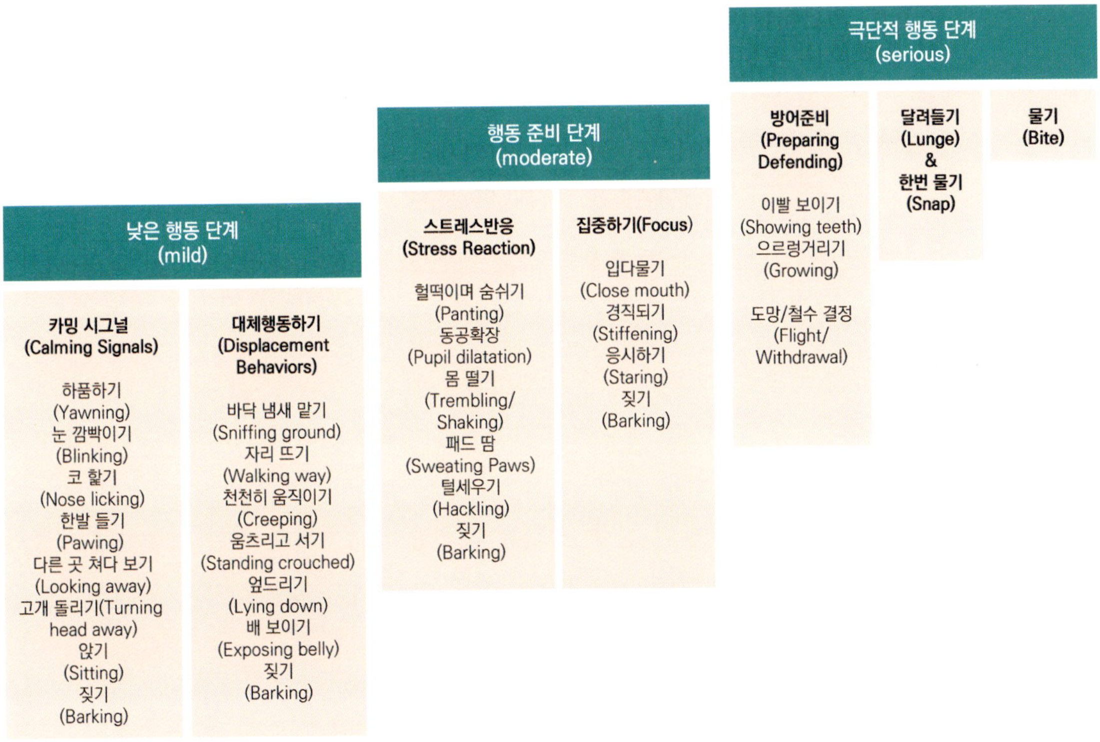

그림 10-1 개의 공격행동 사다리

출처: British Small Animals Veterinary Association(2009).

1) 영역성 공격행동(Territorial aggression)

개들은 사람이나 다른 동물들이 자신의 영역(집, 마당, 방 등)에 침범하는 것을 보고 짖고 돌격한다. 어떤 개들은 침입자가 아군이든 적이든 간에 침입자에 대해 공격적인 행동을 한다. 성견인 수컷과 암컷 개들에게 나타나며, 강아지는 영역성 공격행동은 거의 없다. 영역성 공격행동은 보통 개가 1세에서 3세 사이에 사춘기나 성견으로 성숙할 때 나타나기 시작한다.

(1) 원인

① 부적절한 사회화: 사회화 시기에 사람, 다른 동물 등에 대한 사회화의 기회가 없는 경우에 발생할 수 있다.

② 비의도적 학습: 부정강화(음성, Negative reinforcement)로 인해 학습된 경우, 예를 들면 택배 배송하는 분, 우편배달부 분들에 의해 의도하지 않은 강화로 발생하는 경우도 있다. 또는 보호자가 무의식적으로 강화시키는 경우도 있다.

예) 배달을 위해 집을 방문했을 때 개가 짖고, 으르렁거린 후, 일을 마치고 돌아갔을 때 개 자신의 짖음과 으르렁거리기로 물리쳤다고 생각한다. 이것이 의도되지 않은 상태에서 반복되어 강화된 것이다.

예) 개가 어렸을 때 두려움에 의한 짖음을 칭찬했을 경우, 누가 자신의 집이나 다른 사람 가족에 다가올 때 짖으며 공격적인 행동을 한다.

③ 낮은 복종훈련 수준: 자신의 세력권을 방위하기 위한 본능적인 행동이지만, 영역성 공격행동을 억제하도록 적절한 복종훈련과 관리기법의 부족해서 생기는 경우도 있다.

④ 영역에 대한 과도한 집착: 자신의 세력권을 방위하기 위한 생득적인 행동이 과도한 경우에 나타나는 경우도 있다.

(2) 진단

공격적인 행동의 관찰과 함께 다음의 문진표에 답을 해보면 영역성 공격성을 진단할 수 있다.

예 영역성 공격행동을 보이는 개

질문	관찰 내용
언제	아무때나
어디서	집, 마당에서만 공격적인 행동을 보인다.
그 시점에 무슨 일이 있었는가?	택배기사님이 물건 배달을 위해 방문
그 상황에 개에게 무슨 일이 일어났는가? (개에게 신체적 접촉 등)	택배기사님은 물건만 두고 갔다.
그 상황에 개는 무슨 행동을 했는가? (대상 등)	엎드려 있다가 짖고 달려들었다.
그 상황에 개에게 무슨 일이 앞으로 일어날 예정이었는가? (개에게 신체적 접촉 등)	택배기사님은 물건만 두고 갈 예정이다.
그 상황에 개는 무슨 행동을 할 예정인가? (대상 등)	공격할 것 같다.
무엇이 개의 공격행동을 멈추거나 막은 것 같은가?	막지 못했다.

위의 예의 개는 집이나 마당에서만 공격적인 행동을 보인다. 외부인이나 다른 개가 오면 공격적인 행동을 보인다. 따라서 영역성 공격행동으로 진단할 수 있다.

(3) 행동교정

동물의 학습원리에서 언급한 내용들을 종합하여 적용한다. 실무에서 적용하는 사례이다. 행동교정 방법은 개인과 상황에 따라 다르게 사용할 수 있다. 동물복지라는 관점, 행동교정의 효과성과 지속성, 부작용을 고려해서 적용하는 것이 필요하다.

① 행동수정법

㉮ 역조건부여(길항조건부여, Counter conditioning)

㉠ 다른 방문자나 동물이 왔을 때 영역을 지키려는 감정을 긍정적 감정으로 연관시키도록 한다. 예를 들면, 방문자나 동물이 왔을 때 좋은 일이 일어나도록 보호자가 개를 통제한 상태에서 택배기사에게 부탁해 간식을 주도록 한다.

친절한 개와 그 보호자를 초대하여 집에서 다른 사람과 개와 즐겁게 상호작용할 기회를 자주 가진다.

㉡ 동시에 영역으로 인식하지 않는 공간에서 사람이나 다른 개에 대한 사회화 교육한다.

㈏ 복종훈련으로 '놔둬(Leave it)' 교육한다. 영역성 공격행동을 보이기 전에 보호자가 먼저 명령어를 한다.

㈐ 습관화

㉠ 탈감각화

예를 들어 사람에 대한 영역성 공격행동을 보이는 개의 경우, 단계적으로 교정을 한다. 좋아하는 사람, 낯선 사람 방문 순으로 진행한다. 단계를 잘 따르고 넘어갈 때 다음 단계로 넘어가야 한다.

㉡ 홍수법과 긍정처벌을 조합하여 사용한다.

영역성 공격행동을 보이는 경우 전문가가 침입자로 위장해 오히려 더 강하게 신체적 자극을 주거나 처벌을 한다. 또는 개가 통제할 수 없는 상황에서 예를 들면 런닝 머신 위에 달리게 한 상태에서 낯선 사람이 들어온다.

홍수법의 경우 문제행동 교정 효과를 보지 못할 경우 오히려 더욱 악화될 수 있으므로 주의해야 한다.

㈑ 긍정처벌의 예

㉠ 원격처벌 장치를 착용하도록 하여 영역성 공격행동을 보일 경우 처벌을 준다. 침입자에 대한 기본적인 감정의 변화는 없다. 그저 고통이 무서워 멈출 수 있다. 통제가 안 되는 상황에서는 영역성 공격행동이 다시 나타날 수 있다.

㉡ 보호자의 통제하에 영역성 공격행동을 보일 경우 행동수정 도구인 초크체인이나 핀치칼라를 이용해 처벌을 준다. 기본적인 감정의 변화는 없다. 오히려 초크체인이나 핀치칼라를 사용하는 사람에게 공격행동을 보일 수 있으니 주의해야 한다.

㉢ 목소리를 이용해 영역성 공격행동을 보일 경우 소리 지른다. 소리 지르는 사람에게 공격행동을 보일 수 있으니 주의해야 한다.

② 관리기법

영역성 공격행동을 보이는 개의 경우 관리기법으로 문밖에 '그냥 물건 두고 가세요'라는 표식을 해줌으로써 강화되는 것을 막을 수 있다.

2) 보호성 공격행동(Protective aggression)

개들은 가족이나 친구 중 한 명이 위험에 처했다고 생각할 때 공격적인 행동을 보일 수 있다. 개는 사회적 동물이다. 특히 어미 개는 자신의 강아지를 보호하기 위해 공격행동을 보이는 경우가 많다. 개는 가족이나 친구 중 한 명이 위험에 처했다고 생각할 때 같은 유형의 공격적인 행동을 보일 수 있다. 과거에 낯선 사람에게 공격성을 보인 적이 없는 개가 새끼를 낳아 기르면 공격적으로 행동할 수 있다. 마찬가지로, 개는 보호자가 사람 아이를 가족으로 데려올 때 먼저 보호성 공격행동을 보일 수 있다. 개가 보호자의 친구나 친척을 포함한 가족 밖의 모든 사람을 아기의 안전에 위협으로 취급하기 시작할 때 문제가 발생한다. 수컷과 암컷 개 모두 똑같이 공격적인 행동을 보이는 경우가 많으나 강아지는 거의 보호성 공격행동을 보이지 않는다. 영역성 행동과 마찬가지로, 보호성 공격행동은 보통 강아지가 1세부터 3세까지의 나이에 사춘기나 성인으로 성숙할 때 나타난다.

(1) 원인

① 부적절한 사회화: 사회화 시기에 사람, 다른 동물 등에 대한 사회화의 기회가 없는 경우에 발생할 수 있다.

② 의도적 학습: 보호자들이 장난으로 개가 보는 앞에서 다른 사람을 때리는 흉내나 연기를 할 경우에 개가 보호하려고 공격적인 행동을 보인다. 이것이 강화된 경우에 보호성 공격행동이 발현된다.

③ 낮은 복종훈련 수준: 자신의 가족을 보호하기 위한 행동은 본능적인 행동이지만, 보호성 공격행동을 억제하도록 적절한 복종훈련과 관리기법의 부족해서 생기는 경우도 있다.

④ 가족에 대한 과도한 집착: 자신의 가족을 보호하기 위한 생득적인 행동이 과도한 경우에 나타나는 경우도 있다.

⑤ 새로운 환경변화: 새로운 곳으로 이사, 새로운 가족 구성원이 들어 올 경우

기존의 가족에 대한 보호성 공격성이 발현될 수 있다.

⑥ 과거의 트라우마: 과거에 다른 사람이나 개로부터 가족의 구성원이 공격을 당했을 경우 보호성 공격성이 발현될 수 있다.

(2) 진단

공격적인 행동의 관찰과 함께 다음의 문진표에 답을 해보면 영역성 공격성을 진단할 수 있다.

예 보호성 공격행동을 보이는 개

질문	관찰 내용
언제	가족의 누군가가 위협이나 공격을 받고 있을 때
어디서	집, 외부 공간
그 시점에 무슨 일이 있었는가?	가족 또는 외부 사람이 가족의 누군가를 위협이나 공격을 받고 있었다.
그 상황에 개에게 무슨 일이 일어났는가? (개에게 신체적 접촉 등)	다가오는 개를 손으로 밀었다.
그 상황에 개는 무슨 행동을 했는가? (대상 등)	위협이나 공격행동을 하는 사람에게 짖고 으르렁거린다.
그 상황에 개에게 무슨 일이 앞으로 일어날 예정이었는가? (개에게 신체적 접촉 등)	개에게 짖고 으르렁거리지 말라고 소리치거나 신체적으로 밀거나 한다.
그 상황에 개는 무슨 행동을 할 예정인가?(대상 등)	공격할 것 같다.
무엇이 개의 공격행동을 멈추거나 막은 것 같은가?	다른 가족이나 외부 사람이 가족 한 사람에 위협이나 공격적인 행동을 멈추니 개가 보호성 공격행동을 멈추었다.

위의 예의 개는 집이나 애견카페와 같은 공간에서 보이는 보호성 공격행동을 보이는 경우이다. 가족, 외부인, 또는 다른 개가 가족에게 위협이나 공격을 할 경우에 보호성 공격행동을 보인다. 따라서 보호성 공격행동으로 진단할 수 있다.

(3) 행동교정

① 행동수정법

㉮ 역조건부여(길항조건부여, Counter conditioning)

㉠ 사람에 대한 사회화가 부족한 경우, 사람에 대한 부정적 감정을 긍정적 감정으로 바꾸는 것이 중요하다. 예를 들면, 방문자나 동물이 왔을 때 좋은 일이 일어나도록 보호자가 개를 통제한 상태에서 방문자에게 부탁해 개에게 간식을 주도록 한다.

항상 사람에 대한 사회화 교육이 시간, 장소, 환경에도 일반화시키는 것이 매우 중요하다.

㉯ 개가 공격행동의 신호를 보이면 바로 조치를 취해야 한다. '앉기', '산책할 때 보호자에게 집중하기', '이름 부르면 오기'와 같은 기본적인 훈련을 한다.

㉰ 긍정처벌의 예

㉠ 원격처벌 장치를 착용하도록 하여 보호성 공격행동을 보일 경우 처벌을 준다. 개가 보호하려는 기본적인 감정의 변화는 없다. 그저 고통이 무서워 멈출 수 있다. 통제가 조절되지 않는 상황에서는 보호성 공격행동이 나타날 수 있다.

㉡ 보호자의 통제하에 보호성 공격행동을 보일 경우 행동수정 도구인 초크체인이나 핀치칼라를 이용해 처벌을 준다. 기본적인 감정의 변화는 없다. 오히려 초크체인이나 핀치칼라를 사용하는 사람에게 공격행동을 보일 수 있으니 주의해야 한다.

㉢ 목소리를 이용해 보호성 공격행동을 보일 경우 소리 지른다. 소리 지르는 사람에게 공격행동을 보일 수 있으니 주의해야 한다.

② 관리기법

- 켄넬교육

개가 안전하고 편안하게 있을 수 있는 장소를 제공해준다. 따라서 개가 항상 쉴 수 있는 켄넬교육을 시킨다.

3) 소유성 공격행동(Possessive aggression)

많은 개들은 그들이 필요하든 아니든 그들의 소유물을 다른 사람들로부터 보호하는 경향을 보인다. 개들은 살아남기 위해 먹이, 둥지, 짝을 위해 경쟁해야 했던 야생 조상들로부터 진화했다. 현재는 반려견들의 경우 더 이상 그러한 가혹한 현실에 직면하지 않더라도, 개들은 자신의 소유물을 다른 사람이나 다른 개로부터 보호하는 경향을 보인다.

어떤 개들은 사람이나 다른 개가 먹이 근처로 다가오거나 음식을 먹을 때 자신에게 다가오면 공격적으로 반응할 수 있다. 개들은 자신이 소유하고 가치 있다고 생각하는 씹는 뼈, 장난감, 가장 좋아하는 휴식처, 상자 또는 침대 등을 지킨다.

보통 소유욕이 강한 개는 자신이 원하는 무언가를 가지고 있을 때만 공격적이기 때문에 식별하기가 쉽다. 어떤 개들은 자신에게 소중한 물건들을 집 주변에 숨기고 다른 사람이나 다른 개들로부터 보호한다.

개가 이완된 자세(긴장되지 않고 근육이 이완된 자세), 정상적인 호흡이나 가벼운 헐떡임, 정상적인 속도로 식사하는 것, 흔드는 것, 꿈틀거리는 것 등이 평온한 상태이다. 그러나 공격적 징후는 개가 밥그릇 위에 뻣뻣하게 서 있거나 음식을 삼키거나, 긴장하거나, 으르렁거리거나, 쳐다보거나, 째려보거나 하면 즉시 물러나야 한다.

수컷과 암컷 개들은 똑같이 소유욕이 강한 경향이 있고, 이러한 유형의 공격행동은 어린 강아지와 어른 모두에게 보인다. 특히 먹이에 대한 소유성 공격행동은 많은 사고를 일으키고 있는 것으로 나타나고 있다.

(1) 원인

① 부적절한 사회화: 사회화 시기에 사람, 다른 동물 등과 같이 상호작용이 부족한 경우에 발생하는 경우가 많다. 어린 강아지를 한 그릇에 먹이를 주는 경우, 어려서부터 경쟁을 배운다.

② 의도적 학습: 터그놀이와 같은 행동으로 소유욕을 강화시킬 수 있다.

③ 보호자의 부적절한 양육 및 트라우마: 개의 경우가 본인의 소유를 주장하는 것은 생득적 행동이다. 보호자가 개의 입에 있는 물건이나 개가 가지고 있는 물건을 강제로 뺏었을 경우 소유성 공격행동을 보일 수 있다.

④ 낮은 복종훈련 수준: 자신의 소유를 주장하는 행동은 본능적인 행동이지만, 소유성 공격행동을 억제하도록 적절한 복종훈련과 관리기법의 부족해서 생기는 경우도 있다.

⑤ 부족한 먹이 급여: 개의 발달행동학적 특성에 맞게 먹이를 급여해야 한다. 그런 어린 강아지에게 먹이가 부족할 경우 과도한 식탐과 소유성 공격행동이 유발 될 수 있다.

(2) 진단

공격적인 행동의 관찰과 함께 다음의 문진표에 답을 해보면 소유성 공격성을 진단할 수 있다.

예 보호성 공격행동을 보이는 개

질문	관찰 내용
언제	가지고 노는 장난감을 뺏으려 할 때
어디서	집, 강아지 놀이터 등
그 시점에 무슨 일이 있었는가?	강아지가 장난감을 가지고 놀고 있다.
그 상황에 개에게 무슨 일이 일어났는가? (개에게 신체적 접촉 등)	장난감을 강제로 뺏었다.
그 상항에 개는 무슨 행동을 했는가? (대상 등)	뺏는 사람에게 짖고 으르렁거린다.
그 상황에 개에게 무슨 일이 앞으로 일어날 예정이었는가? (개에게 신체적 접촉 등)	개는 장난감을 뺏긴다.
그 상항에 개는 무슨 행동을 할 예정인가? (대상 등)	공격할 것 같다.
무엇이 개의 공격행동을 멈추거나 막은 것 같은가?	장난감을 돌려주거나 안 보이는 곳에 치운다.

위의 예의 개는 장난감에 대한 소유성 공격행동을 보이는 경우이다. 개는 자신이 소유하고 있는 가치 있는 물건, 먹이 등에 대해 처음에는 대수롭지 않게 뺏긴다. 하지만 몇 번의 반복된 경험을 통해 자신이 장난감을 가지고 있거나, 먹고 있을 때 뺏긴다면 소유성 공격행동을 보인다. 따라서 소유성 공격행동으로 진단할 수 있다.

(3) 행동교정

① 행동수정법

㉮ 먹이에 대한 소유성 공격행동

㉠ 계통적 탈감각화

먹이에 소유성 공격행동의 경우 예방이 중요하다. 탈감각화를 통해 먹이를 주는 사람에 대한 부정적 감정을 긍정적 감정으로 바꾸어 주어야 한다.

예를 들어 손으로 사료를 주는 것이다. 어린 강아지 교육이나 새로 입양한 성견이라도 손으로 간식을 준다. 이게 어렵다면 처음에는 바닥에 던져 주고 점진으로 손으로 직접 주는 것이다. 이때 칭찬과 함께 다른 한 손으로는 개를 쓰다듬어 준다. 쓰다듬기는 신뢰와 유대가 쌓을 수 있다.

② 조작적 조건화

㉮ 긍정강화

먹이에 소유에 대한 공격행동을 보여 사람이나 다른 개에게 공격행동을 보이는 경우 다른 사람이나 다른 개가 있는 사람이 있는 경우에 짖거나 으르렁거리지 않을 때만 보상을 한다. 예를 들면, 방문자나 동물이 왔을 때 좋은 일이 일어나도록 보호자가 개를 통제한 상태에서 개와 다른 개에게 간식을 주도록 한다.

다른 개와 간식을 줄 때는 항상 주의해야 한다. 일부 공공 놀이터에서는 간식 반입을 금지하는 경우가 있다. 그만큼 먹이는 개들에게 싸움을 유발시키는 동기가 될 수 있다. 먹이에 대한 과도한 집착이 있는 개의 경우 다른 개와 먹이를 공유하는 기회를 제공하지 말아야 한다.

㉯ 긍정처벌의 예

㉠ 원격처벌 장치를 착용하도록 하여 소유성 공격행동을 보일 경우 처벌을 준다. 개가 보호하려는 기본적인 감정의 변화는 없다. 그저 고통이 무서워 멈출 수 있다. 통제가 조절되지 않는 상황에서는 소유성 공격행동이 나타나게 되면 위험할 수 있다.

㉡ 보호자의 통제하에 소유성 공격행동을 보일 경우 행동수정 도구인 초크체인이나 핀치칼라를 이용해 처벌을 준다. 기본적인 감정의 변화는 없다. 오히려 초크체인이나 핀치칼라를 사용하는 사람에게 공격행동을 보일 수 있으니 주의해야 한다.

㉢ 목소리를 이용해 소유성 공격행동을 보일 경우 소리 지른다. 소리 지르는 사람에게 공격행동을 보일 수 있으니 주의해야 한다.

③ 기본 훈련

개가 공격행동의 신호를 보이면 바로 조치를 취해야 한다. '앉기', '놔둬' 같은 기본적인 훈련을 한다. 특히 개에게 '놔둬' 교육을 시킨다면 소유욕과 욕구좌절 참을성을 배울 수 있다. 식사시간은 '앉아' 교육의 최적 시간이다. 매일 매일 반복적으로 식사시간은 반복되는 훈련시간이 될 수 있다.

④ 대체행동

장난감이나 공간처럼 개가 가치가 있다고 생각하는 것에 대한 소유성 공격행동을 보일 경우 대체행동을 하도록 한다. 예를 들어 교환하기를 알려준다. 장난감의 경우 똑같은 장난감을 2~3개 준비해서 교환하기를 알려준다. 동시에 '뱉어'를 알려 줌으로써 소유욕을 줄일 수 있다.

⑤ 관리기법

㉮ 먹이에 대한 과도한 집착을 보이는 경우, 특정 공간에서 먹이를 주어 공격행동을 예방할 수 있다. 또한 아이가 있는 가정의 경우 절대 아이를 소유욕이 강한 개의 곁에 두어서는 안 된다. 사람들이 음식을 먹을 때는 개는 다른 곳으로 분리한다.

㉯ 소유욕을 가진 개의 경우, 집착하는 대상을 철저히 관리한다. 보이지 않는 곳에 두거나 접근하지 못하도록 한다.

㉰ 개만의 공간을 만들어 그곳에서 편히 먹거나 쉬도록 켄넬교육을 시킨다.

개가 먹이를 지킬 때 벌을 주거나 위협하면 오히려 소유성 공격행동이 강화될 수 있다. 매우 주의해서 처벌해야 한다.

4) 공포성 공격행동(Fear aggression)

개들에게 가장 많이 보이는 공격 행동이다. 겁먹은 개는 궁지에 몰리거나 갇히면 공격적으로 될 수 있다. 본인의 의지와 상관없이 공포와 불안을 회피할 수 없을 경우 싸우며 저항하는 것이다. 일반적으로 공포성 공격행동의 경우 행동학적 · 생리학적 징후를 동반한다.

개는 무서운 것으로부터 자신을 방어하려고 한다. 겁에 질린 개는 보통 두려운 자세를 취하고 물러가지만, 궁지에 몰리거나 갇히면 공격적으로 변할 수 있다. 어떤 개들은 체벌을 생각하면 움츠러들지만, 위협적인 사람이 다가가면 공격하기도 한다. 겁에 질린 개는 겁을 주는 사람이나 동물로부터 도망치기도 하지만, 사람이나 동물이 떠나려고 돌아서면 뒤에서 다가와 물어뜯는다. 두려운 개가 공격적인 행동을 보인다면 등을 돌리면 위험에 빠질 수 있다. 예를 들어, 어린아이가 개의 입이나 꼬리를 잡은 경우 개는 무서워 공격행동을 보일 수 있다.

겁에 질린 개는 이빨을 드러내지 않고, 사람이나 다른 개에게 경고하기 위해 으르렁거리며, 겁먹은 자세와 퇴각 시도이다. 수컷과 암컷 개는 두려움에 의한 공격행동을 보이며, 강아지와 성견 모두에게 공통적으로 보인다.

(1) 원인

① 부적절한 사회화: 사회화 시기에 사람, 다른 동물, 사물 등과 같은 것에 사회화가 부족했을 경우가 많다.

② 학대경험 또는 혐오 경험: 과거에 학대 또는 혐오 경험을 겪은 경우 공포성 공격행동을 보일 수 있다.

③ 유전적 배경, 선택적 번식, 선천적 기질: 천성적으로 공포나 불안을 보이는 개체가 존재한다.

④ 과도한 공포나 불안: 통제할 수 없는 공포나 불안, 위협을 받으면 본능적으로 공격행동을 보인다.

⑤ 훈련부족: 불안과 공포에 대한 공격성의 원인은 다양하나 복종훈련이나 집중력 훈련이 부족한 경우에도 발현될 수 있다.

⑥ 만성적으로 축적된 스트레스를 주는 부적절한 환경: 운동 부족, 먹이 부족, 물 부족, 과도한 소음에 노출 등 만성적으로 스트레스가 축적된 경우 예민

해져서 공격성이 발현될 수 있다.

(2) 진단

공격적인 행동의 관찰과 함께 다음의 문진표에 답을 해보면 공포성 공격성을 진단할 수 있다.

예 공포성 공격행동 보이는 개

질문	관찰 내용
언제	자신보다 큰 대형견을 만났을 때
어디서	강아지 놀이터
그 시점에 무슨 일이 있었는가?	다른 대형견이 멀리서 자신에게 다가올 때
그 상황에 개에게 무슨 일이 일어났는가? (개에게 신체적 접촉 등)	아무 일도 일어나지 않음
그 상항에 개는 무슨 행동을 했는가? (대상 등)	호흡이 빨라지고 으르렁 거린다.
그 상황에 개에게 무슨 일이 앞으로 일어날 예정이었는가? (개에게 신체적 접촉 등)	대형견이 인사하러 다가 온다. 얼굴인사, 항문인사
그 상항에 개는 무슨 행동을 할 예정인가? (대상 등)	꼬리 말고, 짖으며 뒷걸음 친다.
무엇이 개의 공격행동을 멈추거나 막은 것 같은가?	대형견이 다른 곳으로 간다.

위의 예의 개는 다른 대형견에 대한 공포성 공격행동을 보이는 경우이다.

(3) 행동교정

① 행동수정법

㉮ 계통적 탈감각화와 역조건형성(Counter-conditioning)

공포나 불안이 원인이 되어 공격행동을 보이는 경우에는 공포나 불안을 주는 요인을 제거하거나 탈감각화를 시켜준다.

예를 들어, 다른 개에 대해 공격행동을 보인다면, 멀리서 지켜보는 것부터 시작할 수 있다. 또는 개가 행동학적 변화 또는 생리학적 변화가 일어나는 거리를 관찰한 후 그 거리 밖에서부터 다른 개를 보도록 하여 점차 거리를 좁혀가는 것이다.

동시에 역조건형성으로 멀리서 다른 개를 보고 있거나 보고 난 후 개를 집중하게 하여 간식을 주면 개는 다른 개를 무시하고 보호자에게 집중할 수 있다.

● **평행산책(Parallel walking) - 카밍시그널을 이용한 탈감각화의 방법**

개와 개 사이에 사람들이 중간에 끼어들어 같은 방향으로 산책한다. 처음에는 개와 개 사이가 먼 곳에서부터 가까운 곳으로 이동한다. 개와 개 사이에 사람이 있으므로 개들은 진정하고 편안해질 수 있다.

평행 산책을 이용하여 응용하는 방법으로 친절한 개가 앞에서 먼저 거리를 두고 가고, 공포성 공격행동을 보이는 개가 뒤에서 따라간다. 거리를 점진적으로 좁혀가면 반복한다. 또한 반대 방향에서 커빙(Curving)을 하며 지나가는 연습을 한다. 이때도 중간에 사람이 있으면 도움이 된다.

② 조작적 조건화

㉮ 긍정강화

개가 공포나 불안의 대상으로부터 집중하지 않도록 보호자나 핸들러에게 집중하게 '이름에 대한 반응 높이기', '쳐다보기', '걷다가 앉기' 등의 동작을 강화한다.

㉯ 긍정처벌

공포성 공격행동의 경우 긍정처벌의 효과적이지 않을 수 있다.

그 이유는 공포나 불안은 제거나 감소시켜야 하는 대상이 있다. 처벌로는 극복하지 못한다. 오히려 부작용과 역효과의 우려가 크다. 또한 처벌했을 경우 보호자와의 신뢰가 깨질 수 있다. 신체적 체벌을 하는 경우 두려움이 더욱 증가할 수 있다.

③ 기본 훈련

개가 공포성 공격행동의 신호를 보이면 바로 조치를 취해야 한다. '앉기', '놔둬' 같은 기본적인 훈련을 한다. 식사시간은 '앉아' 교육의 최적 시간이다. 매일 매일 반복적으로 식사시간은 반복되는 훈련시간이 될 수 있다.

④ 대체행동

공포성 공격행동을 보이는 징후가 나타나면 개가 좋아하는 장난감을 이용해 다른 행동을 유도한 후 공포에 대한 긍정적 연관을 짓도록 한다.

⑤ 관리기법

㉮ 개가 공포성 공격행동을 보였던 경험이나 징후가 보이는 대상, 물체 등을 피한다.

㉯ 켄넬교육을 시켜 공포나 위협으로부터 피할 수 있는 공간을 만들어 준다.

5) 방어성 공격행동(Defensive aggression)

두려움에 자극받아 방어적으로 공격적인 개들은 최선의 방어가 좋은 공격이라고 판단한다. 공포성 공격행동과 밀접한 관련이 있는 것은 방어적 공격행동이다. 주요 차이점은 개가 채택한 전략이다. 방어적 공격행동을 보이는 개들은 두려움에 의해 동기부여가 되지만, 복종이나 도망을 하지 않는 대신 최선의 방어가 공격이라고 판단한다. 방어성 공격행동을 보이는 개들은 두려운 자세와 공격적인 자세가 뒤섞여 있다. 공포성 공격행동의 경우, 도망이나 회피할 수 없는 상황에서 보이는 것이므로 방어성 공격행동을 구분할 필요가 있다.

방어성 공격행동을 보이는 개는 처음에는 짖고 으르렁거리면서 자신에게 위협을 가하거나 공포를 주는 사람이나 다른 개에게 덤벼들 수 있다. 상대방이 움직이지 않고 있거나 자신에게 다가오거나 상관없이 방어성 공격행동을 보이는 개는 종종 선제 공격을 가하기도 한다.

상대방이 후퇴하는 경우에만 방어성 공격행동을 멈추는 경우가 많다. 수컷과 암컷 개들은 똑같이 방어성 공격성을 보인다. 개가 방어 전략을 사용하기 위해 자신감을 가질 필요가 있고, 강아지에게도 흔치 않으나 발현하는 경우도 있다.

(1) 원인

① 부적절한 사회화: 사회화 시기에 사람, 다른 동물, 사물 등과 같은 것에 사회화가 부족했을 경우가 많다.

② 학대경험 또는 혐오 경험: 과거에 학대 또는 혐오 경험을 겪은 경우 방어성

공격행동을 보일 수 있다.

③ 선천적 기질: 천성적으로 공포나 불안을 보이는 개체가 존재한다.

④ 훈련부족: 방어성 공격성은 불안, 위협, 공포 등 개의 본능에 의해 발현되기도 하나 복종훈련이나 집중력 훈련이 부족한 경우에도 발현될 수 있다.

⑤ 만성적으로 축적된 스트레스: 운동 부족, 먹이 부족, 물 부족, 과도한 소음에 노출 등 만성적으로 스트레스가 축적된 경우 예민해져서 공격성이 발현될 수 있다.

(2) 진단

공격적인 행동의 관찰과 함께 다음의 문진표에 답을 해보면 방어성 공격성을 진단할 수 있다.

예 공포성 공격행동 보이는 개

질문	관찰 내용
언제	자신보다 큰 개를 만났을 때
어디서	강아지 놀이터
그 시점에 무슨 일이 있었는가?	다른 대형견이 멀리서 자신에게 다가올 때
그 상황에 개에게 무슨 일이 일어났는가? (개에게 신체적 접촉 등)	아무 일도 일어나지 않음
그 상항에 개는 무슨 행동을 했는가? (대상 등)	호흡이 빨라지고 으르렁거린다.
그 상황에 개에게 무슨 일이 앞으로 일어날 예정이었는가? (개에게 신체적 접촉 등)	대형견이 인사하러 다가온다.
그 상항에 개는 무슨 행동을 할 예정인가? (대상 등)	공격적으로 물 것이다.
무엇이 개의 공격행동을 멈추거나 막은 것 같은가?	대형견이 다른 곳으로 간다.

위의 예의 개는 다른 대형견에 대한 공포성 공격행동을 보이는 경우이다.

(3) 행동교정

공포성 공격행동의 행동수정방법, 관리기법 등을 동일하게 적용할 수 있다.

6) 우위성 공격행동(사회적 공격행동, Dominance aggression, Social aggression - struggling for status)

자신이 높은 지위에 있다고 생각하는 개는 가족 또는 다른 개에 대해 공격행동을 보일 수 있다. 사람과 개처럼 사회적 집단에서 사는 동물들은 일반적으로 집단 구성원들 간의 갈등을 최소화하기 위해 특정한 규칙에 따라 산다.

개를 포함한 갯과 동물 종들은 어떤 그룹 구성원이 음식을 처음 먹는지에 영향을 미치는 일종의 계층적 질서를 가지고 있다.

매번 가치 있는 것에 접근하기 위해 싸워야 하는 것이 아니라, 자신의 차례가 오기 전까지 기다려야 한다는 것을 안다. 이러한 질서 있는 관계는 종종 의식화된 공격행동을 보여줌으로써 강화된다. 지위가 높은 개는 무리 내에서 자신의 위치를 다른 개체에게 상기시키기 위해 공격적인 위협을 사용하기도 한다.

자신을 높은 지위로 인식하는 개가 사람 가족 구성원에게 공격성을 보일 수 있다. 개가 성인 보호자에게는 완벽하게 신뢰할 수 있지만 다른 성인가족이나 어린 아이들에게 공격적으로 반응하는 이유이다. 가족 구성원 중 누군가가 자신의 지위를 넘어섰다고 느낀다면, 우위성 공격행동을 보이는 개들은 빠르게 공격행동을 보일 수 있다.

우위성 공격행동은 암컷보다 수컷에게 다소 더 흔하고 잡종보다는 순종에게 더 흔하다. 강아지는 사람들에게 우위성 공격행동을 하는 경우는 드물지만, 같이 사는 다른 개들과 외부의 다른 개들에게 보이는 경우가 많다. 우위성 공격행동은 보통 1세에서 3세 사이의 개에게서 생긴다.

우위성(사회적) 공격행동과 관련하여 일부 행동 전문가들에 의해 뜨겁게 논의되고 있다. 일부 전문가는 사람과 개와의 서열, 우위는 없고, 사회적 공격성이 두려움과 불안감으로 공격행동이 발현된다고 주장하고, 일부 전문가는 우위성 이론을 근거로 하여 분노와 통제 욕구에 의해 동기가 부여된다고 주장한다.

● 우위성 공격행동(Dominated-related aggression)

우위성 이론(Dominance theory)에 의해 분류한 우위성 공격행동에 대해서는 전문가들 사이에 많은 논의가 있다. 우위성 공격행동보다는 소유성 공격행동, 공포성 공격행동 등으로 분류하는 것이 맞는다는 주장도 있다. 그 이유는 우위성라는 의미는 다양한 자원에 대한 우선적인 접근권을 확보하기 위해 보이는 개체 간의 공격행동이다. 우위는 개체 간의 관계이고 우위-복종 관계는 한 개체가 다른 개체의 뜻에 일관되게 따르기 전까지 존재하지 않는다.

우위성 공격행동은 다음과 같이 개가 자신의 위치에 위협적이거나 불쾌한 것으로 인식하는 것에 의해 유발될 수 있다.

- 음식을 빼앗는다.
- 씹는 뼈, 장난감 또는 개가 훔친 물건을 빼앗는다.
- 개가 자는 동안 방해한다.
- 쉬는 동안 개를 물리적으로 움직이는 것
- 개를 껴안거나 키스하는 것
- 개 위로 구부리거나 손을 뻗는 행위
- 개를 순종적인 자세(아래 또는 엎드린 자세)로 조작
- 개를 들어 올리거나 들어 올리려고 한다.
- 개가 원하는 것을 하지 못하도록 막는다.
- 손질, 목욕, 입욕 또는 개 얼굴 닦기
- 개의 귀나 발을 만진다.
- 개의 발톱을 다듬는다.
- 개의 목줄을 잡아당기거나 당기기, 목줄을 다루거나 마구를 착용하기
- 개를 말로 꾸짖는다.
- 엄지손가락이나 둘둘 말아진 신문지로 개를 위협한다.
- 개를 때리거나 때리려고 하는 것
- 개와 동시에 문을 통과하거나 개와 부딪히는 것

자세히 우위성 공격행동으로 분류한 내용을 보면 개의 무리에서는 일어날 수 없는 것들이 많다. 늑대 무리, 개의 무리에서는 대부분의 행동이 자발적으로 일어난다. 따라서 최대한 서로 간의 충돌이 방지되고 있다. 그럼에도 불구하고 개가 사람과 살아가면서 가정에서 사람으로부터 받는 행동은 대부분은 수동적, 즉 비자발적이다는 것이다. 개의 생득적 행동과 습득 적 행동에 대한 이해가 필요하다.

(1) 원인

① 부적절한 사회화: 사회화 시기에 사람, 다른 동물, 사물 등과 같은 것에 사회화가 부족했을 경우가 많다.

② 견종에 따른 유전적 영향, 선택적 교배의 영향

③ 선천적 기질

④ 훈련 부족: 복종훈련이 부족한 경우에도 발현될 수 있다.

⑤ 수컷: 웅성호르몬인 테스토스테론의 영향을 받기 때문에 사회적 공격행동이 나타날 수 있다.

⑥ 보호자의 잘못된 교육

(2) 진단

공격적인 행동의 관찰과 함께 다음의 문진표에 답을 해보면 사회적 공격행동을 진단할 수 있다.

예 사회적 공격행동 보이는 개

질문	관찰 내용
언제	강아지가 쉬고 있을 때
어디서	집 거실 소파
그 시점에 무슨 일이 있었는가?	가족 중 중학생이 소파에 앉았다.
그 상황에 개에게 무슨 일이 일어났는가? (개에게 신체적 접촉 등)	중학생이 개를 몸을 건들렸다.
그 상항에 개는 무슨 행동을 했는가? (대상 등)	으르렁거리며 이빨을 보였다.
그 상황에 개에게 무슨 일이 앞으로 일어날 예정이었는가? (개에게 신체적 접촉 등)	중학생이 이빨을 보인 개에게 '안 돼' 소리쳤다.
그 상항에 개는 무슨 행동을 할 예정인가? (대상 등)	공격적으로 물 것이다.
무엇이 개의 공격행동을 멈추거나 막은 것 같은가?	보호자인 아빠가 와서 개에게 '안 돼' 소리치니 얌전해진다.

위의 예는 개가 가족 중 아빠에게는 소파에서 자신의 몸을 만지는 것을 허락하나 다른 가족인 중학생이 만지는 것을 허락하지 않고 물려는 행동을 보임으로 사

회적 공격행동으로 보이는 경우이다.

(3) 행동교정

① 행동수정법

㉮ 역조건형성(Counter-conditioning)

지금까지 개가 좋아하거나 가치 있다고 판단하는 자원을 통제하여 '앉아'에 대한 보상으로 중요한 자원을 제공한다.

② 습관화

탈감각화를 통해 개의 신체를 만질 수 있도록 교육한다.

② 조작적 조건화

㉮ 긍정강화

보호자나 핸들러에게 집중하게 '이름에 대한 반응 높이기', '쳐다보기', '걷다가 앉기' 등의 동작을 강화시킨다.

㉯ 부정처벌

원하지 않는 행동을 했을 때는 개가 좋아하는 것을 제거한다. 예를 들어 무시하기가 될 수 있다.

③ 대체행동

우위성 공격행동을 보이는 징후가 나타나면 개가 좋아하는 것을 이용해 '앉아', '놔둬'를 시킨다.

④ 관리기법

개가 우위성 공격행동을 보일 수 있는 상항을 만들지 않는 것이다. 만약 침대에 올라가지 못하도록 펜스를 치거나, 침대 방에 들어가지 않도록 방에 중문을 설치한다. 개가 가치 있다고 생각하는 자원을 통제한다. 먹이, 소파, 장난감, 칭찬, 쓰다듬기 등의 개가 좋아하는 자원을 선택적으로 통제한다.

충분한 운동과 산책을 한다. 피곤하면 활동성이 떨어지므로 우위성을 표현하는 기회가 줄어들 수 있다.

수컷과 수컷의 싸운 경험이 있는 개라면 사전에 입마개를 하는 것도 중요하다.

7) 욕구좌절 공격행동(Frustration-elicited aggression)

개들은 어떤 것에 흥분하거나 흥분했지만 접근하지 못하게 되어 좌절할 때 자신을 방해하는 사람이나 사물을 향해 공격적으로 변할 수 있다. 좌절감을 느낀 개는 돌아서서 목줄을 물거나 목줄이나 목줄을 잡고 있는 손을 물 수 있다. 시간이 지남에 따라, 개는 억제와 좌절감을 연관 짓는 법을 학습하게 되어 흥분하지 않은 상태에서도 자신의 욕구가 좌절되거나, 억제되었을 때 공격적인 반응을 보일 수 있다. 예를 들어 친한 개를 만나지 못하는 경우, 친한 개가 대문 뒤에, 우리나 켄넬안에, 차 안에, 또는 목줄을 매고 있을 때 공격적으로 변할 수 있다. 사람에 대해서도 자신을 힘으로 통제할 때 공격행동을 보일 수 있다. 수컷과 암컷 개들은 똑같이 좌절감을 유발하는 공격성을 가지며, 이러한 공격성은 강아지와 성인 모두에서 발생한다.

● 방향이 전환된 공격행동(Redirected aggression)

방향이 전환된 공격행동은 개가 좌절할 필요가 없다는 점을 제외하고는 욕구좌절 공격행동과 매우 유사하다. 개가 사람이나 동물에 의해 자극되거나 공격성을 보이고 다른 누군가가 간섭할 때 발생한다.

예를 들어 사람들이 개싸움을 막으려고 할 때 종종 물리는 경우이다. 사람이 싸우는 개를 잡거나 밀면 개가 갑자기 몸을 돌려 물 수도 있다. 또 다른 예는 두 마리의 개가 울타리 너머에 누군가를 향해 짖을 때 한쪽이 돌아서서 다른 쪽을 공격하는 경우이다.

수컷과 암컷 개들은 똑같이 공격행동의 방향을 바꾸는 경향이 있고, 이러한 유형의 공격행동은 강아지와 성견 모두에서 발생한다.

● 아픔에 의한 공격행동(Pain-elicited aggression)

개가 질병이나 상처가 있는 경우, 아픈 부위를 만지면 반사적으로 일어나는 공격행동이다. 특히 동물병원에서 진찰이나 예방접종 등을 받거나 개가 미용을 할 때 일어나는 경우가 있다. 따라서 동물병원이나 애견 미용실에 개를 다룰 때 주의해야 한다.

훈련 및 행동교정을 위해 핀치 칼라나 초크체인 같은 특정 훈련 도구를 부적절하게 사용하는 경우, 개에게 고통을 주고 오히려 공격행동을 유발할 수 있으므로 주의해서 사용해야 한다. 수컷과 암컷 개들은 똑같이 고통을 수반하는 공격성을 가지며, 이러한 공격성은 강아지와 성견 모두에게 발생할 수 있다.

● 개의 싸움

개의 싸움은 예측하지 못한 상황에서 일어나는 경우가 많으며 싸움에 따라 심각한 부상과 트라우마를 개와 보호자에게 남기게 된다. 가정에서 다견이 있는 경우 보통 사회적 신호를 읽거나 자원을 지키기 위해 싸움이 일어나는 경우가 많다.

만성적인 스트레스, 부적절한 환경으로 인해 싸움이 일어나기도 한다. 개는 싸울 때 처음 공격에는 스스로 조절하여 문다. 상처를 더 입힐 수 있지만, 의식적으로 어느 선까지만 상처를 입히는 경우가 많다.

개싸움을 사람이 말리는 경우 방향이 전환된 공격행동이 나타날 수 있으므로 매우 주의해서 말려야 한다. 가급적 사람의 신체를 사용하지 않고 개를 말려야 한다. 예를 들어, 싸우는 개들에게 담요를 덮거나, 외부라면 물을 뿌리거나, 바리케이드가 되는 물건으로 개들 사에 넣어 말려야 한다.

특발성 공격행동의 경우 원인, 대상, 동기부여 등의 대해 알 수 없는 경우도 있지만, 관찰을 통해 파악하는 경우가 많으므로 공격행동을 분석하여 적절한 행동수정법과 관리기법 등을 이용하여 교정해야 한다.

① 복종훈련 교육

‘여기(Place)-엎드려’, ‘놔둬’ 교육을 철저히 한다.

② 긍정강화

서로 떨어져 있으면 무시하고, 개들이 함께 있을 때는 개들과 함께 즐거운 게임이나 놀이를 하며 간식을 양손으로 준다.

③ 개가 서로 긴장하고 싸우려는 징후가 보이면 바로 부른 후 분위기를 전환시킨 후 적절한 놀이후 보상한다.

2. 과도한 짖음(Excessive barking)

개의 과도한 짖음은 개의 문제행동 중 가장 많은 비율을 차지하는 문제이다. 특히 주위 이웃 간의 갈등을 일으키는 문제행동이기도 하다.

개에게 짖는 것은 의사소통의 한 형태이고, 완전히 정상적인 개의 행동이다. 그러나 과도하게 개가 짖는다면 개 또는 가족에게 무언가의 중요한 청각 신호이다.

개는 여러 가지 이유로 짖는다. 예를 들어, 흥분하거나, 좌절하거나, 지루하거나, 특히 개는 두렵거나 위협을 느끼는 경우, 누군가에게 멀리 가거나 떠나라는 신호로 짖을 수도 있다.

과도한 짖음을 분류할 때 가장 많이 차지하는 경우는 학습된 짖음인 경우가 많다. 개들은 자신이 가장 좋아하는 장난감과 같은 특별한 무언가를 원하기 때문에 짖을 수도 있다. 분리불안이 있는 개의 경우도 짖을 수 있다.

개가 평소보다 과도하게 짖는다면 원인을 알아내 제거하는 것이 가장 좋은 방법이다. 또한 개가 청각장애 등과 같은 건강 문제로 짖을 수 있다. 개가 건강상의 문제로 짖는 것이 의심되면 수의사를 찾아가야 한다.

개가 과도하게 짖는다면 행동수정법, 관리기법 등을 이용해 행동교정을 할 수 있다. 행동수정법에서 긍정처벌의 경우 주의해야 한다. 처벌은 그 행동을 했을 때마다 주어야 한다. 간헐적 처벌의 경우 오히려 강화시키는 경우도 있다. 문제행동을 수정하기 위해 처벌을 사용하는 경우 타이밍이 중요하다. 즉 즉시성이다.

문제행동을 한 후 일정 기간이 지났다면 처벌은 무의미할 수 있다. 오히려 핸들러, 훈련사, 보호자와의 상호신뢰를 깰 수 있음을 유의하여야 한다.

짖음에 유형에 의한 행동수정법의 경우 각각의 개와 환경이 다르므로 일반화의 오류를 범할 수 있으므로 개체별 특성에 맞게 조정되거나 다른 방법을 고안해 내야 한다.

● 개의 짖음에 대한 관리기법

① 충분한 산책, 운동과 활동을 통해 개가 에너지를 발산함으로써 지루함을 방지하는 것이다.
② 외부의 대상을 보고 짖는다면 외부를 보지 못하도록 커튼을 한다. 접근을 금지한다.
③ 소리에 민감하여 짖는다면 평소에 TV나 라디오를 켜 놓는다.
④ 개가 평소에 짖는다면 주위 사람들과 친분을 쌓는 것이 좋다. 개가 짖으면 보호자는 항상 예민해 있다. 따라서 좋은 인간관계를 먼저 쌓은 후 행동수정법을 적용하면 좋다.

● 개가 짖는 강도와 빈도를 줄이는 방법

① 개가 한 번에 짖는 횟수를 줄여나간다.
② 개가 반응해서 짖게 되는 여러 가지 상황을 줄이거나 제거해 나간다.
③ 개가 평상시에 짖지 않고 조용히 있으면 칭찬해 준다. (캡처링(Capturing))

● 과도한 짖음의 행동교정에 필요한 기본 훈련

① '앉아'
② 따라 걷기(Heel)
③ 부르면 시선 맞추기(Eye contact)
④ 부르면 오기(Come)

● 과도한 짖음의 행동교정에 사용하는 행동수정법

① 탈감각화: 짖는 원인이 경계 또는 방어

② 역조건형성(Counter-conditioning)

③ 조작적 조건화

- 긍정강화: 짖지 않을 때 보상한다.
- 부정처벌: 짖을 때 다른 곳으로 격리한다.
- 긍정처벌: 짖을 때 초크체인 등 혐오자극을 주어 멈춘다.

④ 관리기법: 지루하거나 만성적인 스트레스를 가진 개의 경우 짖는 경우가 발생할 가능성이 높다. 따라서 산책하기, 운동하기, 놀기 등의 신체적 · 정신적 자극을 준다.

개의 과도한 짖음의 원인, 진단, 행동수정법과 관련하여 짖음의 분류별로 설명하도록 하겠다. 개는 감정이 매우 풍부하다. 개가 감정을 표현할 때 시각적 신호와 청각 신호로 대부분 조합하여 표현하는 경우가 많다.

짖음의 원인과 유형에 따라 적절한 행동수정법의 적용이 필요하다. 잘못된 행동교정방법을 사용할 경우 역효과가 날 수 있다는 것을 명심해야 한다.

습관화, 역조건형성, 조작적 조건화의 기법을 종합하여 사용하면 효과적이다.

1) 흥분성 짖음(Excitement barking)

어떤 좋은 일이 일어날 것을 예상하고 흥분하거나 즐거운 감정을 표현할 때 내는 짖음이다. 흥분성 짖음은 연속적으로 일어나거나 중간에 멈추는 경우도 있다. 소리는 높이는 중간 정도의 음정보다 높은 음정이다. 보통의 경우 꼬리를 흔들거나, 점프하거나, 다리에 올라타거나, 입에 무언가를 무는 행동도 동반하여 발생하는 경우가 많다. 만약 복종훈련으로 '앉아' 나 '엎드려'를 시켰을 경우 낑낑거림(Whining)과 하품(Yawning)을 하는 경우도 있다.

(1) 원인

① 부적절한 사회화: 사회화 시기에 사람, 다른 동물, 사물 등과 같은 것에 사회화가 부족했을 경우가 많다.

② 훈련부족: 복종훈련이나 집중력 훈련이 부족한 경우에 보이는 경우가 많다.

③ 부적절한 양육: 흥분했을 때 보호자들이 흥분을 조절하는 교육 대신 무의식

적으로 흥분상황을 강화시킨 경우에 주로 발생한다. 신체적·정신적 자극이 부족해 생기는 경우도 있다. 적절한 산책, 운동, 놀이, 보호자와의 상호활동 부족, 혼자 오랜 시간 보내기, 먹이나 물 부족 등이 부족한 경우이다.

④ 만성적인 스트레스: 부적절한 공놀이, 프리스비, 달리기, 매일 다른 개나 핸들러와의 놀이 등 과도하게 개를 흥분시키는 경우이다. 부족한 것도 원인이 되기도 하지만 과도한 경우에도 발생시킬 수 있다.

(2) 진단

흥분성 짖음의 경우 관찰과 함께 다음의 문진표에 답을 해보면 흥분성 짖음을 진단할 수 있다. 일반적으로 점프를 한다. 리드 줄을 물거나 바지나 다리를 깨물 수 있다. 리드 줄을 과도하게 끌고, 문 쪽으로 달려가거나, 다른 개에게 달려가거나, 자동차, 고양이 등 다른 사물에 달려가는 경우도 있다.

예 흥분성 짖음을 보이는 개

질문	관찰 내용
언제	손님이 방문했을 때
어디서	집
그 시점에 무슨 일이 있었는가?	손님이 초인종을 눌렀을 때
그 상황에 개에게 무슨 일이 일어났는가? (개에게 신체적 접촉 등)	아무 일도 일어나지 않음
그 상항에 개는 무슨 행동을 했는가? (대상 등)	호흡이 빨라지 문 앞에서 짖음을 짖는다.
그 상황에 개에게 무슨 일이 앞으로 일어날 예정이었는가? (개에게 신체적 접촉 등)	짖지 말라고 보호자가 소리친다.
그 상항에 개는 무슨 행동을 할 예정인가? (대상 등)	방문자에게 점프하거나 발을 사람에게 매달린다.
무엇이 개의 짖는 행동을 멈추거나 막은 것 같은가?	간식을 주거나 다른 곳으로 데려간다.

(3) 행동교정

① 행동수정법

㉮ 역조건형성(Counter-conditioning)

대체행동, 즉 대체할 수 있는 장난감, 물건을 스스로 입에 물도록 제공한다.

'가져와' 놀이를 통해 다른 곳에 집중하도록 한다.

② 조작적 조건화

㉮ 긍정강화

개가 흥분한 대상에 집중하지 않도록 핸들러에게 집중할 수 있는 '이름에 대한 반응 높이기', '쳐다보기', '걷다가 앉기', '놔둬' , '기다려' 등의 동작을 강화시킨다.

㉯ 긍정처벌

흥분성 짖음과 혐오자극(초크체인 등)을 주어 행동교정하는 것은 바람직하지 않을 수 있다. 오히려 방문하는 사람 또는 대상물에 대해 부정적 감정으로 연관 지어 학습할 수 있다. 긍정처벌은 주의해서 사용해야 한다.

③ 부정처벌

개가 흥분성 짖음을 짖을 경우, 사회적 처벌인 무시하기와 같은 특정 공간에 넣어두고 짖지 않을 때 다시 데려오는 연습을 한다. 이때 가능하다면 짖지 않았을 때 다시 데리고 나온다. 결국 개는 짖지 않아야 사람들과 상호작용할 수 있다는 것을 학습할 수 있다.

④ 기본 훈련

개가 공포성 공격행동의 신호를 보이면 바로 조치를 취해야 한다. '앉기', '기다려' 같은 기본적인 훈련을 한다. 식사시간은 '앉아' 교육의 최적 시간이다. 매일 매일 반복적으로 식사시간은 반복되는 훈련시간이 될 수 있다.

⑤ 관리기법

㉮ 핸들러는 천천히 침착하게 행동을 해야 한다. 당황하지 않는 것이 중요하다.

㉯ 무의식적으로 잘못된 행동에 대해 보상을 하지 말아야 한다.

㉰ 평상시에 에너지를 발산할 수 있도록 충분한 산책, 운동을 시켜주어야 한다. 개가 좋아하고 흥분하는 대상에 가끔 표현할 기회를 주어야 한다. 사회성이 발달했다면 놀이터에 가서 신나게 다른 개와 놀게 해주거나, 다른 개와 친하지 않다면 보호자와 신나게 놀이를 하는 것도 좋은 방법이다.

● 무의식적인 보상

① 개에게 말을 한다. 원치 않는 흥분성 짖음에 대해 처벌의 방법으로 소리치거나, 부적절한 타이밍에 명령어를 사용하는 것도 개에게는 보상이 될 수 있다.
② 개를 쳐다본다.
③ 개를 만진다.

● 흥분성 짖음의 대상이 다른 개인 경우

탈감각화의 방법을 이용해 멀리서 다른 개를 지켜보게 하며, 동시에 핸들러에게 집중하도록 하면 흥분성 짖음이 점차 감소할 수 있다.

2) 경고성 짖음(Warning barking)

정체를 알 수 없거나 너무 멀어서 적인지 아닌지 확인할 수 없는 경우, 즉 다른 개, 사람, 누군가가 접근하고 있을 때 자신의 무리에게 알리는 짖음이다. 높은 톤의 짖음으로 연속해서 서너 번 중음으로 짖고, 중간에 잠시 멈춘다. 위협으로부터 도망가는 행동이 일반적이다. 무리 중에 리더 또는 다른 한 마리가 나머지의 무리를 지키기 위해 책임감을 가지고 물러서 자리를 지킬 수 있다.

(1) 원인

① 부적절한 사회화: 사회화 시기에 사람, 다른 동물, 사물 등과 같은 것에 사회화가 부족했을 경우가 많다.
② 훈련부족: 복종훈련이나 집중력 훈련이 부족한 경우에 보이는 경우가 많다.
③ 부적절한 양육: 경고성 짖음을 했을 때 처벌을 하거나 무시했을 경우 더욱 강화되는 경우이다. 신체적 · 정신적 자극이 부족해 생기는 경우도 있다. 적절한 산책, 운동, 놀이, 보호자와의 상호활동 부족, 혼자 오랜 시간 보내기, 먹이나 물 부족 등이 부족한 경우이다.
④ 만성적인 스트레스: 과도한 소음 노출, 다른 사람이나 개에게 노출된 공간, 불안전한 공간, 휴식 부족 등이다.
⑤ 유전적 성향, 선택 교배, 선천적 기질

(2) 진단

경고성 짖음의 경우 관찰과 함께 다음의 문진표에 답을 해보면 경고성 짖음을 진단할 수 있다. 일반적으로 개가 소리나 사물을 먼저 감지하고 무리 또는 사람에게 알리는 목적으로 짖는다. 소리가 나는 방향이나 사물을 향해 짖으며, 사물인 경우 자신에게 다가올 때는 두려움에 의한 짖음(Fear barking), 방어를 위한 짖음(Guard barking)으로 바뀌는 경우도 있다.

손님이 왔을 때 또는 보호자가 외출하고 돌아왔을 때 짖는 경우

예 경고성 짖음을 보이는 개

질문	관찰 내용
언제	맞은 편 집에 손님이 방문했을 때
어디서	집안에서
그 시점에 무슨 일이 있었는가?	맞은 편 집에서 소리가 났다.
그 상황에 개에게 무슨 일이 일어났는가? (개에게 신체적 접촉 등)	직접적으로 아무 일도 없었다.
그 상황에 개는 무슨 행동을 했는가? (대상 등)	호흡이 빨라지며 문 앞에서 짖음을 짖는다.
그 상황에 개에게 무슨 일이 앞으로 일어날 예정이었는가? (개에게 신체적 접촉 등)	짖지 말라고 보호자가 소리친다.
그 상황에 개는 무슨 행동을 할 예정인가? (대상 등)	계속 짖는다.
무엇이 개의 짖는 행동을 멈추거나 막은 것 같은가?	간식을 주거나 다른 곳으로 데려간다.

(3) 행동교정

① 행동수정법

행동수정법을 사용할 때는 한 가지 방법을 사용하는 것이 아니라 다른 방법과 조합하여 사용하는 경우가 많다. 예를 들어 탈감각화 역조건형성, 관리기법을 종합적으로 이용하는 것이 효과적이다.

㉮ 탈감각화

개가 짖는 대상 또는 자극에 둔감화 시킨다. 소리의 경우, 낮은 소리에서 높은 소리를 부여해서 익숙해지도록 한다. 사물의 경우 멀리서부터 가까이 접근해서 반응을 둔감화하도록 한다. 짖는 상황을 반복하여 연습함으로써 둔감화시킨다.

㉯ 역조건형성(Counter-conditioning)

대체행동 즉 대체할 수 있는 장난감, 물건을 스스로 입에 물도록 제공한다. '가져와'놀이를 통해 다른 곳에 집중하도록 한다. 또는 '앉기'를 시켜 집중하도록 한 후 간식을 준다.

② 조작적 조건화

㉮ 긍정강화

개가 경계한 대상에 집중하지 않도록 핸들러에게 집중할 수 있는 '이름에 대한 반응 높이기', '쳐다보기', '걷다가 앉기', '놔둬', '기다려' 등의 동작을 강화시킨다.

㉯ 긍정처벌

경고성 짖음과 혐오자극(초크체인 등)을 주어 행동교정하는 것은 바람직하지 않을 수 있다. 오히려 대상에게 부정적 감정으로 연관 지어 학습할 수 있다. 긍정처벌은 주의해서 사용해야 한다.

③ 긍정강화와 부정처벌

개와 현관문 사이에서 핸들러가 중간에서 서서 확인하고 침착하게 '아무 이상이 없다'라는 말과 함께 데려오는 연습을 한다. 이때 가능하다면 짖지 않으면 데리고 오며 보상한다. 결국 개는 현재 상황을 핸들러나 보호자가 책임지고 통제하고 있다는 것을 학습하게 된다.

④ 기본 훈련

개가 경고성 짖음을 보이거나 징후를 보이면 바로 조치를 취해야 한다. '앉기', '기다려', '시선 맞추기', '놔둬'와 같은 기본적인 훈련을 한다. 켄넬교육을 통해 '하우스' 또는 특정 공간에 가서 기다리는 교육을 시킨다. 예를 들어 특정 공간을 "방석", "매트", "여기(Place)"를 시켜 그곳에서 머무르도록 한다.

⑤ 관리기법

핸들러는 천천히 침착하게 행동을 해야 한다. 당황하지 않는 것이 중요하다.

무의식적으로 잘못된 행동에 대해 보상을 하지 말아야 한다. 예를 들어 평상시에 경고하는 대상에 대해 듣거나 보지 않도록 커튼이나 TV를 이용하는 것도 좋다.

신체적 · 정신적 자극을 줄 수 있는 산책, 운동, 놀이를 충분히 해주는 것도 매우 중요하다.

3) 두려움에 의한 짖음(Fear barking)

개는 부자연스럽고 정체를 알 수 없는 것에 두려워한다. 경고성 짖음에서 자연스럽게 두려움에 의한 짖음으로 연결되는 경우가 많다. 두려움에 의한 짖음의 경우 두려움에 의해 안절부절못하며, 생리학적 반응이 동반되는 것이 일반적이다.

(1) 원인

① 부적절한 사회화: 사회화 시기에 사람, 다른 동물, 사물 등과 같은 것에 사회화가 부족했을 경우가 많다.

② 훈련부족: 복종훈련이나 집중력 훈련이 부족한 경우에 보이는 경우가 많다.

③ 부적절한 양육: 두려움에 의한 짖음을 했을 때 처벌을 하거나 무시했을 경우 더욱 강화되는 경우이다. 또는 의도적이지 않은 강화의 경우도 있다. 두려움으로 짖는 경우, '안아 주기', '말로 혼내기', '괜찮다고 쓰다듬기' 등의 부적절한 강화도 있다.

신체적 · 정신적 자극이 부족해 생기는 경우도 있다. 적절한 산책, 운동, 놀이, 보호자와의 상호활동 부족, 혼자 오랜 시간 보내기, 먹이나 물 부족 등이 부족한 경우이다.

④ 만성적인 스트레스: 과도한 소음 노출, 다른 사람이나 개에게 노출된 공간, 불안전한 공간, 휴식 부족 등이다.

⑤ 유전적 성향, 선택 교배, 선천적 기질

(2) 진단

두려움에 의한 짖음의 경우 관찰과 함께 다음의 문진표에 답을 해보면 두려움에 의한 짖음을 진단할 수 있다. 일반적으로 개가 어떤 대상에 두려움을 느끼면 개는 생존을 위한 아주 자연스러운 시스템이 작동되어 자신의 스트레스 레벨을 올라가게 된다. 어떤 대상에 대한 두려움에 의한 짖음을 하는지에 대한 파악이 매우 중요하다. 원인과 대상을 분석한 후 행동교정방법을 찾아 교정해야 한다.

예를 들어, 개가 두려움의 대상을 적절하게 대처하는 상황이면 개는 도망가거나, 복종하거나, 공격하는 방법 중 어떤 것을 선택하기 전에 입(소리)을 이용해 자연스럽게 자신의 감정을 표현하게 된다. 이때 내는 짖음이 두려움에 의한 짖음이다.

다른 대형견이 산책 중에 다가올 때 짖는 경우

예 두려움에 의한 짖음을 보이는 개

질문	관찰 내용
언제	산책 중에 다른 개를 만났을 때
어디서	공원
그 시점에 무슨 일이 있었는가?	산책 중 맞은편에 개가 다가온다.
그 상황에 개에게 무슨 일이 일어났는가? (개에게 신체적 접촉 등)	직접적으로 아무 일도 없었다.
그 상항에 개는 무슨 행동을 했는가? (대상 등)	호흡이 빨라지며 뒤에 중심을 두고 짖는다.
그 상황에 개에게 무슨 일이 앞으로 일어날 예정이었는가? (개에게 신체적 접촉 등)	인사시키려 개를 끌고 간다. 보호자가 개를 안아 올린다.
그 상항에 개는 무슨 행동을 할 예정인가? (대상 등)	계속 짖는다.
무엇이 개의 짖는 행동을 멈추거나 막은 것 같은가?	입을 막거나, 다른 곳으로 간다.

(3) 행동교정

두려움으로 짖는 경우에는 원인 제거도 중요하며 행동수정법을 통해 교정하거나 관리기법을 이용해 최대한 짖는 환경을 만들지 않는 것도 중요하다. 인내심을 가지고 단계적으로 단계별로 적용하여야 효과적이다. 너무 빠르게 또는 갑작스럽게 하는 홍수법은 역효과를 낼 수 있다.

① 행동수정법

행동수정법을 사용할 때는 한 가지 방법을 사용하는 것이 아니라 다른 방법과 조합하여 사용하는 경우가 많다. 탈감각화, 역조건형성, 긍정강화를 종합한 패턴 훈련(pattern training) 매우 효과적이다.

㉮ 탈감각화

개가 두려워하는 대상이나 자극에 둔감화 시킨다. 다른 개나 사람의 경우, 멀리서 관찰을 하도록 한다. 다른 개가 산책하거나 놀이하는 모습을 보여준다. 개의 경우 먼 거리에서부터 가까운 거리로 점차 거리를 좁히며 보도록 한다. 앞에서 언급한 평행 산책도 좋은 방법이다.

㉯ 역조건형성(Counter-conditioning)

대체행동 즉 대체할 수 있는 간식, 장난감, 물건을 스스로 입에 먹거나 물도록 제공한다. 장난감을 통해 다른 곳에 집중하도록 한다. 또는 '앉기'를 시켜 집중하도록 한 후 간식을 준다.

② 조작적 조건화

㉮ 긍정강화

개가 경계한 대상에 집중하지 않도록 핸들러에게 집중할 수 있는 '이름에 대한 반응 높이기', '쳐다보기', '걷다가 앉기', '놔둬', '기다려' 등의 동작을 강화한다.

㉯ 긍정처벌

두려움에 의한 짖음의 경우, 혐오자극(초크체인, 소리 지르기 등)을 주어 행동교정하는 것은 바람직하지 않을 수 있다. 오히려 대상에게 부정적 감정으로 연관 짓는 학습이 되어 오히려 악화될 수 있다. 따라서 전문가가 아니면 사용하지 않는 것을 권한다. 일반적으로 보호자들이 가장 많이 사용하는 방법이다.

③ 부정처벌

두려움에 의한 짖음은 도움이 필요하다. 무시하기 등의 부정처벌 방법은 더욱 악화시킬 수 있으므로 적절하지 않을 수 있다.

④ 기본 훈련

개가 두려움으로 짖거나 짖을 징후를 보이면 바로 조치를 취해야 한다. '앉기', '기다려', '시선 맞추기', '놔둬'와 같은 기본적인 훈련을 평소에 습관처럼 실시한다. 켄넬교육을 통해 '하우스' 또는 특정 공간 예를 들어 방석 매트 '여기(place)'을 시켜 그곳에서 머무르도록 한다.

⑤ 관리기법

핸들러는 천천히 침착하게 행동을 해야 한다. 당황하지 않는 것이 중요하다. 개가 두려움을 느끼는 대상을 제거한다. 또한 무의식적으로 잘못된 행동에 대한 보상을 하지 말아야 한다.

예를 들어, 평상시에 두려움을 일으키는 대상을 만났을 때 카밍시그널의 일종인 커빙(Curving)을 이용하거나 개와 대상 사이에 핸들러가 중간에 들어가 있는 것도 방법이다.

신체적 · 정신적 자극을 줄 수 있는 산책, 운동, 놀이를 충분히 해주는 것도 매우 중요하다.

● **패턴훈련**(Pattern training)

① 실내에 종이컵이나 고깔을 일직선으로 일정한 거리 2~3m 간격으로 4개를 배치한다.

② 처음에는 개에게 리드 줄을 채워 개와 걸으며 핸들러와 개가 고깔에 도착할 때마다 개에게 간식을 준다. 간식을 줄 때 이름을 부르며 '옳지' 또는 'yes'를 한다.

③ 이렇게 반복하여 연속적으로 5번 왕복 연습을 한다.

④ 개와 핸들러가 충분히 연습이 되면 개는 핸들러가 언제 멈추는지 언제 간식을 주는지 학습하게 되어 핸들러에게 집중하게 된다.

그림 10-2 패턴 트레이닝

⑤ 이제 충분한 연습이 되었다면, 고깔이 있을 때마다 간식을 주지 말고 하나 건너뛰어 준다. 이런 패턴으로 연습을 한다. 이렇게 충분히 연습이 되면 이제 간헐적으로 이름을 부르고 간식을 주는 연습을 한다. 이때 개는 핸들러에게 집중해야 한다. 만약 집중하지 못한다면 처음으로 돌아가야 한다.
⑥ 이 연습이 완벽하게 되었다면 훈련상황에서 훈련받는 개가 반응하지 않을 정도의 일정 거리에 다른 개나 인형을 반대편에 두고 연습을 반복한다.
⑦ 거리를 점차 좁혀 가까운 곳에서도 반응하지 않는 상황까지 연습한다.
⑧ 야외에서도 연습한다.

4) 방어성 짖음(Guard or Defensive barking)

방어성 짖음은 개가 자기 자신을 방어하거나 자신의 무언가를 방어할 때 내는 짖음이다. 즉 방어해야 하는 대상이나 물체가 사라지면 멈추는 경우가 많다. 이빨을 보이며, 으르렁거리기도 하며, 앞으로 달려들기도 한다. 방어성 짖음에서 상대가 행동을 취하지 않을 경우 마지막에는 공격할 수 있다.

(1) 원인

① 부적절한 사회화: 사회화 시기에 사람, 다른 동물, 사물 등과 같은 것에 사회화가 부족했을 경우가 많다.
② 훈련 부족: 복종훈련이나 집중력 훈련이 부족한 경우에 보이는 경우가 많다.
③ 부적절한 양육: 방어 또는 지키려는 것에 대해 짖음을 했을 때 방어 또는 지키려는 것을 강제로 뺏거나 소리치는 처벌을 하거나 무시했을 경우 더욱 강화되는 경우이다. 또는 의도적이지 않은 강화의 경우도 있다. 신체적 · 정신적 자극이 부족해 생기는 경우도 있다. 적절한 산책, 운동, 놀이, 보호자와의 상호활동 부족, 혼자 오랜 시간 보내기, 먹이나 물 부족 등이 부족한 경우이다.
④ 만성적인 스트레스: 과도한 소음 노출, 다른 사람이나 개에게 노출된 공간, 불안전한 공간, 휴식 부족 등이다.
⑤ 유전적 성향, 선택 교배, 선천적 기질

(2) 진단

방어성 짖음의 경우 관찰과 함께 다음의 문진표에 답을 해보면 방어성에 의한 짖음을 진단할 수 있다. 일반적으로 개가 어떤 대상을 방어하거나 지키려고 하면 개는 자신의 소유를 주장하기 위해 자연스럽게 짖는 행동을 한다.

어떤 대상에 대해 방어나 지키려고 하는지 개의 성향 파악이 매우 중요하다. 원인과 대상을 분석한 후 행동교정방법을 찾아 교정해야 한다.

예를 들어, 개가 지키려는 대상이 자신의 식사라면 상대방에게 자신의 소유를 주장하려고 짖거나 으르렁거리기를 한다. 물론 자신이 상대보다 약하다고 판단되면 뒤로 물러나겠지만 그렇지 않다면 개는 자신의 감정을 짖음으로 표현하고 그것이 상대방으로부터 받아들여지지 않는다면 공격으로 이어질 수 있다.

예 방어성 짖음을 보이는 개

질문	관찰 내용
언제	개가 밥 먹을 때
어디서	집
그 시점에 무슨 일이 있었는가?	밥을 먹고 있을 때 다른 개가 접근했다.
그 상황에 개에게 무슨 일이 일어났는가? (개에게 신체적 접촉 등)	직접적으로 아무 일도 없었다.
그 상항에 개는 무슨 행동을 했는가? (대상 등)	호흡이 빨라지며 개는 서서 짖고 으르렁거린다.
그 상황에 개에게 무슨 일이 앞으로 일어날 예정이었는가? (개에게 신체적 접촉 등)	아무 일도 없다.
그 상항에 개는 무슨 행동을 할 예정인가? (대상 등)	짖고 으르렁거리다 다른 개가 접근하면 공격한다.
무엇이 개의 짖는 행동을 멈추거나 막은 것 같은가?	다른 개가 뒤로 물러선다.

(3) 행동교정

방어성 짖음의 경우에는 방어하는 대상에 사람이나 다른 개가 접근하여 짖는 원인을 제거하는 것이 바람직하다. 동시에 방어하는 대상과 다른 것과 교환하기를 하여 점점 탈감각화를 시키는 방법도 있다. 행동수정법을 통해 교정하거나 관리기법을 이용해 최대한 짖는 환경을 만들지 않는 것도 중요하다. 인내심을 가지고 단계적으로 단계별로 적용하여야 효과적이다. 너무 빠르게 또는 갑작스럽게 하는 홍수법은 역효과를 낼 수 있다. 긍정처벌의 경우에도 부작용을 낼 수 있다.

① 행동수정법

행동수정법을 사용할 때는 한 가지 방법을 사용하는 것이 아니라 다른 방법과 조합하여 사용하는 경우가 많다. 탈감각화, 역조건형성, 긍정강화를 종합한 패턴 훈련(Pattern training) 매우 효과적이다.

㉮ 탈감각화

개가 방어하거나 지키려는 대상과 접근하는 대상과 동시에 탈감각화를 시켜야 한다. 개가 개에 대해 방어하려는 짖음을 하는 경우에는 평행 산책(Parallel walking)을 하는 것도 효과를 낼 수 있다.

㉯ 역조건형성(Counter-conditioning)

대체행동, 즉 대체할 수 있는 간식, 장난감, 물건을 스스로 입에 먹거나 물도록 제공한다. 장난감을 통해 다른 곳에 집중하도록 한다. 또는 '앉기'를 시켜 집중하도록 한 후 간식을 준다.

방어하거나 지키려는 대상과 교환하기를 알려준다.

② 조작적 조건화

㉮ 긍정강화

개가 지키거나 방어하려는 대상에 집중하지 않고 있거나, 지키거나 방어하려는 상황에서 짖지 않는다면 즉시 보상한다. 또한 핸들러에게 집중할 수 있는 교육을 해주고, 특히 '놔둬' 교육을 하면 욕구좌절, 소유욕 등에 대해 조절할 수 있는 능력을 학습할 수 있도록 강화시켜준다.

㉯ 긍정처벌

지키거나 방어하려는 짖음의 경우, 혐오자극(초크체인, 소리 지르기 등)을 주어 행동 교정하는 것은 바람직하지 않을 수 있다. 오히려 지키거나 방어하는 대상에 더욱 더 집착하도록 하는 부작용을 낳을 수 있다. 특히 신체처벌을 하는 경우 핸들러나 보호자에게 공격행동을 보일 수 있으니 주의해야 한다.

③ 기본 훈련

개가 지키거나 방어하려는 감정으로 짖거나 짖을 징후를 보이면 바로 조치를 취해야 한다. '앉기', '기다려', '시선 맞추기', '놔둬'와 같은 기본적인 훈련을 평소에 습관처럼 실시한다.

④ 관리기법

보호자나 핸들러는 천천히 침착하게 행동을 해야 한다. 개가 지키거나 방어하려고 짖는다면 그 대상을 보이지 않는 곳에 치워두거나 개와 대상물과 거리를 두거나 따로 공간을 두어 그 장소에서만 가지고 있을 수 있게 해야 한다. 대상물을 지키거나 방어를 할 때 다른 사람이나 개가 접근하지 못하도록 하는 것도 중요하다.

신체적 · 정신적 자극을 줄 수 있는 산책, 운동, 놀이를 충분히 해주는 것도 매우 중요하다.

5) 좌절성 짖음(Frustration barking)

좌절성 짖음은 묶여 있거나 사람이나 다른 무리와의 접촉이 없이 켄넬에서 갇혀 있거나 오랫동안 혼자 있게 되었을 때 내는 경우가 많다. 마지막에 하울링을 하는 경우도 있다. 상동행동을 동반하는 경우가 많다. 땅파기, 씹기, 혀 핥기, 자신의 그림자나 꼬리 쫓기 등의 행동을 보이기도 한다.

(1) 원인

① 부적절한 사회화: 사회화 시기에 사람, 다른 동물, 사물 등과 같은 것에 사회화가 부족했을 경우가 많다.

② 부적절한 양육: 신체적 · 정신적 자극이 부족해 생기는 경우도 있다. 적절한 산책, 운동, 놀이, 보호자와의 상호활동 부족, 혼자 오랜 시간 보내기, 먹이나 물 부족, 짧은 줄에 묶여 있는 경우, 좁은 철창에 가두어져 있는 경우 등이다.

③ 만성적인 스트레스: 과도한 소음 노출, 다른 사람이나 개에게 노출된 공간, 불안전한 공간, 휴식 부족 등이다.

④ 과거의 학대경험이나 트라우마

(2) 진단

좌절성 짖음의 경우 관찰과 함께 다음의 문진표에 답을 해보면 좌절성 짖음을 진단할 수 있다. 일반적으로 개가 짖는 경우는 다양하다. 그러나 좌절성 짖음의 경우, 부적절한 사회화도 있으나 환경에서 원인을 찾아 진단한다.

그림 10-3 묶여 있는 개의 짖음

(예) 좌절성 짖음을 보이는 개

질문	관찰 내용
언제	혼자 짧은 줄에 묶여 있을 때
어디서	집
그 시점에 무슨 일이 있었는가?	아무 일도 없었다.
그 상황에 개에게 무슨 일이 일어났는가? (개에게 신체적 접촉 등)	직접적으로 아무 일도 없었다.
그 상항에 개는 무슨 행동을 했는가? (대상 등)	이리저리 왔다 갔다 하며 짖는다.
그 상황에 개에게 무슨 일이 앞으로 일어날 예정이었는가? (개에게 신체적 접촉 등)	아무 일도 없다.
그 상항에 개는 무슨 행동을 할 예정인가? (대상 등)	이리저리 왔다 갔다 하며 계속 짖는다.
무엇이 개의 짖는 행동을 멈추거나 막은 것 같은가?	스스로 멈출 때까지 특별한 방법이 없다.

(3) 행동교정

① 처벌은 효과가 없을 수 있다.

② 관리기법: 신체적 · 정신적 자극을 줄 수 있는 산책, 운동, 놀이를 충분히 해주는 것도 매우 중요하다. 핸들러나 보호자와 다른 개와의 상호작용이 중요하다. 즉 개가 처한 상황을 개선해 주어야 한다.

3. 분리불안(Separation anxiety)

보호자가 없이 집, 자동차, 창고 등 특정 공간에 혼자 있을 때 보이는 과도한 짖음, 하울링, 파괴적 활동, 배변 실수, 땅파기 등과 같은 행동학적 불안징후나 구토, 설사, 떨림 등과 같은 생리학적 증상을 보이는 경우가 있다. 또한 먹이나 간식을 먹지 않는 경우도 많다.

분리불안의 원인으로 보호자와의 과도한 애착과 유전적 소인으로 발생하는 것으로 보고되고 있다. 가족 구성원의 변화, 일상생활환경의 변화 등 특정 환경에 놓이면 분리불안이 발생하거나 심각해질 수 있다.

1) 원인

① 부적절한 사회화: 사회화 시기에 사람, 다른 동물, 사물 등과 같은 것에 사회화가 부족했을 경우가 많다.

② 유전적 소인, 선택적 번식, 선천적 기질: 선천적으로 불안을 보이는 개체가 존재한다.

③ 부적절한 양육: 과도한 애착이 형성되어 분리되었을 때 불안 증상을 보이는 경우이다.

④ 훈련부족: 불안과 공포에 대한 공격성의 원인은 다양하나 복종훈련이나 집중력 훈련이 부족한 경우에도 발현될 수 있다.

⑤ 만성적으로 축적된 스트레스를 주는 부적절한 환경: 운동 부족, 먹이 부족, 물 부족, 과도한 소음에 노출 등 만성적으로 스트레스가 축적된 경우 예민

해져서 공격성이 발현될 수 있다.

2) 증상

개마다 분리불안의 증상은 다르다. 아래는 대표적인 증상이다.

① 대소변을 못 가린다.
② 지속해서 짖거나 하울링을 한다.
③ 파괴적 행동을 한다(씹기).
④ 측대보를 한다(Pacing).
⑤ 물이나 음식을 먹지 않는다.
⑥ 자신의 발을 핥거나 상처를 입힌다.
⑦ 식분증과 같은 이상행동을 보인다.
⑧ 보호자를 온종일 졸졸 따라다닌다.

3) 행동교정

(1) 행동수정법

탈감각화와 부정처벌을 조합해서 이용하면 효과적이다.

① 계통적 탈감각화와 역조건형성(Counter-conditioning)

분리불안이 원인이 되어 위의 증상을 보이는 경우에는 불안을 주는 요인은 분리, 즉 혼자 있는 경우이다. 그러나 집을 비우고 개가 혼자 있어야 하는 경우는 발생할 수밖에 없다.

보호자가 없을 때 좋은 일이 벌어진다는 것을 알려주는 방법이다. 예를 들어, 혼자 두고 나갈 때 오래 먹을 수 있는 뼈 간식 같은 맛있는 음식을 주고 나간다. 즉 혼자 있을 때 좋은 일이 일어나고 긍정적인 감정을 느끼게 하는 것이다.

(2) 조작적 조건화

㉮ 긍정처벌: 분리불안 증상으로 배변 실수, 짖음 등을 보이는 경우 긍정처벌 특히 신체적 처벌은 효과가 없다. 분리불안은 감소시켜야 하는 문제행동이

다. 오히려 부작용과 역효과의 우려가 크다.

㉯ 부정처벌: 외출 후 돌아왔을 때 개는 흥분하여 호흡도 빨라지고, 짖거나, 다리에 매달리거나 하는 행동을 했을 때 절대 안아 주거나, 만져주거나, 말을 걸거나, 눈을 마주쳐서 아는 척을 하지 말아야 한다. 즉 무시하기를 해야 한다. 개의 호흡이 평상시와 같이 되돌아오고, '앉아 - 기다려' 후에 보상을 해주면 된다.

(3) 약물요법

분리불안이 심한 경우, 개 스스로 심각한 상처를 입히는 경우도 있다. 행동수정법의 보조요법으로 약물치료를 병행할 수 있다. 분리불안 치료 경험이 있는 수의사에게 진료를 받도록 한다.

(4) 기본 훈련

개가 공포성 공격행동의 신호를 보이면 바로 조치를 취해야 한다. '앉기', '기다려', '놔둬' 같은 기본적인 훈련을 한다. 기본적인 훈련은 인내심, 독립심, 욕구조절 참을성을 기를 수 있다.

켄넬교육을 시켜 자신만의 편안한 공간을 만들어 주어 그곳에서 쉴 수 있도록 한다.

(5) 관리기법

① 외출 전 개가 전조증상을 보인다. 따라서 개의 전조증상을 완화시키는 것이 필요하다. 분리불안을 보이는 개의 경우 보호자가 옷을 갈아입거나, 자동차 키를 들거나 등의 외출 준비를 하는 순간부터 불안해지며 생리학적 변화와 행동학적 변화가 일어난다. 호흡도 빨라지며 졸졸 따라다닌다. 따라서 개가 짐작하여 판단한 내용이 필요하지 않다는 것을 알려주기 위해 '앉아-기다려' 훈련을 몇 회 한 후 보상한다.

② 외출할 것처럼 준비하다가 외출을 하지 않고 개를 무시한 채 집안일, TV 보기, 친구와 통화하기 등의 일상적인 행동을 하는 것을 반복하여 연습한다.

③ 개에게 맛있는 간식을 주고 잠시 밖에 나갔다가 되돌아오는 훈련을 반복하여 연습한다. 시간을 점차 늘려야 한다.

④ 개가 에너지를 발산하면 일단 쉬고 싶어진다. 즉 신체적 · 정신적으로 풍부하게 해주게 되면 휴식을 취하게 되어 분리불안 해소에 도움이 된다. 산책의 경우, 다양한 산책코스를 이용할 경우 냄새 맡기에 몰두할 수 있다. 놀이도 다양한 재질, 방법들을 연구하여 해주면 좋다. 분리불안을 보이는 개의 경우 강아지 스포츠(어질리티, 프리스비 등)를 함께하는 것도 좋다. 특히 보호자가 외출 전에 운동이나 놀이를 해주면 분리불안을 감소시킬 수 있다.

● 분리불안을 보이는 개의 '기다려' 훈련

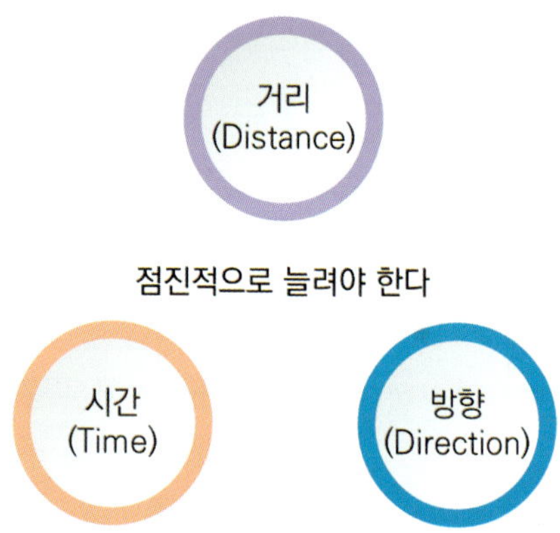

4. 공포증(Phobia)

폭죽 소리, 천둥소리, 큰 소리, 처음 보는 큰 물체 또는 소리 등과 같은 특정 대상에 대해 일어나는 행동학적 및 생리학적 공포반응이다. 침대 밑으로 숨거나, 정신없이 도망가는 등의 생리학적 반응을 보인다.

1) 원인

① 부적절한 사회화: 사회화 시기에 사람, 다른 동물, 사물 등과 같은 것에 사회화가 부족했을 경우가 많다.

② 유전적 소인, 선택적 번식, 선천적 기질: 선천적으로 불안을 보이는 개체가 존재한다.

③ 부적절한 양육: 과도한 애착이 형성되어 분리되었을 때 불안 증상을 보이는 경우이다.

④ 훈련 부족: 불안과 공포에 대한 공격성의 원인은 다양하나 복종훈련이나 집중력 훈련이 부족한 경우에도 발현될 수 있다.

⑤ 만성적으로 축적된 스트레스를 주는 부적절한 환경: 운동 부족, 먹이 부족, 물 부족, 과도한 소음에 노출 등 만성적으로 스트레스가 축적된 경우 예민해져서 공격성이 발현될 수 있다.

2) 증상

개마다 분리불안의 증상은 다르다. 아래는 대표적인 증상이다.

① 대소변을 못 가린다.
② 지속해서 짖거나 하울링을 한다.
③ 파괴적 행동을 한다(씹기).
④ 측대보를 한다(Pacing).
⑤ 물이나 음식을 먹지 않는다.
⑥ 자신의 발을 핥거나 상처를 입힌다.
⑦ 식분증과 같은 이상행동을 보인다.
⑧ 보호자를 하루종일 졸졸 따라다닌다.

3) 행동교정

(1) 행동수정법

탈감각화와 부정처벌을 조합해서 이용하면 효과적이다.

① **계통적 탈감각화와 역조건형성**(Counter-conditioning)

분리불안이 원인이 되어 위의 증상을 보이는 경우에는 불안을 주는 요인은 분리, 즉 혼자 있는 경우이다. 그러나 집을 비우고 개가 혼자 있어야 하는 경우는 발생할 수밖에 없다.

보호자가 없을 때 좋은 일이 벌어진다는 것을 알려주는 방법이다. 예를 들어, 혼자 두고 나갈 때 오래 먹을 수 있는 뼈 간식 같은 맛있는 음식을 주고 나간다. 즉 혼자 있을 때 좋은 일이 일어나고 긍정적인 감정을 느끼게 하는 것이다.

(2) 조작적 조건화

① 긍정처벌: 분리불안 증상으로 배변 실수, 짖음 등을 보이는 경우 긍정처벌 특히 신체적 처벌은 효과가 없다. 분리불안은 감소시켜야 하는 문제행동이다. 오히려 부작용과 역효과의 우려가 크다.

② 부정처벌: 외출 후 돌아왔을 때 개는 흥분하여 호흡도 빨라지고, 짖거나, 다리에 매달리거나 하는 행동을 했을 때 절대 안아 주거나, 만져주거나, 말을 걸거나, 눈을 마주쳐서 아는 척을 하지 말아야 한다. 즉 무시하기를 해야 한다. 개의 호흡이 평상시와 같이 되돌아오고, '앉아 - 기다려' 후에 보상을 해주면 된다.

(3) 약물요법

분리불안이 심한 경우, 개 스스로 심각한 상처를 입히는 경우도 있다. 행동수정법의 보조요법으로 약물치료를 병행할 수 있다. 분리불안 치료 경험이 있는 수의사에게 진료를 받도록 한다.

(4) 기본 훈련

개가 공포성 공격행동의 신호를 보이면 바로 조치를 취해야 한다. '앉기', '기다려', '놔둬' 같은 기본적인 훈련을 한다. 기본적인 훈련은 인내심, 독립심, 욕구조절 참을성을 기를 수 있다.

켄넬교육을 시켜 자신만의 편안한 공간을 만들어 주어 그곳에서 쉴 수 있도록 한다.

(5) 관리기법

① 외출 전 개가 전조증상을 보인다. 따라서 개의 전조증상을 완화시키는 것이

필요하다. 분리불안을 보이는 개의 경우 보호자가 옷을 갈아입거나, 자동차 키를 들거나 등의 외출 준비를 하는 순간부터 불안해지며 생리학적 변화와 행동학적 변화가 일어난다. 호흡도 빨라지며 졸졸 따라다닌다. 따라서 개가 짐작하여 판단한 내용이 필요하지 않다는 것을 알려주기 위해 '앉아 - 기다려' 훈련을 몇 회 한 후 보상한다.

② 외출할 것처럼 준비하다가 외출을 하지 않고 개를 무시한 채 집안일, TV 보기, 친구와 통화하기 등의 일상적인 행동을 하는 것을 반복하여 연습한다.

③ 개에게 맛있는 간식을 주고 잠시 밖에 나갔다가 되돌아오는 훈련을 반복하여 연습한다. 시간을 점차 늘려야 한다.

④ 개가 에너지를 발산하면 일단 쉬고 싶어진다. 즉 신체적 · 정신적으로 풍부하게 해주게 되면 휴식을 취하게 되어 분리불안 해소에 도움이 된다. 산책의 경우, 다양한 산책 코스를 이용할 경우 냄새 맡기에 몰두할 수 있다. 놀이도 다양한 재질, 방법들을 연구하여 해주면 좋다. 분리불안을 보이는 개의 경우 강아지 스포츠(어질리티, 프리스비 등)를 함께하는 것도 좋다. 특히 보호자가 외출 전에 운동이나 놀이를 해주면 분리불안을 감소시킬 수 있다.

5. 파괴행동(Destructive behavior)

개는 개체별로 차이가 있으나 이갈이를 4~6개월령에 한다. 이때는 이가 가려워 입안에 무엇이든 넣어 씹는 행동을 하는 경우가 많다. 강아지 시기에 자연스러운 행동이나 위험한 물건을 입에 넣으면 다칠 수 있어 주의해야 한다.

집안의 물건을 장난감으로 인식하고 씹거나 찢는 행동을 하는 경우도 있다. 강아지 시기의 파괴행동은 학습되어 성견이 되어서도 하는 경우도 있다.

분리불안으로 인한 파괴행동과는 다르다. 분리불안이 있는 개의 경우 보호자가 곁에 있으면 파괴행동은 보이지 않는 경우가 많다. 그러나 보호자가 곁에 있어도 찢거나 씹는 행동을 한다면 파괴행동이다. 예를 들면 전기줄을 물기, 신발 물기, 담요 찢기 등이다.

1) 원인

① 부적절한 사회화: 사회화 시기에 사람, 다른 동물, 사물 등과 같은 것에 사회화가 부족했을 경우가 많다.
② 유전적 소인, 선택적 번식, 선천적 기질: 선천적으로 흥분을 과도하게 하여 입에 무언가를 씹고 파괴하는 개체가 존재한다.
③ 훈련부족: 파괴행동은 과도한 흥분, 스트레스, 집착 등 원인은 다양하나 복종훈련이나 집중력 훈련이 부족한 경우에도 발현될 수 있다.
④ 만성적으로 축적된 스트레스를 주는 부적절한 환경: 운동 부족, 먹이 부족, 물 부족, 보호자와의 상호활동 부족 등 만성적으로 스트레스가 축적된 경우 파괴행동을 보일 수 있다.

2) 증상

개마다 파괴행동은 증상은 다르다. 아래는 대표적인 증상이다.

① 흥분도가 높아 평소에 호흡이 빠르다.
② 보호자가 곁에 있어도 파괴행동을 한다.
③ 입에 무언가를 계속 넣으려고 한다.

그림 10-4 파괴행동

3) 행동교정

(1) 행동수정법

역조건형성과 긍정강화을 조합해서 이용하면 효과적이다.

① 역조건형성(Counter-conditioning)과 긍정강화

파괴행동을 대체할 수 있는 행동을 하도록 한다. 예를 들어 신발을 씹고 있을 경우 신발을 뺏지 않고, 개가 씹을 수 있는 장난감과 교환을 한다. 뼈 간식을 이용해도 무방하다. 그러나 단순히 입에 있는 것을 놓게 하는 것이 아니다.

다음 순서와 같은 방법을 사용하는 것이 효과적이다.

㉮ 개가 지금 씹거나 파괴하는 물건이 있다면, 개의 관심과 집중을 다른 곳으로 돌리기 위해 다른 장난감이나 뼈 간식으로 관심을 끈다.

㉯ 개가 관심을 장난감이나 뼈 간식으로 관심을 둔다면, 장소를 조금 옮긴다.

㉰ 개가 이동한 장소로 따라 왔다면 "앉아-기다려"를 한 후 보상으로 장난감이나 뼈 간식을 제공한다.

- 주의할 점: 개가 파괴하는 행동을 하고 있을 때 장난감이나 뼈 간식을 주는 것이 아니다. 개는 파괴하는 행동과 뼈 간식, 장난감을 연관 지을 수 있기 때문이다.

우리가 원하는 것은 입에 무언가를 씹고 있을 때 보상이 아니라 얌전히 "앉아 - 기다려"를 하고 있을 때 좋은 일이 벌어진다는 것을 알려주는 방법이다.

(2) 조작적 조건화

① 긍정처벌: 파괴행동을 하고 있을 때 긍정처벌 특히 신체적 처벌은 효과가 없을 수 있다. 입에 무언가를 물고 있을 때 그것은 개의 소유이다. 오히려 개가 소유욕과 집착을 보일 수 있다. 결국 개가 긍정처벌의 역효과로 공격행동을 보일 경우 공격으로 이어질 수 있다. 따라서 긍정처벌의 경우 주의해서 사용해야 한다.

(3) 기본 훈련

개가 파괴행동을 보인다면 바로 조치를 위해야 한다. 개가 씹고 있는 물건을 먹을 수 있고, 그로 인해 사고로 이어질 수 있기 때문이다. 파괴행동을 하려는 신호가 보이면 바로 조치를 취해야 한다. '앉기', '기다려', '놔둬' 같은 기본적인 훈련을 한다. 기본적인 훈련은 인내심, 독립심, 욕구조절 참을성을 기를 수 있다.

켄넬교육 "하우스", 매트 "여기, Place" 훈련을 시켜 자신만의 공간과 흥분을 조절할 수 있는 편안한 공간을 만들어 주는 곳도 좋은 방법이다.

(4) 관리기법

① 개가 에너지를 발산하면 일단 쉬고 싶어진다. 즉 신체적 · 정신적으로 풍부하게 해주게 되면 휴식을 취하게 되어 분리불안 해소에 도움이 된다. 산책의 경우, 다양한 산책 코스를 이용할 경우 냄새맡기에 몰두할 수 있다. 놀이도 다양한 재질, 방법들을 연구하여 해주면 좋다. 분리불안을 보이는 개의 경우 강아지 스포츠(어질리티, 프리스비 등)를 함께하는 것도 좋다. 특히 보호자가 외출 전에 운동이나 놀이를 해주면 분리불안을 감소시킬 수 있다.

② 개가 파괴행동을 하는 물건이나 가구에 접근하지 못하도록 한다.

6. 부적절한 배설

개는 대소변교육이 자연스럽게 이루어지는 동물이다. 자신이 자고, 먹고, 뒹굴고 쉬는 곳에는 배변하지 않는 경향이 있다. 화장실이 있음에도 다른 곳에서 대소변을 함으로써 보호자가 스트레스를 받는 경우이다. 해외의 경우 주거문화가 국내와 달라 파양 또는 유기되는 주요 요인 중의 하나이다.

1) 원인

① 의학적 원인: 비뇨기질환이나 소화기 질환에 의해 부적절한 배설을 하는 경

우가 있다. 이러한 발생한 시점 등을 관찰하여 기록하여야 하며, 신체검사, 진담검사를 통해 알아보는 것이 바람직하다.

② 환경의 변화: 보호자 일정 또는 일상의 변화, 주거 환경의 변화 또는 개 환경의 변화 등으로 인해 부적절한 배설을 할 수 있다.

③ 훈련 부족: 입양 전후에 적절한 배변 교육을 하지 않은 경우 부적절한 배설이 많다.

④ 분리불안으로 인해 부적절한 배설을 할 수 있다.

⑤ 너무 흥분했을 경우 또는 순종적인 표현을 하기 위해 부적절한 배설을 할 수 있다.

⑥ 고령화로 인한 배설 조절이 어려운 경우에 부적절한 배설이 일어날 수 있다.

⑦ 마킹으로 인한 부적절한 배설이 일어날 수 있다.

⑧ 호르몬의 변화로 부적절한 배설을 할 수 있다.

⑨ 만성적인 스트레스로 인해 부적절한 배설을 할 수 있다.

2) 증상

아래는 대표적인 증상이다.

① 화장실이 아닌 장소에서 배설을 한다.

② 분리불안, 고령성 인지장애 등과는 구분하여 진단하여야 한다.

③ 마킹의 경우 소변보다 양이 적다.

3) 행동교정

개의 배변 시간과 실수하는 장소에 대해 관찰을 통해 기록한다. 그 이후 개가 식사 후, 잠에서 깨어난 후, 놀고 난 후 등의 패턴 기록은 행동수정법 적용에 도움이 된다. 자율급식의 경우 배변의 시간을 예측하기 어려움으로 제한 급식으로 정확한 일정에 맞추어 식사를 급여하면 배설을 예측할 수 있다. 개는 자신의 보금자리를 청결하게 유지하려는 습성이 있다. 따라서 배변 장소로 정한 곳에 촉감과 냄새가 나는 재질을 설치함으로써 배변 장소로 유도할 수 있다.

(1) 조작적 조건화

① 긍정강화 : 개가 적절한 배변 장소에 배변했을 경우 보상을 통해 강화시킨다.

㉮ 순종적 배뇨의 경우 신체처벌, 음성처벌을 피해야 한다. 개와의 상호작용을 늘림으로써 순종적 배뇨를 줄일 수 있다.

개가 순종적 배뇨를 하는 것에 대해 처벌을 주는 것은 두려움과 순종적인 행동을 심화시키기 때문에 상황을 더 악화시킬 수 있다. 매우 순종적인 개에게 인사할 때, 처음에 눈을 마주치는 것을 피할 정도로 인사할 때 그들을 완전히 무시할 필요가 있을 수 있다.

역조건부여는 순종적 배뇨를 조절하는 데 매우 도움이 될 수 있다. 개가 간식을 먹기 위해 앉거나, 개가 사람을 맞이할 때 장난감을 던져 놀게 하는 것으로 순종적 배뇨를 보는 것과 양립할 수 없는 행동을 하는 방법도 고려할 수 있다.

㉯ 흥분성 배뇨의 경우 개가 흥분할 수 있는 상황을 피해야 한다. 눈을 마주치지 않고, 개가 진정될 때까지 언어적 또는 육체적 접촉을 피해야 한다. 사람의 목소리를 나지막하고 차분한 어조로 하여 흥분하지 않도록 유도한다.

② 고령성, 또는 의학적 이유로 부적절한 배설을 하는 경우 약물요법을 고려할 수 있다.

(2) 기본 훈련

켄넬교육이나 울타리 교육을 통해 배변 장소를 알려주는 배변 교육을 할 수 있다.

개가 적절한 행동을 했을 때만 보상하도록 한다. 예를 들어 '앉아 - 기다려', '여기(Place)', '가져와(Fetch)' 등을 시킨 후 보상하고, 부적절한 배설을 했을 경우 무시하고 빠르게 치운다.

(3) 관리기법

① 개가 특정 장소에 배변하는 경우 그 장소에 접근하지 못하도록 울타리를 친다.

② 식사급여가 자율급식이면 제한 급식으로 바꾸는 것도 한 가지 방법이다. 배

설 시간을 예측할 수 있다.

③ 개가 배설을 위한 사전 동작으로 빙빙 돌기, 냄새 맡기 등을 할 때 적절한 배변 장소로 유도하거나 옮겨 칭찬하는 방법도 사용할 수 있다.

④ 부적절한 마킹의 경우, 마킹이 허용된 야외에서의 마킹을 강화하고, 집에서의 마킹은 집중적으로 관리 · 감독하여야 한다. 관리할 수 없을 때는 켄넬이나 울타리를 쳐서 관리하여야 한다.

7. 과도하게 흥분하는 행동

과도하게 흥분하여 점프하는 행동은 개에서 흔하고 자연스러운 행동이다. 강아지들의 경우 어미 개에게 다가가 인사를 하기 위해 뛰어오른다. 개들은 흥분하거나, 사람의 손에 자신이 원하는 물건이 있다면 점프하여 뛰어오를 수 있다. 점프하는 개는 성가시고 심지어 위험한 경우도 있다.

1) 원인

① 부적절한 사회화: 사회화 시기에 사람, 다른 동물, 사물 등과 같은 것에 사회화가 부족했을 경우가 많다.

② 유전적 소인, 선택적 번식, 선천적 기질: 선천적으로 흥분을 과도하게 하는 개체가 존재한다.

③ 훈련 부족: 과도한 흥분을 조절할 수 있는 복종훈련이나 집중력 훈련이 부족한 경우에도 발현될 수 있다.

④ 보호자의 부적절한 양육: 과도한 애착, 보호자와의 상호활동 부족, 운동 부족, 먹이 부족, 물 부족 등 보호자의 부적절한 양육이 개의 과도한 흥분을 유발할 수 있다.

⑤ 다견이거나 다른 동물과 같이 사는 경우, 보호자의 애정을 독점하려고 관심을 요구하는 행동이 나타나기도 한다.

2) 증상

개들마다 과도하게 흥분하는 행동의 증상은 다르다. 아래는 대표적인 증상이다.

① 점프한다.
② 개가 보호자의 다리에 기어오른다.
③ 짖는다.
④ 입에 신발, 옷가지 등을 문다.
⑤ 관심을 끌기 위해 쳐다본다.
⑥ 호흡이 빨라진다.

3) 행동교정

(1) 행동수정법

① 조작적 조건화

㉮ 긍정강화: 개가 얌전히 앉아 있을 때 보상을 한다.

㉯ 부정처벌: 개를 외면하고 무시한다.
눈을 마주치지 말고(Not eye contact), 말을 하지 말고(Do not talk), 개를 만지지 말아야 한다(Do not touch). 개가 얌전히 흥분을 가라앉히고, 긴장을 풀고 가만히 있을 때, 침착하게 보상한다.

㉰ 긍정처벌: 무릎으로 개의 가슴 차기, 개의 목덜미 잡고 흔들기 등의 신체적 처벌과 '소리치기' 등의 음성처벌을 사용하는 경우도 있다.
신체적 처벌의 경우 주의해서 사용하여야 한다. 처벌에 대한 역효과로 공격행동을 유발하거나 개와의 유대감이 낮아질 수 있다. 음성처벌의 경우 오히려 과도하게 흥분을 강화시키는 역효과를 낼 수 있다.

(2) 기본 훈련

'앉아 - 기다려', '여기(Place)', '놔둬(Leave)' 등을 시킨 후 보상하고, 흥분했을 때는 무시한다.

(3) 관리기법

① 개가 점프하는 상황을 만들지 않는다.
② 규칙적으로 충분한 산책과 운동을 한다.

8. 과도하게 리드 줄 끄는 행동

개에게 산책이나 운동하러 나가는 활동은 개에게 가장 흥분을 유발하는 동기부여가 될 수 있다. 개들이 원하는 곳을 더 일찍 도착하기 위해 개들이 선두에서서 끄는 행동을 하는지 알 수 있다. 개들과 핸들러의 안전을 위해서 개들에게 얌전하고 침착하게 걷는 것을 가르치는 것이 중요하다.

개들이 앞장서서 과도하게 리드 줄을 끄는 이유를 우위성 이론을 적용하는 전문가들도 있으나 반려견들의 앞으로 과도하게 끄는 흔한 이유로는 즐거운 기억, 흥미로운 활동에 대한 기대 등이 동기부여가 되는 경우와 개들이 학습을 통해 방법을 배웠기 때문이다.

1) 원인

① 부적절한 사회화: 사회화 시기에 사람, 다른 동물, 사물 등과 같은 것에 사회화가 부족했을 경우가 많다.
② 유전적 소인, 선택적 번식, 선천적 기질: 선천적으로 흥분을 과도하게 하는 개체가 존재한다.
③ 훈련 부족: 목줄이나 하네스를 차고 걷는 핸들링 교육 부족, 과도한 흥분을 조절할 수 있는 복종훈련이나 집중력 훈련이 부족한 경우에도 나타난다.
④ 보호자의 부적절한 양육: 과도한 애착, 보호자와의 상호활동 부족, 운동 부족, 먹이 부족, 물 부족 등 보호자의 부적절한 양육이 개의 과도하게 리드 줄을 끌도록 유발할 수 있다.
⑤ 다견이거나 다른 동물과 같이 사는 경우, 보호자의 애정을 독점하려고 관심

을 요구하는 행동이 나타나기도 한다.

2) 증상

개들이 과도하게 리드 줄을 끄는 대표적인 증상이다.

① 호흡이 빠르다. 헐떡인다.
② 이름에 대한 반응이 없다.
③ 코를 땅에 대고 걷는다.
④ 명령어를 전혀 듣지 않는다.
⑤ 다른 움직이는 물체를 쫓아간다.

3) 행동교정

긍정강화를 이용해 핸들링하는 방법은 아래에 설명하였다. 초크체인을 사용해 긍정처벌 방법으로 행동수정하는 경우 개의 목과 경주에 무리가 갈 수 있으므로 심사숙고하여 사용하여야 한다.

(1) 행동수정법

① 조작적 조건화

㉮ 긍정강화: 개가 얌전히 옆에서 걷고 있을 때만 보상을 한다.

㉯ 긍정처벌: 개가 과도하게 리드 줄을 끌 때 초크체인으로 당겨 앞으로 나가지 못한다.

(2) 기본 훈련

'앉아-기다려', '여기(Place)', '놔둬(Leave)' 등을 시킨 후 보상한다.

(3) 관리기법

① 헤드칼라와 같은 장비를 이용한다.
② 규칙적으로 충분한 산책과 운동을 한다.

● 핸들링 기법

일반적으로 개들은 방향전환을 할 때 머리부터 옮기고, 몸통과 다리를 움직여 전환한다. 즉 머리의 방향이 개가 가고자 하는 방향이다. 개의 머리를 핸들러의 방향으로 돌리게 만드는 것이 우선이다. 그래야 핸들러가 가고자 하는 방향을 알 수 있다.

개는 사람과의 신장의 차이로 인해 주로 핸들러의 허리(엉덩이), 무릎, 몸통, 얼굴을 볼 수 있다. 훈련 초기에는 원하는 방향으로 전환을 할 때 핸들러는 조금은 큰 동작으로 방향전환을 하는 것이 개에게 도움을 줄 수 있다.

① 개의 리드 줄이 팽팽해지려는 순간, 또는 팽팽해지면 핸들러는 반드시 서서 멈추어야 한다.

② 개가 이때 아무 말 없이 나무나 기둥처럼 서 있어야 한다.

③ 개가 등이나 목이 불편해서 뒤로 돌아볼 것이다. 이때 칭찬한 방향을 핸들러가 정해 움직인다.

④ 개가 리드 줄을 끌지 않고 얌전히 따라서 오면 칭찬한다.

⑤ 실내에서부터 연습한 후 실외에서 연습한다.

'쭈쭈' 소리 연습

① '쭈쭈' 소리 낼 때마다 연속적으로 칭찬과 보상한다.

② 집안에서 '쭈쭈'내고 개가 오면 칭찬과 보상한다.

● '쭈쭈' 이용하기

① 리드 줄이 팽팽하거나, 팽팽해지려는 순간에 즉시 멈춘다.

② 2초~3초 기다린다. 절대 끌려가면 안 된다. 몸을 중심으로 뒤로, 뒷다리에 주어 버티어야 한다. 이때 아무 말도 하지 않는다.

③ '쭈쭈' 소리를 낸다.

④ 핸들러 쪽으로 개가 머리를 돌리려고 시작할 때

⑤ '굿 보이' 또는 '옳지' 칭찬해 준다.

⑥ 다른 방향으로 몇 발 움직이고 개가 따라오면, 따라온 것에 대한 칭찬과 간식으로 보상해준다.

⑦ 방향을 바꾸길 원할 때마다, 또는 강아지가 리드 줄을 끌려고 할 때마다 반복해야 한다.

9. 과도한 마운팅(Mounting)

중성화된 개나 중성화하지 않은 개 모두에게 마운팅을 하는 경우가 있다. 이러한 행동은 개의 정상적인 성적 행동의 일부이다. 수컷과 암컷 모두 다른 개, 사람, 물건에 마운팅을 하는 경우가 있다.

개가 마운팅을 하는 것은 성적 행동뿐만 아니라 정상적인 놀이 행동의 일부이다. 개들은 보통 놀이의 맥락에서 발기하거나 사정하지 않는다. 일부 사회성이 떨어지거나 사회성이 떨어지는 개들은 놀이 권유에 반응하여 다른 개들을 과도하게 마운팅을 하는 경우도 있다.

스트레스나 흥분에 대한 반응으로 개들은 마운팅을 할 수 있다. 스트레스를 받거나 너무 흥분한 상황에 마운팅 행동을 반응하는 경우도 있다. 예를 들어, 새로운 개나 사람을 만난 후, 흥분한 개는 개 침대나 장난감 같은 다른 개, 개의 보호자, 또는 인형, 이불 등과 같은 물건에 마운팅을 할 수 있다.

개가 만성적인 스트레스에 반응하여 마운팅을 하는 경우, 마운팅은 강박적인 습관이 될 수도 있다. 이로 인해 과도한 마운팅은 개의 정상적인 행동을 방해할 수도 있다.

개들은 때때로 사회적 지위나 통제력을 보여주기 위해 다른 개나 사람에게 마운팅을 할 수 있다.

개가 요로감염, 요실금, 원발성 발기, 피부 알레르기를 포함한 다양한 의학적 문제들이 있는 경우 개의 마운팅을 증가할 수 있다. 이러한 문제들은 적절하게 교정되지 않으면 심각할 수 있고 행동교정보다는 의학적 처지가 필요하다.

다른 의학적 문제로 고통받는 개들은 종종 생식기 부위를 핥고 씹는 행동을 하는 경우가 있다. 따라서 개가 과도한 마운팅을 하거나, 자신의 생식기 부위를 핥거나 씹거나, 자신의 몸을 물건에 비빈다면 의학적 문제가 있을 수 있으므로 병원에 가서 수의사의 진찰이 필요할 수 있다.

만약 개가 다른 개, 사람 또는 물건에 올라타는 것을 막으면 공격행동을 보인다면 주의하여 행동수정을 해야 한다. 이는 공격행동의 행동수정법과 병행하여야 한다.

1) 원인

① 부적절한 사회화: 사회화 시기에 사람, 다른 동물, 사물 등과 같은 것에 사회화가 부족했을 경우가 많다.
② 정상적인 성적 행동, 놀이 행동
③ 훈련 부족: 과도한 흥분을 조절할 수 있는 복종훈련이나 집중력 훈련이 부족한 경우에도 나타난다.
④ 보호자의 부적절한 양육: 과도한 애착, 보호자와의 상호활동 부족, 운동 부족, 먹이 부족, 물 부족 등 보호자의 부적절한 양육이 개의 과도한 마운팅을 유발할 수 있다.
⑤ 만성적인 스트레스
⑥ 의학적 문제
⑦ 우위성 표현

2) 증상

과도하게 마운팅하는 개들의 대표적인 증상이다.

① 호흡이 빠르고 헐떡인다.
② 승가 행동을 한다.
③ 성기를 핥거나 씹는다.
④ 우위성이 있는 개체가 마운팅을 할 수 있다.
⑤ 종종 낑낑거리는 경우도 있다.
⑥ 종종 몸을 기대고 닿거나 문지르는 경우도 있다.

3) 행동교정

개가 드물게 마운팅을 하고, 다른 개 또는 사람에게 폐가 되지 않는다면, 개의 행동은 정상적인 행동일 수 있으므로 행동교정이 필요 없을 수 있다. 그럼에도 마운팅으로 인해 싸움으로 번질 수 있으므로 주의해야 한다.

(1) 행동수정법

개가 마운팅을 하려는 징후를 보이거나 하고 있을 때는 연관(연상)을 다른 쪽으로 유도하는 방법을 사용하는 것이 효과적일 수 있다. 즉 개의 주의를 분산시키는 방법을 찾아 사용해야 한다.

행동수정법을 사용할 때는 한 가지만을 사용하는 것이 아니라 복합적으로 사용하는 경우가 더 많다.

과도한 마운팅의 경우, 초크체인을 사용하는 긍정처벌을 사용할 수 있다. 그러나 원인에 대한 규명이 있어야 한다. 무엇보다 개가 의학적 문제가 없다면 마운팅은 정상행동이다. 따라서 정상적인 행동을 처벌로 하지 못하도록 하는 경우 다른 문제행동을 유발할 수 있으므로 주의해야 한다.

① 고전적 조건화의 역조건형성(Counter-conditioning)

마운팅과 양립할 수 없는 '앉아 - 기다려', 또는 '엎드려 - 기다려'를 시킨다.

물론 이런 경우 개의 주의를 끌 수 있고, 집중력을 높도록 이름에 대한 반응, 복종훈련이 되어 있어야 한다.

(2) 기본 훈련

'앉아 - 기다려', '여기(Place)', '놔둬(Leave)' 등을 시킨 후 보상한다. 특히 욕구좌절 참을성을 기를 수 있는 '놔둬' 교육이 중요하다.

(3) 의학적 요법

개가 암컷에 의해 과도한 마운팅을 하는 중성화하지 않은 개라면 중성화를 함으로써 개의 성적 동기를 감소시킬 수 있다.

(4) 관리기법

① 개가 마운팅을 하려는 징후가 보이거나 하고 있다면 개가 좋아하는 장난감, 뼈 간식을 이용해 다른 곳으로 유도하여 주의를 분산시킬 수 있다. 공놀이나 좋아하는 다른 놀이를 시킬 수 있다.

② 개가 스트레스를 받거나 과도한 흥분을 하는 상황은 피한다. 규칙적으로 충분한 산책과 운동을 한다.

10. 깨무는 행동(Nipping, Mouthing, Play Biting)

대부분의 보호자는 개와 놀거나 상호작용하는 동안 손, 팔다리를 깨무는 개를 좋아하지 않는다. 성견의 턱은 강아지 이빨보다 훨씬 더 강해 다른 개나 사람에게 심각한 상처를 입힐 수 있다. 사람의 신체에 입을 사용하여 깨무는 성견은 강아지였을 때 그렇게 하지 않는 법을 배우지 못했을 가능성이 높다.

개들의 깨물기는 정상적인 행동이다. 하지만 어떤 개들은 두려움이나 좌절감 때문에 물어뜯는 경우는 공격행동으로 문제행동이 될 수 있다. 공격행동(Aggression)과 정상적인 놀이 상황에서의 깨물기와 때때로 구별하기 어려운 경우도 있다.

놀이 행동에서 나타나는 깨물기는 개의 보디랭귀지와 감정에서 긴장감과 주름이 나타나지 않고, 공격행동일 경우 얼굴 근육과 몸에서 긴장감이 보이고 얼굴에는 주름이 보이는 경우가 많다.

장난스러운 깨물기의 경우 보통 심각하고 공격적인 물기보다 덜 고통스럽다. 대부분은, 공격적인 개의 몸은 뻣뻣해 보이는 경우가 많다. 동시에 입술이 올라가거나 입술을 뒤로 당겨 이빨이 드러낼 수 있다. 심각하고 공격적인 물림은 보통 놀이 중에 전달되는 물림보다 빠르고 더 고통스럽다.

개들은 물건을 놀고, 씹고, 조사하는데 많은 시간을 보내고, 사람들과도 놀이를 즐겨 한다. 어린 강아지들은 우리의 손가락과 발가락을 씹고, 그들은 입과 이빨로 사람들의 몸을 조사한다. 어린 강아지가 생후 7주일 때는 이런 행동이 귀엽게 보일 수도 있지만, 성견이 되면 이러한 행동은 위험할 수 있다. 따라서 개가 입안의 힘을 조절하는 능력을 알려주어야 한다.

어린 개들은 보통 다른 개들과 노는 동안 물림 억제를 배운다. 한 무리의 개들이 노는 것을 보면, 쫓고, 치고, 레슬링 하는 것을 자주 볼 수 있다. 개들은 또한 서로 온몸을 물어뜯는다. 개는 놀이 중에 다른 개를 너무 세게 문다. 세게 물린 개는 비명을 지르며 보통 경기를 중단한다.

다른 개를 문 개는 물린 개의 비명에 놀라 잠시 놀이를 중단하기도 한다. 그러나 놀이는 다시 개시되는 경우가 많다. 이러한 상호작용을 통해 개들은 물린 곳의 강도를 조절하는 법을 배워서 아무도 다치지 않고 놀이가 중단 없이 계속될 수 있다. 이와 같은 방법을 응용하여 사람에게 적용할 수 있다.

1) 원인

① 부적절한 사회화: 사회화 시기에 사람, 다른 동물, 사물 등과 같은 것에 사회화가 부족했을 경우가 많다.

② 정상적인 놀이 행동

③ 훈련 부족: 무는 힘을 조절하고, 과도한 흥분을 조절할 수 있는 복종훈련이나 집중력 훈련이 부족한 경우에도 나타난다.

④ 보호자의 부적절한 양육: 과도한 애착, 보호자와의 상호활동 시 깨무는 행동의 방치, 운동 부족, 먹이 부족, 물 부족 등 보호자의 부적절한 양육이 개의 깨무는 행동을 유발할 수 있다.

⑤ 만성적인 스트레스

2) 증상

깨무는 개들의 대표적인 증상이다.

① 호흡이 빠르고 헐떡인다.

② 깨무는 행동을 놀이로 인식한다.

③ 이름에 대한 반응이 낮다.

3) 행동교정

깨무는 개를 행동교정 시에는 일관성이 매우 중요하다. 참여하는 모든 사람이 같은 방법을 사용해야 한다.

(1) 행동수정법

개가 깨무는 행동을 하려는 징후를 보이거나 깨물고 있다면 부정적인 것과 연관 짓도록 한다. 긍정처벌을 사용할 경우 다른 문제행동을 발생시킬 수 있으므로 주의해서 사용해야 한다. 특히 사람의 신체나 도구를 사용해 처벌하는 경우 역효과를 낼 수 있다. 공격행동을 보이거나 두려워 회피행동을 보일 수 있다.

① 고전적 조건화의 역조건형성(Counter-conditioning), 긍정강화

깨무는 행동을 했을 때 아프다는 비명 소리를 낸다. 개가 놀람 반응으로 입을 사용하지 않고, 흥분을 가라 앉히면 다시 논다. 이때 보상한다.

이러한 것을 반복하여 개가 사람의 신체에 깨무는 행동을 조절할 수 있도록 한다. 이후에 개가 사람의 신체에 입을 사용하지 않는 것을 알려줄 수 있다.

② 조작적 조건화의 부정처벌

개가 깨무는 행동을 하였을 때 'Time-out'을 한다. 무시하거나 더 이상의 상호작용을 멈춘다. 반복하여 실시하면 개가 깨무는 것을 조절하고, 이후에는 사람의 신체에 입을 사용하지 않는 것을 알려 줄 수 있다. 또는 개를 혼자 잠시 둔다.

(2) 기본 훈련

'앉아 - 기다려', '여기(Place)', '놔둬(Leave)' 등을 시킨 후 보상한다. 특히 욕구좌절 참을성을 기를 수 있는 '놔둬' 교육이 중요하다.

(3) 관리기법

① 개가 깨무는 행동을 대체할 수 있는 뼈 간식을 이용할 수 있다.

② 개가 좋아하는 장난감을 이용해 '가져와(Fetch)', 터그 놀이를 한다. 놀이의 시작과 종료는 항상 핸들러가 정해야 한다. '앉아'로 시작해야 하고, 마무리

는 '끝'이라는 신호를 주어 놀이가 종료되었음을 알려주어야 한다. 놀이는 개와 사람과의 유대감을 증진시킬 수 있음으로 매우 중요한 상호작용이다.

③ 개가 스트레스를 받거나 과도한 흥분을 하는 상황은 피한다.

④ 규칙적으로 충분한 산책과 운동을 한다.

⑤ 개가 싫어하는 냄새를 옷이나 신체에 발라 개가 입을 사용해 깨물었을 때 불쾌하게 한다.

11. 기타 문제행동

1) 상동장애

꼬리 쫓기, 그림자 쫓기, 꼬리 물기, 발바닥 핥기 등의 행동 빈도가 과도하거나 지속적으로 반복하는 행동을 한다. 핥기의 경우, 부위에 피부염이 생기는 경우가 발생하기도 한다.

(1) 원인

① 사회화 교육 부족

② 보호자의 부적절 양육 및 환경: 운동 및 산책 부족, 보호자와의 상호활동 부족 등

③ 만성적인 스트레스: 열악한 환경, 음식 부족, 물 부족 등

④ 의학적 질환: 강박신경증, 질병 감염 등

(2) 행동교정

① 행동수정법

상동행동을 보일 시 대체행동으로 바꾸어 준다.

② 의학적 요법

질환 발견 시 의학적 조치를 취한다.

③ 관리기법

㉮ 행동 풍부화를 해준다. 놀이 행동, 산책 및 운동을 해준다.

㉯ 스트레스 요소를 제거한다.

2) 이기

개가 먹이라고 생각할 수 없는 물체를 먹는 행동이다. 돌이나 흙을 먹고, 풀을 뜯어 먹고, 심지어 자신의 배변이나 타 개체의 배변을 먹기도 한다.

(1) 원인

① 사회화 교육 부족

② 보호자의 부적절 양육 및 환경: 적절한 영양소 급여 부족 등

③ 만성적인 스트레스: 열악한 환경, 음식 부족, 물 부족 등

④ 의학적 질환: 질병 감염 등

(2) 행동교정

① 행동수정법

'놔둬' 훈련과 산책 시 핸들러에 집중할 수 있는 복종훈련을 한다.

② 관리기법

㉮ 집안에서 개가 먹지 않도록 치운다. 접근하지 못하게 울타리를 친다.

㉯ 산책 시 청결한 곳으로 산책한다.

학습정리

1. 개의 문제행동의 교정을 위해서는 개체별 특성을 파악하여 적절한 행동수정법, 약물요법, 관리기법을 사용하여 교정한다.
2. 개의 행동교정에서는 장기간이 시간이 필요한 경우가 있으므로 관찰일지를 통해 변화하는 모습을 기록하는 것이 도움이 될 수 있다.

과제

1. 개의 과도한 학습된 짖음에 대한 행동수정법의 예를 들어 교정계획을 작성하세요.
2. 개의 우위성 공격행동에 대한 행동수정법의 예를 들어 교정계획을 작성하세요.
3. 고양이의 부적절한 배설에 대한 교정계획을 작성하세요.

예상문제

문제 1. 문제행동을 보이는 개의 공통점으로 옳지 않은 것은?

① 민감도 높다(밥그릇, 장난감, 잠자리, 신체 부위)
② 복종훈련 수준이 낮다
③ 개의 특성에 맞지 않는 부적절한 훈련방법 및 행동교정방법을 사용한 경험이 없다.
④ 보호자와 개와의 상호작용(활동)이 부족하다.
⑤ 산책이나 운동이 부족하다.

문제 2. 동물보호법에서 정하는 반려동물로 옳지 않은 것은?

① 고양이 ② 토끼 ③ 페럿 ④ 앵무새 ⑤ 기니피그

문제 3. 동물보호법 제3조에서 정하는 동물보호의 기본 원칙으로 옳지 않은 것은?

① 동물이 본래의 습성과 신체의 원형을 유지하면서 정상적으로 살 수 있도록 할 것
② 동물이 갈증 및 굶주림을 겪거나 영양이 결핍되지 아니하도록 할 것
③ 동물이 정상적인 행동을 표현할 수 있고 불편함을 겪지 아니하도록 할 것
④ 동물이 고통·상해 및 질병으로부터 자유롭도록 할 것
⑤ 동물이 스트레스를 이겨내도록 할 것

문제 4. 공포성 공격행동의 교정 방법으로 옳지 않은 것은?

① 홍수법 ② 계통적 탈감화
③ 긍정강화 ④ 긍정처벌
⑤ 관리기법

문제 5. 공포성 공격행동에 대한 문제행동 교정 방법으로 옳지 않은 것은?

① 행동수정법 ② 약물요법
③ 의학적 요법 ④ 관리기법
⑤ 대체행동 이용

문제 6. 개의 깨무는 문제행동의 원인으로 옳지 않은 것은?

① 부적절한 사회화: 사회화 시기에 사람, 다른 동물, 사물 등과 같은 것에 사회화가 부족했을 경우가 많다.
② 정상적인 놀이 행동이므로 문제행동의 원인으로 볼 수 없다.
③ 훈련 부족: 무는 힘을 조절하고, 과도한 흥분을 조절할 수 있는 복종훈련이나 집중력 훈련이 부족한 경우에도 나타난다.
④ 보호자의 부적절한 양육: 과도한 애착, 보호자와의 상호활동 시 깨무는 행동의 방치, 운동 부족, 먹이 부족, 물 부족 등 보호자의 부적절한 양육이 개의 깨무는 행동을 유발할 수 있다.
⑤ 만성적인 스트레스

문제 7. 개의 과도한 마운팅의 원인으로 옳지 않은 것은?

① 훈련 부족: 과도한 흥분을 조절할 수 있는 복종훈련이나 집중력 훈련이 부족한 경우에도 나타난다.
② 의학적 문제
③ 우위성 표현
④ 보호자의 부적절한 양육: 과도한 애착, 보호자와의 상호활동 부족, 운동부족, 먹이부족, 물 부족 등 보호자이 부적절한 양육이 개의 과도한 마운팅을 유발할 수 있다.
⑤ 놀이행동과는 아무런 관련이 없다.

문제 8. 개가 과도하게 흥분할 때 사용하는 방법으로 다음 단어를 설명하는 것으로 옳은 것은?

무시나 타임아웃 등과 같은 인간과의 상호관계를 단절함으로써 주는 처벌을 말한다.

① 직접처벌 ② 원격처벌 ③ 학습된 처벌 ④ 사회처벌 ⑤ 신체처벌

문제 9. 개의 분리불안 교정 법으로 옳지 않은 것은?

① 계통적 탈감각화 ② 복종훈련 ③ 부정처벌 ④ 긍정강화 ⑤ 긍정처벌

정답

1. ③ 2. ④ 3. ⑤ 4. ④ 5. ③ 6. ② 7. ⑤ 8. ④ 9. ⑤

Chapter 11

고양이의 문제행동 교정 실무

학습목표

1. 고양이 문제행동 교정 실무에서 필요한 방법을 익힌다.
2. 고양이 개체별 특성에 맞는 적절한 문제행동 교정 방법을 제시할 수 있다.

개와 마찬가지로 고양이의 문제행동에는 다양한 종류가 있다. 본 장에서는 고양이에게 자주 발생하는 문제행동의 수정에 관해 설명한다. 문제행동의 종류에 따라 행동수정법, 관리기법, 의학적 기법을 사용할 수 있으나 고양이의 문제행동은 주로 관리기법을 사용하는 경우가 많다.

고양이 문제행동의 원인이 의학적 질환으로 인한 경우에는 고양이 행동과 심리에 관해 전문지식을 가진 수의사가 참여하는 것이 바람직하다.

고양이는 개와 같이 복종훈련을 시킨다는 것은 매우 어렵다. 따라서 반려묘로서 집안에서 생활하기 위해서는 개와는 다르다는 것을 인지하는 것이 중요하다.

고양이에게도 긍정강화 기술을 이용해 보호자가 원하는 행동을 강화시킬 수 있다. 고양이에게 적절한 장소에서 소변, 배변, 기어오름, 스크래쳐의 이용에 대해 알려주는 것은 도움이 될 수 있다. 특히 클리커 트레이닝은 바람직한 행동에 대한 보상을 알려 주는 데 도움이 될 수 있다.

고양이의 문제행동 중 파괴적인 행동의 경우 훈육이 가능하다. 고양이들은 종종 식탁 위나 주방 위에 뛰어오르고, 전선을 씹고, 부적절한 스크래칭을 한다. 이러한 행동 중 일부는 고양이의 환경에 대한 자연스러운 정상행동이지만, 어떤 것들은 단순히 나쁜 습관에 의해 발현된다. 고양이의 문제행동을 하도록 허용하는 것은 그 행동이 받아들일 수 있다는 생각을 강화시킨다.

좋은 행동에 대해 보상하고 나쁜 행동에 대해 훈육을 통해 행동교정을 할 수 있다. 전문가들은 고양이들이 장기 기억력과 단기 기억력을 모두 가지고 있으므로 훈련할 수 있다고 한다. 고양이들은 습관화를 통해 학습할 수 있다는 의미이기도 하다.

고양이들은 관심, 음식, 장난감, 또는 세 가지 모두를 좋아한다. 사람이 원하는 행동을 하도록 고양이를 유인하고 긍정강화로 보상을 하여 강화시킬 수 있다. 캡처링(Capturing)을 사용하는 것도 좋은 방법이다. 예를 들어, 스크래쳐에서 스크래칭을 하면 보상한다. 고양이 전용 장난감을 가지고 놀면 보상한다.

고양이에게 사람의 신체나 도구를 이용한 처벌은 피해야 한다. 왜냐하면 처벌은 고양이가 보호자를 무서워하여 피할 수 있으며 또는 공격행동을 보일 수 있다. 또한 보호자가 있을 때만 바람직하지 않은 행동을 멈출 수 있기 때문이다.

고양이의 정상적인 행동 요구를 충족시킨 후 바람직하지 않은 행동을 멈추기 위한 적절한 관리기법이 매우 중요하다.

고양이가 원하지 않는 행동을 하는 경우라면 다음과 같은 방법을 사용할 수 있다.

① 시끄러운 캔을 흔든다. 만약 고양이가 주방 위나 있어서는 안 되는 곳에서 뛰어내리는 것을 본다면, 고양이를 놀라게 하기 위해 동전이 들어있는 캔을 흔들어 불쾌한 감정을 가지도록 한다.

② 씹는 행동을 억제하기 위해 고양이가 혐오하는 냄새가 나는 스프레이를 사용할 수 있다. 물 스프레이를 사용하는 것도 효과적일 수 있다.

③ 양면테이프 또는 알루미늄 포일 사용으로 고양이가 씹거나 스크래칭을 하려는 물건 위에 놓아 문제행동을 억제할 수 있다.

④ 조작적 조건화의 부정처벌로서 타임아웃을 사용할 수 있다. 만약 고양이가 잘못된 행동을 한다면, 아무도 없는 장소에 10분~20분 정도 부드럽게 놓아두는 것도 사용할 수 있다. 이때는 아무 말도 하지 말고 조용히 놓아두어야 한다.

미국의 ASCPA(American Society for the Prevention of Cruelty to Animals)라는 단체에서 정리한 고양이의 주요 문제행동은 다음과 같다. 공격행동, 파괴행동, 부적절한 배변, 부적절한 배뇨, 스프레이 행동(Spraying), 과도한 야옹 소리, 과민증(Hyperesthesia), 강박행동(Compulsive behavior), 과도한 두려움(Fear)으로 인한 회피행동, 노화로 인한 인지장애 등으로 나눌 수 있다.

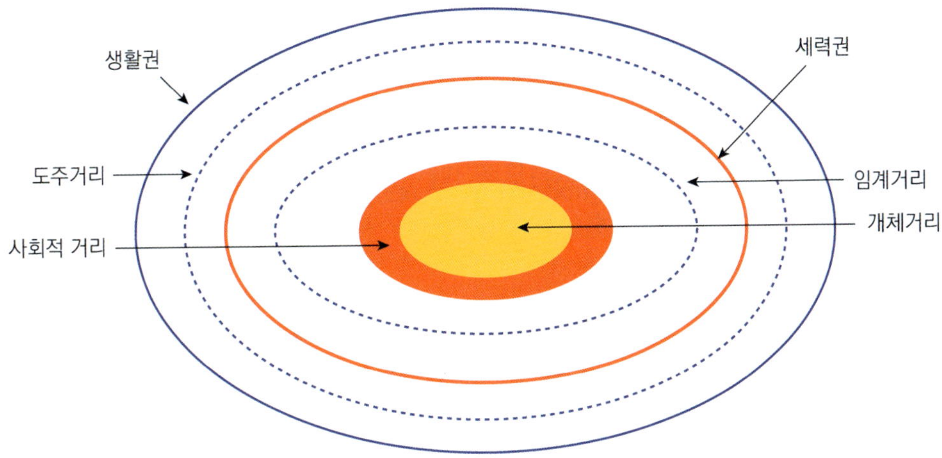

그림 11-1 고양이의 공간 개념

행동권(생활권, Home Range)

✓ 생존에 필요한 모든 장소를 포함한 공간
✓ 어떤 공간요소는 공유 또는 배타적으로 사용되기도 하며 다른 종의 행동권과 중첩되기도 한다.

세력권(Territory)

✓ 특정 개체의 독자적 배타적으로 사용하는 공간
✓ 방어해야 할 공간

➤ 도주거리(Flight distance)
  - 익숙하지 않는 동물, 타종의 동물이 접근 시 도망가는 거리
➤ 사회적 거리(Social distance)
  - 세력권 안쪽에 있는 낯선 개체가 접근하는 범위
  - 그 이상 접근은 특별한 관계의 동물만 허용
➤ 임계거리(Critical distance)
  - 자기방어를 위한 반격으로 바꿀 수 없는 거리
➤ 개체거리(Personal or Intimate distance)

고양이의 사회화 시기는 2~8주 또는 2~9주로 이 시기에 다양한 사람, 동물, 고양이를 보게 되면 터치 장벽이 생기지 않는다. 2개월이 넘어서부터는 회피행동을 보일 수 있으며 자신의 몸을 만지는 것을 두려워할 수 있다. 어느 정도 시간이 지나면 만질 수 있는 경우도 있다.

단독으로 생활하는 고양이는 각자의 영역을 가지고 단독으로 생활하는 경우도 있지만, 충분한 식량과 장소가 있는 지역에서는 고양이도 환경에 따라 무리를 형성하고 원만한 사회관계를 유지하면서 집단생활을 한다고 밝혀지고 있다.

생활권이 100% 겹쳐 있는 형태라고 보면 될 것이다. 특히 암고양이끼리는 무리를 만들고 서로 협력하면서 공동육아를 하는 경우도 관찰되고 있으며, 강한 유대감으로 묶여 있는 경우도 보고되고 있다.

1. 공격행동

공격행동은 사람, 다른 고양이 또는 다른 동물에 대한 위협적이거나 해로운 행동이다. 사실상 모든 야생동물들은 그들의 영역을 지키고, 그들의 자손을 보호하고, 공격당했을 때 그들 자신을 보호하기 위해 공격행동을 보인다.

공격행동은 다양한 상황에서 다양한 이유로 발생하며 복잡한 행동을 동반한다. 반려묘의 공격적인 행동은 '쉿쉿' 소리를 내며 공격 대상을 피하는 고양이부터 공격하는 고양이까지 다양하게 발생한다. 한 가지 유형의 공격행동이 발현하는 경우도 있으나, 2개 이상의 공격행동이 포함되어 발현되기도 한다.

공격행동의 발현 징후를 시각 신호, 청각 신호를 통해 관찰을 통해 알 수 있다. 따라서 공격행동의 징후가 나타나면 예방하는 것이 좋다.

공격적 징후로는 확장된 동공, 머리 뒤로 납작한 귀, 털이 위로 솟은 똑바로 선 꼬리와 아치형 등을 들 수 있다.

공포의 징후로는 확장된 동공, 납작한 귀를 바깥쪽으로 잡고 있는 귀, 납작한 턱수염 또는 얼굴 아래로 눌러진 턱수염, 꼬리가 촘촘히 감겨 있거나, 머리가 몸 아래로 내려가 있는 경우, 엎드린 채로 위를 향한 머리 등이 있다.

고양이의 공격적인 행동에 대한 의학적 이유가 없는지 확인하는 것이다. 갑상선 기능 항진증, 골관절염, 치아 질환, 중추신경계 문제 등의 질병은 공격성을 유발할 수 있으므로 행동수정 또는 관리기법을 사용하기 전에 고양이 행동에 대한 전문지식을 가진 수의사와 상담하는 것이 바람직하다.

또한 공격행동이나 싸움이 일어났다면 언제 그런 상황이 발생하였는지에 대한 관찰과 기록이다. 보통의 경우 같은 상황에서 공격행동이 반복되면 고양이는 학습할 수 있다.

고양이 간의 싸움에 사람이 개입할 경우 심각하게 다칠 수 있으므로, 싸우는 고양이들 사이에 손이나 다른 신체 부위를 절대 넣지 않는 것이 중요하다. 공격적인 고양이를 분리하기 위해 판지, 가벼운 나무 또는 플라스틱으로 만들어진 패널과 같은 장벽을 사용하는 것은 효과적이다.

고양이에게 어떤 형태의 체벌이든 고양이의 두려움이나 불안을 증가시키고 공격성을 악화시킬 수 있으므로 주의해야 한다.

① 1단계: 사람들과 다른 고양이들에게 더 이상의 부상을 예방하는 것이다. 다른 고양이들에 대한 공격행동의 징후 또는 공격을 하는 경우 조기에 고양이들을 분리해야 한다. 공격적인 행동을 보이는 상황을 만들지 않는 것도 중요하다.

② 2단계: 행동수정법을 둔감화를 이용해 사용한다.

③ 3단계: 역조건부형성(Counter-conditioning)을 통해 긍정적 감정과 연관 짓도록 한다.

④ 심각한 상황인 경우 고양이 행동 전문 수의사의 도움을 받는다.

1) 우위와 관련된 공격성(Status-related aggression)

가정에서 다른 고양이에 대한 공격성은 놀이, 포식 행동, 방향 전환된 행동, 두려움, 그리고 고양이가 잠자는 장소, 공통 영역 또는 음식을 통제하기 위해 공격성을 사용하는 상태 관련 행동 때문일 수 있다.

(1) 원인

- 사회화 부족
- 유쾌하지 않은 경험의 연상작용
- 웅성호르몬의 영향으로 중성화되지 않은 개체 간의 싸움
- 사회적 우위를 과시하기 위해
- 성격 및 기질적인 원인

(2) 행동교정

① 행동수정법

- 고전적 조건화를 통해 두 개체가 있을 때 간식 보상을 하여 두 개체 이상이 있을 때만 간식을 주어 서로 좋은 감정을 연관 짓도록 한다.
- 조작적 조건화의 부정처벌로 우위성 공격행동을 사람에게 보이면 완전히 무시한다. 또는 격리시키는 것도 방법이다.

② 의학적요법

- 중성화하지 않은 수컷 고양이의 경우 중성화도 도움이 될 수 있다.

③ 관리기법

- 고양이를 분리하여 생활하도록 한다. 서로 싸우려는 징후가 보이면 바로 격리한다. 일정 시간이 지난 후 다시 재회하도록 한다. 재회했을 때 간식으로 보상한다.
- 평소에 놀이를 통해 상호작용을 한다.
- 목에 방울을 걸어 공격행동을 하는지 파악한다.

2) 공포성 공격성(Fear aggression)

공포성 공격성은 고양이를 두려워하게 만드는 상황에서 발생한다. 두려움은 많은 종류의 공격성에 동반하여 일으키는 경우가 많다. 두려운 고양이들은 촉발되는 위협을 피하려고 할 수도 있지만, 고양이가 탈출할 수 없거나 공격적으로 행동하는 것이 위협을 제거할 수 있다는 것을 알게 되면 공격적으로 될 수 있다.

(1) 원인

- 부적절한 사회화
- 기질(부모로부터 물려받은)
  새로운 환경, 새로운 가족 구성원이나 동물
- 과거의 처벌 경험
- 학습 또한 공포의 공격성으로 이어질 수 있다.

(2) 행동교정

① 행동수정법

- 계통적 탈감각화를 통해 천천히 두려워하는 대상에 대해 부정적 연상에서 긍정적 연상으로 할 수 있도록 한다. 공격적이지 않은 행동을 놀이나 간식 보상을 하여 공포의 대상에 대한 감정을 긍정적 감정으로 연관 짓도록 한다.

② 관리기법

- 고양이가 공포를 느끼거나 회피하는 대상을 제거한다.

3) 영역성 공격행동(Territorial aggression)

고양이 영역성 공격행동은 보통 다른 고양이들에게 직접적으로 향하지만, 그것은 개와 사람들을 향할 수도 있다. 고양이의 인식 영역은 집 전체 또는 집의 일부, 마당 등이다.

야생 고양이의 경우 자신의 생활권이나 영역에 대한 공간 및 거리 개념이 강하다. 고양이가 주로 생활하며 사냥하는 생활권(Home range), 자신의 방위해야 할 영역으로 세력권(Territory)을 가지고 있다. 이러한 개념을 바탕으로 다른 개체가 접근하면 도망가는 도주거리, 도망가지 못하거나 어쩔 수 없는 상황에서 싸워야 하는 임계거리를 가지고 있다.

(1) 원인

- 영역방위본능

- 부적절한 사회화
- 기질
- 새로운 가족 구성원 또는 동물
- 수컷의 경우 영역에 대해 방위가 강할 수 있다.

(2) 행동교정

① 행동수정법

- 계통적 탈감각화를 통해 같은 공간에 다른 사람이나 고양이가 있을 때 보상으로 긍정적으로 연관 짓도록 한다. 거리를 먼 곳에서 가까운 곳으로 점진적으로 좁힌다. 주의를 분산시킬 수 있는 놀이를 해줄 수 있다.

② 관리기법

- 영역에 의한 공격행동을 다른 고양이에게 하는 경우, 고양이들의 주로 위치하는 공간이나 사물들을 정기적으로 서로 바꾼다. 시간이 소유될 수 있으나 인내심을 가지고 계속해서 공간을 서로서로 바꾸어 사용하도록 한다.
- 서로 싸우지 않도록 격리한다.
- 만약 싸움이 발생하면 간접처벌로 고양이를 놀라게 하여 주의를 분산시킬 수 있는 도구를 이용한다. 도구의 목적은 겁을 주는 것이 아니라 주의를 산만하게 것이다.
- 다른 고양이에 대해 영역성 공격행동을 보이는 고양이에게 목에 방울을 달아 어디에 있는지 확인할 수 있도록 한다.

4) 기타 공격행동

(1) 애무유발공격행동

이러한 유형의 공격성을 보이는 고양이를 감독하는 것이 특히 중요하다. 이상적으로, 보호자는 어린아이들과 애무유발공격행동 인한 공격 이력이 있는 고양이 사이의 신체적 접촉을 막아야 한다.

(2) 방향이 전환된 공격행동

고양이가 자극에 의해 흥분하지만 직접적으로 반응할 수 없을 때, 고양이는 그의 공격성을 사람이나 다른 고양이로 바꿀 수 있다. 재연결된 공격성을 촉발하는 일반적인 자극은 큰 소리, 창문을 통해 바깥 고양이나 길 잃은 고양이를 보는 것, 또는 집에서 다른 고양이와 말다툼하는 것을 포함한다. 때때로, 공격성은 실내 고양이들 사이의 공격적인 상호작용 후에 인간으로 향할 수 있다. 이러한 유형의 공격을 방지하는 가장 좋은 방법은, 예를 들어 창문 가리개를 내리거나, 길 잃은 고양이들이 창문에서 멀리 떨어지도록 억제제를 사용하거나, 실내 고양이들 사이의 공격적인 상호작용을 방지함으로써 자극을 제거하거나 피하는 것이다.

(3) 통증 유발 공격성

고통을 겪고 있는 고양이들은 고통을 악화시킬 수 있는 접촉, 움직임, 또는 특정 활동을 피하고자 사람이나 다른 애완동물에게 공격적으로 행동할 수 있다. 예를 들어, 골관절염에 걸린 고양이들은 그들의 관절이 만지거나 조작되는 것을 싫어할 수 있고, 이에 대응하여 '쉿쉿' 소리를 내거나 물거나 긁을 수 있다. 어떤 고양이들은 한때 고통스러웠던 몸의 부분이 치유된 후에도 공격적인 행동을 계속할 수 있는데, 아마도 이전에 경험한 고통을 피하기 위해서일 것이다.

보호자들은 고양이 몸의 아픈 부분을 만지지 않도록 하고, 통증 조절을 위한 효과적인 교정계획을 세우기 위해 수의사의 도움으로 관리할 수 있다.

2. 부적절한 배설(Inappropriate elimination)

고양이의 부적절한 배설은 보호자들이 보고한 가장 흔한 문제행동이다. 고양이가 자신의 영역을 표시하기 위해 수직 표면에서 소변을 보는 경우를 스프레이 행동이라고 한다. 보통 고양이는 수직 표면으로 뒤로 물러서서, 떨릴 수 있는 꼬리를 올리고, 뒷발로 발을 디디고, 소변 흐름을 뒤로 향하고 소변을 뿌린다. 흔치 않지만, 영역 표시를 위해 대변이 사용되는 경우도 있다.

부적절한 배설을 한 장소를 탈취제를 이용해 깨끗이 청소한 후 관리기법이나 약물요법을 이용해 행동교정을 해야 한다.

1) 원인

① 의학적 질환, 방광에 결석과 수정이 형성되고 세균감염, 원인을 알 수 없는 방광과 요로의 염증성 질환으로 통증이 생겨 소변이 급해져 부적절한 배설을 할 수 있다. 신장과 간의 질병은 고양이가 물을 자주 마시고 소변을 자주 보게 할 수 있다. 또한, 나이와 관련된 인지(뇌 기능)의 감소나 갑상선 기능 항진증, 당뇨병과 같은 내분비 장애로 인해 습관의 변화로 인해 부적절한 배설을 할 수 있다.
다른 고려사항으로는 고양이의 운동성과 감각기능의 문제로 인해 부적절한 배변을 할 수 있다. 신경, 근육 또는 관절에 영향을 미치는 의학적 상태는 충분한 불편함, 뻣뻣하거나 약함으로 이어질 수 있으므로 고양이는 배변 장소가 있는 화장실에 들어가지 못하고 부적절한 곳에 배변을 볼 수 있다.

② 청결하지 못한 화장실

③ 정서적 불안, 사회적 불안, 영역에 대한 불안

④ 개체 수가 많은 경우, 화장실이 부족

⑤ 화장실의 접근성(배치장소), 형태, 모래의 종류 등

⑥ 만성적인 스트레스, 욕구 불만

⑦ 환경의 변화, 다른 동물의 입양 및 다른 가족 구성원, 새로운 가구 또는 가구 배치의 변화, 계절적 변화

⑧ 다묘의 경우, 다른 고양이와의 갈등

2) 행동교정

부적절한 배설의 경우 행동교정을 위해 행동수정법과 관리기법을 같이 이용하고, 의학적 질환인 경우 약물요법을 사용한다. 관리기법으로는 부적절한 배설의 원인을 찾아 관리해주는 것이 필요하다. 따라서 관리 · 감독이 매우 중요하고 관찰을 통해 언제, 어디서 하는지에 대해 기록으로 남겨 배변 패턴과 빈도를 아는

것이 중요하다.

고양이 화장실에 긍정적 감정을 가지도록 하고, 부적절한 배설을 하는 곳을 부정적 감정을 가지도록 하는 것이 중요하다.

페로몬 관련 제품을 부적절한 배설장소로 사용하는 곳에 사용하는 것도 도움이 될 수 있다.

(1) 약물요법

의학적 질환 및 신체 질환으로 인한 부적절한 배설인 경우에는 수의사와 상담하여 적절한 약물요법을 사용한다.

(2) 행동수정법

① 고전적 조건화-역조건부 형성

행동수정 기법은 혐오요법(Aversion therapy)이나 흡인요법(Attraction therapy)이다. 혐오요법은 고양이가 부적절한 배설장소에 대해 부정적 감정을 가지게 하여 그곳에서 부적절한 배설을 하지 못하게 하는 방법이고, 흡인요법은 고양이가 자신이 선호하는 배변 장소를 선택하도록 하는 것이다.

(3) 관리기법

① 다묘의 경우 부적절한 배설을 하는 개체를 찾아 격리시킨 후 관리해야 한다.

② 다묘의 경우 사회적 갈등으로 인한 부적절한 배설을 하는 경우 격리하는 것이 필요하다.

③ 화장실을 청결히 유지하고, 최소 1주일 한 번 완전히 비우고 전체를 청소한다. 화장실의 위치를 조용하고 안전함을 느낄 수 있는 적절한 곳으로 바꾸어 본다. 가능하면 외부에서 보이지 않는 곳에 위치를 정해 본다. 화장실 장소를 두 곳으로 나누어 선호하는 곳을 선택하도록 한다.

④ 화장실 모양과 바닥 재질을 두 개로 나누어 선호하는 곳을 선택하도록 유도해 본다.

⑤ 다묘의 경우 고양이 개체수보다 한 개 정도 더 비치한다.

⑥ 화장실이 오래된 경우 냄새가 배어 있을 수 있으므로 새것으로 교체한다.

⑦ 덮개가 있는 화장실의 경우 덮개가 없는 것으로 교체해 본다.

⑧ 부적절한 배설을 하는 장소의 표면 질감을 변경하거나(카펫을 제거), 표면을 불편하게 함으로써(양면 접착 테이프) 선호하는 표면을 덜 매력적으로 만들 수 있다.

⑨ 부적절한 배설을 하는 장소에 문을 닫거나 바리케이드를 치거나 고양이를 문제 지역에서 멀리 떨어뜨려 영구적으로 출입을 막아야 하는 경우도 있다. 또한 철저한 세척 후 시판되는 냄새 탈취제를 이용하여 모든 냄새를 제거함으로써 표면의 매력을 줄일 수 있다.

⑩ 부적절한 배설을 하는 장소에서 때때로 먹이를 주고, 놀고, 자고, 긁는 공간으로 바꿔서 그 지역의 기능을 바꾸면 그 지역에서 없애려는 고양이의 욕구가 줄어들 수 있다. 상대적으로, 오염된 지역을 덜 매력적으로 만드는 것은 고양이가 쓰레기를 다시 사용하게 하거나, 고양이를 받아들일 수 없는 새로운 지역으로 몰아갈 수 있다.

⑪ 화장실 내 배설의 빈도가 증가하지 않는 경우 행동교정 계획의 변경과 대체 행동교정을 고려하는 것이 필요하다.

3. 부적절한 스크래칭(Scratching behavior)

고양이의 스크래칭은 정상적인 행동이다. 비록 긁는 것이 발톱을 짧게 하고 조절하는 데 도움이 되긴 하지만, 아마도 고양이가 긁는 가장 중요한 이유는 그들의 영역을 표시하기 위해서 일 수 있다. 일부 고양이들은 불안이나 갈등 상황에서 영역 표시(예: 긁기, 소변 표시)를 증가시킬 수 있다. 고양이들은 또한 그들의 발을 문지르며 위협하거나 놀기도 한다.

보호자들이 보고하는 고양이의 주요 문제행동의 하나로서 주로 실내에서만 사는 고양이들은 가구, 벽, 문을 긁기 시작할 때, 또는 발톱으로 기어오르거나 커튼에 매달리는 행동 등이다. 고양이 발톱은 사람들에게 상처를 입힐 수 있으므로 발톱 문제를 예방하거나 피하는 것이 바람직하다.

과도한 스크래칭이 불안감이 요인인지 등을 판단하는 것이 중요하다. 새로운 영역과 부위의 스크래칭은 불안과 표시 행동과 관련이 있을 수 있다. 과도한 스크래칭은 새로운 고양이 입양, 가족 구성원 변화와 관련이 있을 수 있다.

식욕의 변화, 사회적 행동의 변화(예: 더 공격적이거나 더 절제된) 또는 소변 표시의 시작과 같은 불안의 다른 징후도 발생할 수 있다. 고양이가 언제, 어디서, 얼마나 자주 긁는 것이 가능한 원인에 대한 단서가 될 수 있다.

1) 원인

① 영역 표시 행동
② 환경의 변화, 새로운 가구 및 배치 변화 등
③ 놀이 행동
④ 싸움이나 사냥을 위한 준비
⑤ 소재의 선호도
⑥ 만성적인 스트레스, 욕구 불만, 보호자와 상호활동 부족
⑦ 수면 후 스크래칭

2) 행동교정

부적절한 스크래칭의 행동교정을 위해 행동수정법과 관리기법을 이용한다.

(1) 행동수정법

신체적 처벌, 음성처벌은 고양이가 보호자에게 두려움이나 공격성을 일으킬 수 있으므로 주의해서 사용해야 한다.

① 고전적 조건화-역조건부 형성

행동수정 기법은 혐오요법(Aversion therapy)이나 흡인요법(Attraction therapy)이다. 혐오요법은 고양이가 부적절한 스크래칭을 하는 곳에 부정적 감정을 가지게 하여 그곳에서 부적절한 스크래칭을 못 하게 하는 방법이고, 흡인요법은 고양이

가 자신이 선호하는 스크래칭 장소를 선택하도록 하는 것이다.

② 조작적 조건화-긍정강화

고양이를 스크래쳐로 데리고 가서, 스크래칭을 스크래쳐에 따라 부드럽게 문지르도록 하고, 간식을 주는 것도 도움이 될 수 있다. 그러나 이 기법이 공포나 불안을 유발하는 경우도 있으므로 주의해야 한다.

(2) 관리기법

① 고양이 스크래쳐는 눈에 띄는 곳에 세워야 하며, 적어도 한 개는 고양이의 잠자리 근처에 있어야 한다. 스크래쳐는 고양이가 앞다리를 뻗고 뒷다리로 서 있을 때 긁을 수 있을 정도로 높아야 하며 긁었을 때 넘어지지 않을 정도로 튼튼해야 한다.

② 스크래쳐의 표면 질감을 각별히 고려해야 한다. 고양이의 선호도를 고려하여 발톱이 갈고 찢어질 수 있는 느슨하게 짜인 소재를 선호한다. 스트래칭도 표시하는 행동이고 고양이들은 시각적 표시를 남기고 싶어 한다는 것을 고려해야 한다.

③ 놀이 장난감, 골판지 상자, 고양이 캣닙 등은 고양이를 바쁘게 하는 데 도움이 될 수 있다.

④ 고양이가 부적절한 스크래칭을 가구나 장소에 접근하지 못하도록 한다.

⑤ 골판지 등을 이용해 다양한 곳에 스크래칭을 할 수 있는 곳을 만들어 준다.

⑥ 고양이와 보호자와 사회활동(놀이) 시간을 늘리거나 새로운 물체를 조작하고 탐험하는 것을 포함한 더 풍부한 일상을 제공하는 것은 고양이가 부적절한 스크래칭을 줄이는 데 도움이 될 수 있다.

⑦ 페로몬 관련 제품을 부적절한 스크래칭을 하는 곳에 사용하는 것도 도움이 될 수 있다.

⑧ 부적절한 스크래칭을 하는 장소의 표면이나 부위가 덜 매력적이거나 불쾌할 수 있다면, 고양이는 다른 부위나 긁기 위한 대상을 찾을 것이다. 가장 간단한 방법은 긁힌 표면을 고양이가 싫어하는 물질(플라스틱, 느슨하게 덮은 물질, 알루미늄 포일 또는 양면테이프)로 덮는 것이다.

⑨ 고양이가 부적절한 스크래칭을 할 때마다 청각 신호를 이용한 원격 제어 장

치가 유용할 수 있다.

4. 씹기(Chewing)

고양이들이 씹어서는 안 될 것들까지 씹는 것은 문제행동이다. 물건을 훼손하기도 하지만 고양이에게 위험할 수 있다.

고양이가 씹는 가장 큰 원인은 지루함이다. 고양이가 의학적 질환이 의심되면 수의사와 상담이 필요하다.

고양이들이 씹는 가장 흔한 물건은 전선, 줄, 화초, 직물 또는 가죽 가구이다. 각 품목은 고양이가 씹는 것을 막기 위해 약간 다른 접근법이 필요하다.

1) 원인

① 잇몸질환이 있는 고양이는 입안을 달래기 위해 무언가를 갉아먹을 수 있고, 소화 장애가 있는 고양이는 메스꺼움을 돕기 위해 무언가를 씹고 침을 흘릴 수 있다.

강박 장애, 영양결핍 등은 모두 씹는 것의 가능한 의학적 원인이다.

② 의학적 원인이 없다면, 지루함으로 고양이가 씹는 행동을 할 수 있다.

2) 행동교정

(1) 관리기법

① 와이어 및 코드를 씹는 경우, 장난감, 탐색할 수 있는 고양이 타워, 추가적인 흥미를 위해 부착된 장난감, 심지어 바닥에 종이상자 등을 제공하여 고양이가 "혼자 놀기" 장난감을 제공한다. 간식을 나오는 장난감은 사냥 본능을 만족시키는 좋은 방법이다.

② 전기코드 상황 자체를 다루기 위해서는 코드를 덮거나, 코드에 접근하지 못

하게 하거나, 씹기 싫게 만드는 방법을 사용한다.

③ 고양이들은 녹색을 씹고 싶어 하는 자연적인 욕구를 가지고 있고, 살아 있는 화초들을 씹는 경우도 있다. 식물 중 일부는 고양이들에게 매우 독성이 있을 수 있고, 고양이의 안전을 위해 식물들을 확인하여 식물들을 버리거나 접근하지 못하도록 한다.

④ 고양이가 씹을 수 있는 부드러운 장난감을 제공한다.

5. 다른 문제행동

1) 과도한 야옹 소리(Excessive vocalization)

보호자가 잠을 자거나 다른 일을 할 때 고양이가 "야옹 야옹" 하면 깨우는 경우가 있다. 고양이가 혼자 놀 수 있는 장난감을 제공하는 것이 도움이 될 수 있다. 또한 밤에 덜 활동적으로 되도록 낮에 더 많은 운동과 놀이를 제공해주어야 한다.

고양이가 간식을 원하거나, 밖으로 나가거나, 쓰다듬어 달라고 요구할 때 보호자가 무의식적으로 강화시키는 경우도 있다. 이러한 경우에는 무시하는 방법을 쓰는 것도 도움이 될 수 있다.

2) 과도한 핥기(Obssesive-compulsive licking)

오버 그루밍(Overgrooming)은 고양이가 비정상적으로 많은 시간을 자신을 강박적으로 손질하는 것을 말한다. 이로 인해 탈모와 피부염을 초래할 수 있다. 고양이가 스스로 핥을 때, 뇌가 만드는 자연적인 "기분 좋은" 신경 전달 물질인 엔돌핀이 방출된다. 이 엔돌핀들은 셀프 그루밍의 느낌을 편안하게 해주는 화학 물질이다. 따라서 고양이가 스트레스를 받는다면, 이 편안한 행동에 의존할 수도 있다.

고양이가 만성적으로 과도하게 핥는 이유는 의학적 질환, 만성적인 스트레스,

불안감 등에 의해 나타날 수 있다. 고양이들이 과도한 핥기는 심각한 경우에는 수의사와 상담하여야 한다.

고양이가 지나치게 핥는 경향이 있다면, 이것은 언제든지 재발할 수 있고, 고양이가 다시 스트레스를 받고 있다는 표시일 수 있다.

(1) 원인

① 새로운 고양이나 다른 동물, 새로운 가족 구성원
② 새로운 환경으로 이사하기
③ 새로운 가구나 가구의 재배치
④ 화장실 환경의 변화
⑤ 부적절한 양육으로 인한 스트레스(정상행동을 할 수 없는 환경)
⑥ 의학적 질환 등(알레르기 등)
⑦ 부적절한 식단

(2) 행동교정

- 고양이가 스트레스를 받고, 불안해하는 이유를 찾아내 제거해주어야 한다. 원인을 파악해 제거할 수 있으면 행동이 점차 저절로 사라질 수도 있다.

① 관리기법

㉮ 만약 보호자와의 분리로 인해 스트레스를 받는다면, 보호자의 세탁하지 않은 셔츠나 담요를 밀폐된 지퍼백에 넣어 고양이가 냄새를 맡을 수 있도록 한다.

㉯ 새로운 고양이나 동물이 입양되었다면, 새로운 고양이나 동물을 점진적으로 소개해주어야 한다.

㉰ 보호자와의 놀이는 스트레스 해소에 도움이 될 수 있다. 고양이의 자신감을 기르고, 새로운 환경(이사한 집, 새로운 동물, 사람)과 긍정적인 경험을 연결하도록 도울 수 있다. 고양이와 상호활동을 할 수 있는 제품을 이용하는 것이 좋다.

㉱ 고양이 전용 페로몬 제품은 스트레스 해소에 도움이 될 수 있다. 스프레이를 뿌리거나 물체에 문지르거나 하면 진정 효과가 있다.

② 약물요법

알레르기, 벼룩 감염, 피부 진드기, 박테리아 또는 곰팡이 감염, 또는 갑상선 기능 항진증과 같은 대사 상태를 포함하여 다양한 의학적 질환으로 나타날 수 있다. 따라서 피부 생체 검사, 철저한 신체검사 등을 통해 수의사가 올바른 진단을 내리는 것이 중요하다. 진단에 따라 약물요법을 사용할 수 있다.

(3) 두려움(Fear)

두려움은 새끼 고양이로서의 불충분한 초기 사회화나 무서운 경험에서 비롯될 수 있다. 그것은 유전될 수도 있다. 고양이는 낯선 사람, 낯선 고양이, 개, 소음, 또는 자동차 타기, 수의사 방문, 낯선 환경과 같은 장소와 상황을 두려워할 수 있다. 어떤 고양이들은 또한 익숙한 사람과 고양이를 두려워할 수도 있다. 두려움은 위협적인 행동(예: 으르렁거리거나 쉬익거리는 소리), 노골적인 공격성(물거나 긁는 소리), 회피, 숨어서 살포하는 결과를 초래할 수 있다. 가능하다면 무엇이 공포의 원인인지 알아내 제거하는 것이 바람직하다.

학습정리

1. 고양이 문제행동의 교정을 위해서는 개체별 특성을 파악하여 적절한 행동수정법, 약물요법, 관리기법을 사용하여 교정한다.
2. 고양이 문제행동 중 부적절한 배설과 부적절한 스크래칭의 경우 혐오요법(Aversion therapy)이나 매력요법(Attraction therapy)을 사용하면 문제행동 교정에 도움이 될 수 있다.

과제

1. 고양이의 부적절한 배설에 대한 교정계획을 작성하세요.
2. 고양이의 부적절한 스크래칭의 대한 교정계획을 작성하세요.
3. 고양이의 공간 개념을 정리하세요.

예상문제

문제 1. 고양이 우위성공격행동이 원인으로 옳지 않은 것은?

① 사회적 우위를 과시하기 위해
② 부적절한 처벌
③ 유쾌하지 않은 경험의 연상작용
④ 웅성호르몬의 영향으로 중성화되지 않은 개체 간의 싸움
⑤ 성격 및 기질적인 원인

문제 2. 고양이의 부적절한 배설의 원인으로 옳은 것은?

㉠ 화장실에 대한 불만 ㉡ 의학적 질환 ㉢ 환경의 변화 ㉣ 흥분 ㉤ 불안

① ㉠, ㉡, ㉢, ㉣
② ㉡, ㉢, ㉣, ㉤
③ ㉠, ㉢, ㉣, ㉤
④ ㉢, ㉣, ㉤
⑤ ㉠, ㉡, ㉢, ㉤

문제 3. 고양이의 부적절한 스크래칭 행동원인으로 옳지 않은 것은?

㉠ 세력권의 마킹을 위해 스크래칭을 하는 경우보다 자신의 발톱을 갈아 공격이나 사냥을 위해 한다.
㉡ 새로운 발톱을 제거하려고 한다.
㉢ 수면 후 스트레칭을 할 때 스크래칭을 한다.
㉣ 소재의 선호도에 따라 스크래칭을 하기도 한다.
㉤ 구속에서 해방욕구를 표출하기 위해 스크래칭을 한다.

① ㉠, ㉡
② ㉡, ㉢, ㉣
③ ㉠, ㉢, ㉣
④ ㉢, ㉣, ㉤
⑤ ㉠, ㉡, ㉢

문제 4. 다음 설명으로 옳은 것은?

고양이가 잠자는 장소, 공통 영역 또는 음식을 통제하기 위해 공격성을 사용하는 상태 관련 행동 때문일 수 있다.

① 영역성 공격행동
② 전가성 공격행동
③ 애무유발성 공격행동
④ 우위성 공격행동
⑤ 공포성 공격행동

문제 5. 고양이의 공격행동 교정을 위한 방법으로 옳지 않은 것은?

① 긍정강화
② 긍정처벌
③ 부정강화
④ 부정처벌
⑤ 관리기법

문제 6. 다음 설명으로 옳은 것은?

✓ 특정 개체의 독자적 배타적으로 사용하는 공간
✓ 방어해야 할 공간

① 행동권(생활권, Home range)
② 세력권(Territory)
③ 방어거리
④ 임계거리
⑤ 사회적거리

정답

1. ② 2. ⑤ 3. ① 4. ④ 5. ② 6. ②

참고문헌

김병석 (2020). 강아지는 산책하고 달리고 놀아야 한다. 서울: 하움출판사.

김병석 (2022). 반려견에 대한 보상기반 훈련프로그램이 복종훈련 단계, 민감도, 문제행동에 미치는 효과. 원광대학교 일반대학원 박사학위논문.

김병석, 이현아, 김옥진 (2021). 반려견 문제행동, 훈련 및 행동교정방법에 관한 연구. 인문사회 21, 12(5): 785-799.

김소희 (2010). 모든 개는 다르다. 서울: 페티앙북스.

김옥진 (2015). 반려동물학. 서울: 형설출판사.

김옥진, 김병수, 박우대, 이형석, 정성곤, 하윤철, 황인수, 최인학 (2015). 반려동물행동학. 서울: 동일출판사.

김옥진, 김현주, 이시종, 유지현, 홍선화 (2017). 반려동물관리학. 서울: 동일출판사.

김옥진, 박희명, 정태호, 임은경 (2021). 동물복지학. 서울: 문운당.

김옥진, 손민우, 오홍근, 박철, 임세라, 김현주 (2014). 동물행동상담학. 서울: 동일출판사.

김옥진, 홍선화, 남혜영 (2017). 펫헬스테라피. 서울: 동일출판사.

농림축산식품부 (2022). 동물보호법 관련 규정집. 세종: 농림축산식품부.

린정이, 천첸원 (2015). 고양이 대백과. 역: 정세경. 서울: (주)도서출판 도도.

박우대, 임현곤, 한윤찬 (2016). 견 훈련학. 서울: 도서출판 삼보.

박효진 (2022). 반려동물행동상담학. 서울: 동문사.

유지현, 김수미 (2020). 강아지 사회화 교육 및 시사점: 미국과 영국의 켄넬클럽에서 본 관점. 한국디지털정책학회, 18(2): 413-419.

임신재 (2013). 동물행동학. 경기: 살림출판사.

임신재 (2019). 응용동물행동학. 서울: 라이프사이언스.

장 퀴블리에 (2017). 고양이의 모든 것. 역: 김이정. 경기: (주)살림출판사.

황철용 (2016). 개·고양이 필수 건강 백과 우리 아이가 아파요. 서울: 책공장 더불어.

Alexander, Michael Ben., Friend, Ted., Haug, Lore I (2011). Obedience training effects on search dog performance. Applied Animal Behaviour Science, 132(3): 152-159.

American College of Veterinary Behaviors (2014). DECODING YOUR DOG. Foilio Literary Management, LLC and Danny Hong Agency: USA. 역: 장정인 (2014). 강아지와 대화하기. 서울: 처음북스.

American Kennel Club (2019). AKC S.T.A.R. Puppy.

American Veterinary Medical Association (2015). Welfare Implications of Socialization of Puppies and Kittens.

https://www.avma.org/resources-tools/literature-reviews/welfare-implications-socialization-puppies-and-kittens

American Veterinary Society of Animal Behavior (2008). Position Statement On Puppy Socialization.

American Veterinary Society of Animal Behavior (2008). Position Statement on the Use of Dominance Theory in Behavior Modification of Animals.

American Veterinary Society of Animal Behavior (2021). Position Statement On Humane Dog Training.

Bennett, Pauleen Charmayne & Rohlf, Vanessa Ilse (2007). Relationship between demographic variables, potentially problematic behaviours, training engagement and shared activities. Applied Animal Behaviour Science, 102: 65-84.

Berns, Gregory (2013). HOW DOGS LOVE US. Levine Literary Agency, Inc: USA. 역: 김신아 (2016). 반려견은 인간을 정말 사랑할까?. 서울: 진성북스.

Bernstein, Irwin S (1981). Dominance: The baby and the bathwater. Behavioral and Brain Sciences, 4: 419-429.

Blackwell, Emily J., Twells, Caroline., Seawiright, Anne., Casey, Rachel A (2008). The relationship between training methods and the occurrence of behavior problems, as reported by owners, in a population of domestic dogs. Journal of Veterinary Behavior, 3: 207-217.

Bradshaw, John W. S., Emily, J., Blackwell, Rachel., Casey A (2009). Dominance in domestic dogs-useful construct or bad habit?. Journal of Veterinary Behavior, 4: 134-144.

Browne, Clare., Starkey, Nicola., Foster, Mary., McEwan, James (2014). Dog training: Reinforcement timing and owner body language. School of Psycology, University of Wikato, New Zealand.

Casey, Rachel A., Loftus, Bethany., Bolster, Christine., Richards, Gemma J., Blackwell, Emily J (2014). Human directed aggression in domestic dogs (Canis familiaris): Occurrence in different contexts and risk factors. Applied Animal Behaviour Science, 152: 52-63.

Clark, Gail I., & Boyer, William N (1993). The effects of dog obedience training and behavioural counselling upon the human-canine relationship. Applied Animal Behaviour Science, 37(2): 147-159.

Coren, Stanley (2000). HOW TO SPEAK DOG. Laura Hartman Maestro: USA. 역: 박영철 (2014). 개는 어떻게 말하는가. 서울: 보누스.

Cornell University College of Veterinary Medicine Animal Behavior Clinic (2021). Canine Behavioral History.

Crowell-Davis, Sharon L (2007). Socialization Classes for Puppies and Kittens. COMPENDIUM, 674-676.

Cutler, Janet H., Coe, Jason B., Niel Lee (2017). Puppy socialization practices of a sample of dog owners from across Canada and the United States. Journal of the American Veterinary Medical Association, 251(12): 1415-1423.

Darwin Robert Charles (1859). ON THE ORIGIN OF SPECIES BY MEANS OF NATURAL SELECTION OR THE PRESENTATION OF FAVOURED RACES IN THE STRUCTURE FOR LIFE. 역: 송철용. 종의 기원 (2013). 서울: 동서문화사.

Darwin Robert Charles (1859). The Expression of the Emotions in Man and Animals. 역: rlatjdgks. 인간과 동물의 감정 표현 (2020). 서울: (주)사이언스북스.

Department for Environment Food & Rural Affairs, UK (2017). Code of Practice for the Welfare of Dogs.

Donaldson, Jean (2013). THE CULTURE CLASH. The Academy for Dog Trainers, Washington, USA.

Dunbar, Ian (2010). Before and After Getting Your Puppy: The Positive Approach to Raising a Happy, Healthy, and Well-Behaved Do. New World Libray: USA. 역: 이종세 (2013). 비포 & 애프터. 경기: 조이독.

Dunbar, Ian (2012). Doctor Dunbar's Good Little Dog Book. James & Kenneth, Publishers: USA. 역: 이종세 (2013). 애견훈련바이블. 경기: 조이독.

Dunbar, Ian (2012). The Dog Training of Behavior problems. 역: 이종세 (2014). 애견행동문제가이드. 경기: 도서출판맑은샘.

Freedman, Daniel G., King, John A., Elliot, Orville (1961). Critical period in the social development of dogs. Science, 133: 1016-1017.

Gahee Kim (2016), ASSESSMENT OF SEPARATION ANXIETY IN DOGS: THE SEARCH FOR A DIAGNOSTIC METHOD. Master's thesis. Purdue University.

Gerencsér, Linda., Bunford, Nóra., Moesta, Alexandra., Miklósi, adám (2018). Development and validation of the Canine Reward Responsiveness Scale-Examining indivisual differences in reward responsiveness of the domestic dog. SCIENTIFIC REPORTS, 8: 4421.

Gina, Polo., Néstor, Calderón., Suzanne, Clothier., Rita de Casssia Maria Garcia (2015). Understanding Dog Aggression: Epidemiological Aspects. Journal of Veterinary Behavior, 10(6): 525-534.

González-Martínez ángela., Martínez María Fuencisla., Rosado Belén., Luño Isabel., Santamarina Germán., Suárez María Luisa., Camino Fernando., Cruz Luis Felipe., Dié guez Francisco Javier (2019). Association between puppy classes and adulthood behavior of the dog. Journal of Veterinary Behavior, 32: 36-41.

González-Ramírez Mónica Teresa., Quezada-Berumen Lucía del Carmen., Vanegas-Farfano Minerva., Landero-Hernández René (2018). The effects of dog-owner relationship on perceived stress and happiness. Human-Animal Interaction Bulletin, 6(2): 44-57.

Goodloe, Linda P., & Borchelt Peter L (1998). Companion Dog Temperament Traits. Journal of Applied Animal Welfare Science, 1: 303-338.

Haug, Lore I (2008). Canine Aggression Toward Unfamiliar People and Dogs. Veterinary Clinics of North America Small Animal Practice, 38: 1023-1041.

Hiby, E. F., Rooney, N. J., Bradshaw, W. S (2004). Dog training methods: Their use, effectiveness and interaction with behavior and welfare. Animal Welfare, 13: 63-69.

Houpt, Katherine A., Honig, Sue Utter., Reisner, Ilana R (1996). Breaking the human-companion animal bond. Journal of the American Veterinary Medical Association, 208: 1653-1659.

Imaizumi Tadaaki (2004). NEKO KAIWA NYUMON. Neko no hakubutsukan: Japan. dur: 서세리 (2017). 고양이 회화 입문. 백마출판사.

Jennifer, Y. Kwan, & Bain, Melissa J (2013). Owner Attachment and Problem Behaviors Related to Relinquishment and Training Techniques of Dogs. JOURNAL OF APPLIED ANIMAL WELFARE SCIENCE, 16: 168-183.

Kennel Club (2019). The Kennel Club Good Citizen Dog Scheme.

Kutsumi Ai., Nagasawa Miho., Ohta Mitsuaki., Ohtani Nobuyo (2013). Importance of puppy training for future behavior of the dog. J. Vet. Med. Sci, 75(2): 141-149.

Lorenz, Konrad (1954). Man Meets Dog. Routledge Cllsics 2002, Taylor & Francis Group: New York, USA.

Makowska, I. J (2018). Review of dog training methods: welfare, learning ability, and current standards. BCSPCA.

McConnell, Patricia (2002). The other End of The Leash. Zachary Schuster Harmsworth, a Literary & Entertainment Company. 역: 신남식, 김소희 (2011). 당신의 몸짓은 개에게 무엇을 말하는가?. 서울: 페티앙북스.

McDevit, Leslie (2007). Control Unleashed. Clean Run Oriductons LLC: MA, USA.

Nagasawa Miho., Kikusui Takefumi., Onaka Tatsushi., Ohta Mitsuaki (2009). Dog's gaze at its owner increases owner's urinary oxytocin during social interaction. Hormones and behavior, 55(3): 434-441.

Pryor, Karen (1999). Clicker Training for Dogs. Writers House: USA. 역: 김소희 (2012). 개를 춤추게 하는 클리커 트레이닝. 서울: 페티앙북스.

Rooney, Nicola Jane., & Cowan, Sarah (2011). Training methods and owner-dog interactions: Links with dog behaviour and learning ability. Applied Animal Behaviour Science, 132: 169-177.

Royal Society for the Prevention of Cruelty to Animals (2021). Advice and Welfare. https://www.rspca.org.uk/adviceandwelfare/pets

Rugaas, Turid (2005). My Dog Pulls. What Do I Do?. Dogwise Publishing : Washington.

Rugaas, Turid (2006). On Talking Terms With Dogs: Calming Signals. Dogwise Publishing : Washington.

Rugaas, Turid (2008). Barking The Sound of a Language. Dogwise Publishing : Washington.

Ryan, Terry (2008). Coaching People to Train Their Dogs. Legacy Canine Behavior & Training, Inc. : WA, USA.

Schilder, Matthijs B. H., & van der Borg, Joanne A. M (2004). Training dogs with help of the shock collar: short and long term behavioural effects. Applied Animal Behaviour Science, 85: 319-334.

Seligman, M. E. P., Maier, S. F., Geer, J (1979). Alleviation of learned helplessness in the dog. Psychopathology in Animal Life, 401-409.

Tazuko Iki(2015), NEKO NO KIMOCHI GA WAKARU 89 NO HILETSU. SB Creative Corp: Japan 역: 이도규 (2017). 고양이의 마음을 알 수 있는 89가지 비법. 백마출판사.

The Association of Professional Dog Trainers (2019). Position Statement on Dominance and Dog training. https://apdt.com/about/position-statements/

The Association of Professional Dog Trainers (2020). Position Statement on DOG TRAINING TELEVISION SHOWS. https://apdt.com/about/position-statements/

The monks of New Skete (2002). How to be your dog's best friend. Little. Little, Brown and Company: Boston. 역: 류초롱 (2015). 뉴스킷 수도원의 훈련법. 서울: 바다출판사.

The monks of New Skete (2011). THE ART OF RAISING A PUPPY. Little, Brown and Company: Boston. 역: 김윤정 (2014). 뉴스킷 수도원의 강아지들. 서울: 바다출판사.

Vandergraf, Shelby K (2017), The Effects of Reward-Based Training on the Behavioral Assessment of the Domestic Dog. Master's thesis. Murray State University.

Victoria Agriculture, Austrailia (2019). Obedience training. https://agriculture.vic.gov.au/pets/dogs/training-and-behavioural-problems/obedience-training

Vieira de Castro, Ana Catarina., Araújo, Angelo., Fonseca, André., Olsson, Anna S (2021). Improving dog training methods: Efficacy and efficiency of reward and mixed training methods. PLOS ONE.

Yin, Sophia (2010). How to Behave So Your Dog Behaves. TFH PUBLICATIONS,Inc.: USA. 역: 최윤주, 김소희 (2015). 개는 어떻게 가르쳐야 하는가. 서울: 페티앙북스.

Yuko, Sato (2003). Naruhodo! Inu no Shinri to Kodo. Seitosha Co.,Ltd.: Japan.역: 김환 (2004). 애견의 심리와 행동. 서울: 그린홈.

찾아보기

본문색인

ㅁ

ㅂ

ㅅ

ㅇ

ㅈ

ㅊ

ㅋ

ㅌ

ㅍ

ㅎ

기타

인명색인

저/자/소/개

김병석 교수

현) 부산경상대학교 반려동물산업과 교수(학과장)
부산경상대학교 동물교감치유센터(연구소)장
(사)팅커벨프로젝트 운영위원(동물보호)
전) 소통공감반려견아카데미 대표

대표저서: 강아지는 산책하고 달리고 놀아야 한다(2020)

김현주 교수

현) 서정대학교 반려동물과 교수(학과장)
서울대 수의학 박사수료
(사)한국동물보건사대학교육협회 이사
ISO국제표준화기획 반려동물분야 부단장
동물매개심리치료학회 윤리위원장
한국 경찰견 연구학회 이사

대표저서 [동물해부생리학], [동물질병학], [동물보건사 핵심기본서], [동물공중보건학], [생명과학] 등

이봉재 교수

현) 대경대학교 동물사육복지과 교수(학과장)
대경대학교 반려동물서비스 기업협업센터장(ICC)
전) 부산동물원 사육과장
울산대공원 동물원 관리과장
서울대공원 전문사육사

저서: [동물재활간호학](하늘뜨락) 공동저자

최동락 교수

현) 부산경상대학교 반려동물보건과 교수(학과장)
부산경상대학교 BSKS 반려동물교육문화센터장
한국반려동물학회 회장

김수진 교수

현) 동명대학교 반려동물보건학과 교수(학과장)
한국반려동물학회 수석부회장
전) 부산경상대학교 반려동물보건과 교수

동물보건사와 반려동물행동지도사를 위한

반려동물행동교정학 이론과 실무

초판 1쇄 인쇄 / 2022년 8월 17일
초판 1쇄 발행 / 2022년 8월 23일

공저자 / 김병석 · 김현주 · 이봉재
최동락 · 김수진
발행인 / 이 중 수
발행처 / **동 문 사**

서울특별시 서대문구 홍제원 1길 12
(홍제동 137-8)
Tel: 02)736-3718(대), 736-3710, 3720
Fax: 02)736-3719
등록번호: 1974.04.27 제9-17호
가격: 25,000원

ISBN: 979-11-6328-442-0(93490)
E-mail: dong736@naver.com
www.dongmunsa.com